1029

15282

LETTRES CHOISIES

De Mr.
SIMON TYSSOT,
DE PATOT;

Professeur Ordinaire en Mathematiques, dans l'Ecole Illustre de *Deventer* en *Over-Yssel.*

Ecrites depuis sa jeunesse jusqu'à un âge fort avancé, à differentes personnes, & sur toutes sortes de sujets.

TOME PREMIER.

A LA HAYE,
Chez MATTHIEU ROGUET,
M. DCC. XXVII.

A SON
ALTESSE SERENISSIME
MONSEIGNEUR
JOHAN WILHELM
CAREL FRISO DE
NASSAU,
PRINCE D'ORANGE;
Stadhouder des Provinces de Gueldre, de Frise, de Groningen &c. &c. &c.

MONSEIGNEUR,

DEpuis que l'Histoire m'a appris que vos belliqueux Ancétres avoient posé les fondemens de cet Etat, & cimenté de leur sang les remparts qui en interdi-
fent

DEDICACE.

sent l'entré à nos ennemis, leur mémoire m'a été glorieuse, & j'ai eu de la vénération pour l'illustre & très ancienne maison de *Nassau*. Mais comme l'intérêt particulier l'emporte ordinairement sur le public, cette vénération a sensiblement augmenté, lors que je me suis aperçu que ce qui avoit été la cause du bonheur de la République du monde la plus riche & la plus redoutable, sembloit incliner au rétablissement de ma famille.

Guillaume le Grand fut le premier, qui dans son expédition d'Angleterre, en 1688. honora mon frére *Jean de Patot*, d'un Drapeau, puis d'une Lieutenance dans ses Gardes, & ensuite d'une Compagnie.

Le Prince *Casimir*, à l'exemple de ce Monarque, le prit aussi en singuliére affection. Et Monseigneur votre Pére en faisoit une estime si particuliére,

qu'il

DÉDICACE.

qu'il ne put cacher sa douleur, lorsqu'on lui vint annoncer pendant le sanglant combat de *Malplaquet*, qu'il venoit d'expirer sous ses ordres, à la tête d'un Régiment d'Infanterie, qu'il commandoit effectivement en chef. Et preuve de la sincére amitié de ce jeune Prince, que je regretterai toute ma vie, c'est qu'à la simple sollicitation de mon fils aîné, Capitaine dans ce même corps, il eut la bonté, malgré des obstacles, qui nous paroissoient invincibles, de créer Enseigne le plus jeune de mes enfans.

Des bienfaits de cette nature, *Monseigneur*, méritent de la reconnoissance. Ignorant les moiens de vous faire sentir que j'en suis vivement pénétré, j'ai cru que je ne pouvois mieux vous persuader de cette vérité, qu'en mettant votre nom à la tête d'un de mes petits ouvrages. Je vous l'offre, *Monseigneur*, comme une production de mes veilles, qu'il
semble

DEDICACE.

semble que le sort m'ait fait rassembler exprès, pendant le cours de soixante années, pour contribuer aujourd'hui à vous faire passer agréablement quelques heures de votre loisir. Acceptez-le, je vous en suplie, & faites moi la grâce de croire que si le present est médiocre, le zéle est d'autant plus grand avec lequel je suis fort respectueusement,

MONSEIGNEUR,

De Votre Altesse Sérénissime, le très humble & très obéissant serviteur.

S. TYSSOT DE PATOT.

LETTRES CHOISIES DE Mr. TYSSOT DE PATOT.

LETTRE I.
A Mr. François Tréfagnel, Camarade d'école de l'Auteur.

JE ne vous dirai point, mon cher Camarade, qu'il y a aujourd'hui sept semaines que je vous quittai, & qu'ayant pris congé de nos amis, nous montames dans le coche, ma Mere & moi, pour venir trouver mon Pere en cette Ville, suivant l'ordre qu'il nous en avoit donné, & où il étoit arrêté par des affaires, qui ne lui permettoient pas de s'en retourner chez lui, comme vous le savez ; mais je suis obligé, par la promesse que je vous en ai faite, de vous aprendre ce qui m'est arrivé depuis.

Comme j'avois fait autrefois ce chemin, rien ne m'y étoit nouveau; c'étoient toujours les mêmes bois, les mêmes colines, les mêmes campagnes rases, dont il me souvient fort bien de vous avoir entretenu à loisir; mais ce qui m'a paru extraordinaire, & qui va sans doute vous faire trembler; c'est qu'étant déja sur le pavé de Pontoise, nous avons été attaquez brusquement par quatre brigands à cheval, qui nous ont assurément bien fait peur. Par bonheur, il n'y avoit personne avec nous qui put leur résister, & le chariot étoit rempli de riches nipes, dont ils ont bien sû s'aproprier le meilleur; autrement il y auroit eu infailliblement des coups donnez, & nous aurions couru risque d'être massacrez, ou mis du moins en chemise. Ils se contenterent de douze ou quinze écus, qu'à leur importune demande ma mere leur dit qu'elle avoit seulement pris pour la porter jusqu'à Paris, où elle devoit trouver ce qui lui seroit nécessaire, tant pour régler ses affaires que pour son retour. Ils ne penserent pas à la fouiller, ni à lui faire ôter ses gants, par où nous conservames une

bourse

bourse de cent louis d'or, & des bagues, qui en valoient pour le moins autant.

Le bruit de ce vol se répandit bientôt par tout. Le Prevôt se mit aux trousses de ces pendards, avec quantité d'archers, armez jusqu'aux dents: ils les trouverent, & nous eumes le plaisir de les voir amener huit jours après, dans une charette, où deux étoient morts en chemin, des blessures qu'ils avoient reçues, en se batant comme des lions: les deux autres furent rouez vifs.

Peu après je fus attaqué de la petite verole, qui m'ôta l'usage des sens pendant trois jours. On me fit saigner, je revins à moi, & j'ai été si bien gueri de cette maladie, que je n'en porte aucune marque, à la grande satisfaction de mes parens, & de Mr. le Médecin, qui s'aplaudit lui-même, & prétend qu'on n'en doit savoir gré qu'à sa sience. Voilà la raison pour laquelle j'ai manqué si long-tems à mon devoir; autrement vous auriez indubitablement eu plutôt de mes Nouvelles. Nous sommes logez chez Mr. de *Endsfielt*, notre Cousin, qui nous accable tous les jours de nouvelles caresses, & qui, sous prétexte que je ressemble à l'une de ses filles, qui a justement mon âge,

A 2 &

& par conséquent sept ans, me procure incessamment de nouveaux divertissemens. Il m'a fait voir à deux diverses fois le Roi : c'est assurément un Prince de bonne mine.

Avec tout cela je ne cesse de languir d'être auprès de vous : il me semble que ma joie n'est jamais parfaite que nous ne soyons ensemble. Je ne saurois pourtant vous marquer quand j'aurai le bonheur de vous embrasser. On nous flate à tout moment de voir finir notre procès à notre avantage. Aussi-tôt que la sentence sera prononcée, nous reprendrons le chemin de Rouen, Dieu sait quand ce sera; en tout cas, s'il ne se termine dans peu, je vous écrirai encore une fois : j'espere que je n'en serai pas à la peine, mais que j'irai moi-même vous assurer bien-tôt que je suis véritablement tout à vous, &c.

LETTRE II.

A Mr. Tyssot le Pere.

Monsieur mon très-honoré Pere,

Votre long séjour en Hollande, & le mortel silence, que vous observez à notre égard, ont jetté ma mere dans un un si prodigieux abattement, qu'il n'est pas en sa puissance de vous écrire ; de sorte que, nonobstant ma grande jeunesse, & ma très crasse ignorance, je suis forcé par son ordre, de mettre la main à la plume, pour vous prier très-humblement de nous tirer au plutôt de peine, en nous aprenant ce que vous êtes devenu. Il n'y a que ce seul moyen capable de remettre dans son assiette ordinaire l'esprit de cette chere femme.

Mesdemoiselles *des Essars*, *Roger* & *Trésagnel*, entre-autres, ne bougent presque d'auprès-d'elle, mais elles ne peuvent venir à bout de la consoler.

Les feux de joie, les illuminations & les cris de réjouissance, dont tout Rouen a retenti, au sujet de la naissance de Monseigneur le Dauphin, n'ont rien non plus diminué de sa tristesse. Il n'y a que votre promt retour qui la puisse entierement guérir : revenez au nom de Dieu, au plus vite, ou aprenez-nous du moins par la premiere poste, la raison de votre retardement, si vous voulez trouver en vie une Epouse, que votre éloignement tuë, & un fils, qui ne respire que dans l'espérance de vous voir bien-tôt arriver en bonne santé, pour vous dire

de

de bouche qu'il est fort respectueusement, &c.

LETTRE III.
Au même.

Monsieur mon très-cher Pere,

ON m'appelle ici, comme vous le savez, le Secrétaire du quartier, parce que les Pauvres & les Ignorans se servent souvent de ma plume, pour se communiquer aux personnes absentes avec lesquelles ils ont quelque liaison ; mais tout habile que ces bonnes gens-là me croient, j'avoue franchement qu'il s'en faut bien que je le sois assez pour vous exprimer la joie que votre éloquente & agréable Lettre a causée à tous nos amis : mes entrailles en ont été émuës, & ma mere en est restée extasiée pendant un assez long espace de tems. Elle-même vous répond à tout ce que vous avez eu la bonté de lui marquer : il semble que cela devroit sufire, mais puis que vous me faites l'honneur de me commander d'y ajouter un mot de ma main, permettez, s'il vous plaît, mon cher Pere, que je vous dise simplement que de toute votre ample relation, les

deux

deux endroits qui m'agréent le plus sont, le premier que vous êtes en parfaite santé, puis que votre vie m'est infiniment plus chere que la mienne propre, & que je ne fais presque point d'autres vœux que pour votre conservation : l'autre que vous avez résolu de nous tirer de ce lieu de persécution, où nous sommes tous les jours en danger d'être arrachez d'entre vos bras, par des Moines impitoyables, pour être renfermez dans des Couvents, jusques à ce que, par promesses, ou par menaces, on nous ait fait changer de Religion, comme cela est encore arrivé depuis votre départ à la fille unique de notre Orfévre, le bon Mr. *le Maigre*, afin de nous faire jouir de la liberté de l'heureux païs, où vous vous trouvez, & que vous vous êtes déja assuré d'une maison à *Delft*, où nous devons demeurer.

Mes Freres sont trop jeunes pour être sensibles au bonheur, que ce changement nous apportera. Ma sœur, qui est un peu plus âgée, témoigne en être bien aise : notre valet en est ravi, il souhaite ardemment de pouvoir être de la partie, mais la servante, qui est Papiste, est fort éloignée de donner dans son sens ; elle ne voudroit pas nous suivre pour un Empire.

pire. Je me consolerai aisément de cette perte, pourvû que *Jâques* ne nous quite pas ; il est fidele, & je l'aime comme s'il étoit de nos parens. Je languis de me voir déja en chemin ; venez vîte exécuter votre promesse, & je ne manquerai pas de tenir celle que je vous ai faite, d'être éternellement avec tout le zele dont je suis capable, &c.

LETTRE IV.

A Mr. François Trésagnel.

VOus savez, mon cher Camarade, que nous demarames du quai de Rouen le 24. d'Avril 1664. car vous l'écrivites en ma presence. En descendant la riviere de *Seine*, nous nous arrétames premierement à *Montigny*, pour y prendre Mr. *David des Essars*, qui nous y attendoit, dans le dessein de passer avec nous, pour aller étudier à Leiden.

Nous restames aussi deux ou trois heures à *Quillebeuf* : ce fut là où, pour la premiere fois de ma vie, que je sache, je vis & mangeai des *garnelen* ou sauterelles de mer, qui est une espece de petit poisson, dont le goût aproche fort de celui

lui des écrevices. Comme le changement est agréable, la diversité des objets, qui se presentoient à tout moment à nos yeux, nous faisoit sans doute bien du plaisir. Cela dura jusques à ce que nous eussions quité l'eau douce, & mouillé à la rade du *Havre de grace* : ce fut là où un certain air marin, auquel je n'étois point accoutumé, m'ayant saisi le cœur, me força de payer à *Neptune* le tribut qu'il exige ordinairement de ceux qui s'ingerent de mettre le pié sur les terres de sa dépendance. Nous pensames rendre tout ce que nous avions dans le corps. Le lendemain nous levames l'ancre, & parvinmes heureusement jusqu'à la vue de *la Brille*, où le vent s'étant élevé, & nous étant devenu contraire, nous fumes batus de la tempête pendant deux fois vingt-quatre heures, de sorte qu'il s'en falut peu que notre navire ne fut enseveli dans les eaux ; mais enfin la Providence nous tira de ce danger, & nous introduisit dans le païs enchanté, qu'elle nous avoit destiné, pour être à l'avenir notre azile ; assurément la *Hollande* a de merveilleux charmes.

Rotterdam, où nous debarquames, à notre arrivée, est une Ville belle, grande, riche & magnifique, à tous égards. On tient qu'elle est, à proportion de son étenduë, aussi marchande qu'*Amsterdam*. Il y arrive des vaisseaux de tous les quartiers du monde. *Delft*, qui est l'endroit, où nous avons formé notre établissement, est un lieu plus retiré, & plus propre pour des gens, qui ne font point de négoce, situé à deux lieuës de *Rotterdam*, à une de *la Haye*, à trois de *Leiden*, & en un mot, environné d'un nombre considérable des plus belles Citez de l'Europe. Ce qui nous y agrée pourtant le plus, c'est la liberté entiere que nous avons de servir Dieu ouvertement. Notre Religion y est la dominante ; cependant on n'y persécute personne ; chacun y vit à sa fantaisie, sans être inquiété de qui que ce soit, pourvû qu'il soit sage, & qu'il paye, sans distinction de secte, les impôts & les charges de l'Etat.

C'est dommage que nous soyons justement venus dans ces bien-heureuses contrées, au moment que la contagion y fait des ravages si préjudiciables au genre humain. Ma Mere, qui est une femme pieuse, comme vous savez, espere d'écarter ce fléau de notre famille par le chant des Pseaumes, & la lecture de la

pa-

parole de Dieu, à quoi elle nous exerce presque toute la journée; le Seigneur, par sa grace, nous exaucera, s'il lui plaît.

Comme il y a déja sept ou huit mois que nous sommes ici, vous pouvez croire que je n'ai pas été sans faire quelques petits progrès dans la langue de ces Provinces: elle n'a aucun raport à la Françoise, ni à la Latine, & il y a aparence que les personnes avancées en âge ont de la peine à en atraper le veritable accent. Ma sœur, qui est hardie, *tasticote* de maniere à faire rire; elle s'exprime avec toute la facilité possible; il est peu de jours qu'elle ne parle de vous, & qu'elle ne souhaite de vous avoir auprès d'elle. Tâchez de porter vos parens à vous permettre de venir passer un an ou deux auprès de nous : nous pourrions aller à l'Ecole ensemble; cela me feroit beaucoup du plaisir; je vous ai toujours aimé, c'est une verité constante, que vous ne sauriez ignorer. Mais ce que vous ne savez pas, c'est que je prétens vous aimer toujours, & vous témoigner tant que je vivrai, que je suis serieusement, &c.

LETTRE V.
A Mademoiselle Anne Philippe.

MADEMOISELLE,

UN proverbe, qui a cours parmi nous, est que l'on change tous les sept ans : je ne me souviens pas en quoi ce changement a consisté après mes sept premieres années, si ce n'est que je commençai alors à avoir de la honte de courir les ruës avec d'autres enfans, pour jouer à des jeux puerils, & que je ne prenois plus de plaisir qu'en la compagnie des personnes graves & raisonnables, mais je sais très-bien que jusqu'à quatorze, c'est-à-dire au mois précédent, qui a été précisément le tems que j'ai eu l'honneur de vous voir pour la premiere fois, j'ai eu non seulement de l'indiference pour le sexe, mais même, en des occasions, une espece d'aversion, jusques là que j'aurois plutôt mangé de la pate d'un crapaut, moi qui aime passionnément les grenouilles, qu'une pomme qui avoit été dans la poche d'une fille, quelque agréable qu'elle fût. Presentement je puis dire que je suis charmé, lors que je vois seulement

lement une coefe, & qu'il n'eſt point de cotillon, dont la vue & la figure ne raviſſent mes ſens.

Cette métamorphoſe ſe fit en moi, au moment que je vous approchai; je m'en aperçus incontinent, & comme elle me plaît infiniment, il eſt juſte de vous avoir l'obligation, que mérite la cauſe d'un effet ſi ſurprenant, & de vous dire ouvertement & ſans biaiſer, que quoi que mon eſtime s'étende ſur toutes les Dames, vous êtes pourtant la ſeule que j'adore.

Oui, chere Nanon, je vous aime,
Je vous en fais ici la déclaration;
Pour répondre à ma paſſion,
Accordez moi le bien de m'aimer tout
de même.

Si vous me refuſez cette grace, après m'avoir ôté la liberté, vous me ferez ſans doute perdre l'eſprit : faites-moi une réponſe favorable, je vous en ſuplie, ſi vous ne voulez que j'entreprenne au plutôt un ſecond voyage de Zélande, pour l'aller obtenir à vos genoux.

Je comprens bien que c'eſt une action hardie, à un jeune garçon comme moi, de vous tenir un ſemblable langage; cela n'eſt n'est point ordinaire ; mais il est aussi très rare de voir une Orfeline de votre âge, destinée à passer encore quelques années dans une Ecole françoise, avoir les lumieres & les perfections, dont vous jouissez. Je ne crains pas de vous le dire, parce que je suis persuadé que vous êtes incapable d'en tirer la moindre vanité, ou de ne m'estimer qu'à proportion du peu de raport que mes qualitez, fort médiocres, ont avec vos sublimes vertus ; mais que vous ne regarderez simplement qu'à l'ardeur de mon amour, & à la sincerité avec laquelle je suis veritablement, &c.

LETTRE VI.

A Mr. de Fraiquin.

MONSIEUR,

L'Honneur de votre alliance m'est si cher, que sans me faire violence, il me seroit impossible de differer plus longtems à vous aprendre qu'ayant commencé à faire l'amour à quatorze ans, & m'étant accordé à quinze, je viens presentement, que j'en ai dix-neuf accomplis, de me marier avec la fille de feu Mr. *Philippe*

lippe, de la Maison de *Billi*, & de Madame d'*Alwyn*, l'un & l'autre d'une très-noble & très-ancienne famille; mais qui ayant eu le malheur d'avoir, depuis sa tendre jeunesse, une Belle-mere & des Tuteurs, qui ont eu plus à cœur leurs interêts que les siens, est si mal partagée des biens de la fortune, qu'elle n'a simplement que ce qui lui est nécessaire pour vivre & s'entretenir honnêtement.

Mon patrimoine est de même fort borné; de sorte qu'à vous parler ingenument, je ne sai qu'entreprendre pour me mettre en état de faire quelque figure dans le monde. Mr. de *Fraiquin*, votre Fils, & maintenant mon Beau-frere, étant Lieutenant de la premiere Compagnie des Gardes du Prince d'*Orange*, & ne manquant point d'amis à la Cour, se fait fort, *mediantibus illis*, de me faire obtenir un Drapeau ou une Pertuisane; j'embrasserois volontiers ce Parti, tant par inclination, qu'à cause que depuis un tems immemorial, ç'a été le métier de mes ancêtres, mais ma chere Compagne ne sauroit seulement en entendre faire la proposition sans jetter un torrent de larmes: elle s'imagine fortement que je ne serai pas dans le service, qu'on lui viendra annoncer ma mort. Pour

Pour prévenir ce malheur, elle propose de profiter plutôt des leçons & des enseignemens qu'elle a reçus dans le Seminaire d'où je l'ai tirée, & de se mettre à prendre des jeunes Demoiselles de la premiere qualité en pension, pour l'instruction desquelles elle tiendroit des Maîtres & des Maîtresses, pendant que je continuerai mes études, dans l'espérance de me procurer par là un meilleur établissement avec le tems.

En attendant le resultat de nos deliberations, je suis content de mon sort comme un Roi, & mon Epouse ne changeroit pas son état pour celui de la plus considerable Sultane. Nous mangeons, nous buvons, & nous nous divertissons le mieux que nous pouvons; il est vrai que nous nous couchons de bonne heure, mais en récompense, nous nous levons aussi fort tard : seroit bien fin qui nous tireroit du lit avant que la table fut couverte.

Il n'est, ma foi, point de Dervis,
Quoi que pauvres & nuds, qui n'usent
 plus d'habits
Que nous ne faisons à cette heure :
Mais aussi, Monsieur, que je meure,
        Si

Si quand notre Servante auroit encor deux bras,
Elle pourroit suffire à rentraire nos draps.

Nous nous sommes pris par amour, après avoir refusé, l'un & l'autre, des partis fort avantageux, sans regarder aux conséquences, comme si l'amour nous devoit nourrir. Cependant je prévois bien presentement que le plus grand avantage qui nous en pourra arriver, sera une multitude d'enfans : c'est dommage que pour les repaître, il ne tombe de la manne & des cailles toutes rôties du Ciel, comme l'Histoire nous aprend que cela est arrivé en faveur des Juifs, qui n'ont du pain aujourd'hui que celui qu'ils gagnent à la sueur de leur visage. Il faudra, à leur imitation, chercher le moyen de les élever le mieux que nous pourrons.

Mon Beau-frere n'a pas tant de resolution que moi ; la crainte de voir augmenter sa famille le fait, ce semble, négliger de caresser sa jeune femme : du moins il ne paroît encore rien depuis plus de quinze mois qu'ils sont mariez, au lieu que la mienne en tient déja pour son conte, quoi que nous n'ayons été ensemble qu'autant de semaines. J'espere, pour la satisfaction de ma sœur, qu'un si bel exemple lui donnera de l'émulation, & l'excitera tellement à jalousie, que le plaisir que vous en aurez de vous entendre appeller *Grand-papa*, succedera en moins d'un an à l'honneur que j'ai de me signer, pour la premiere fois de ma vie.

MONSIEUR, &c.

LETTRE VII.

A Mr. Pervilé.

IL étoit bien juste, Monsieur, après vous avoir enlevé une Pensionnaire, qui avoit été treize ans sous votre direction, que je travaillasse à vous en procurer une autre : c'est à quoi nous nous sommes apliquez, ma chere compagne & moi, avec toute la diligence possible; & nous y avons si bien réussi, qu'elle s'en delivra la semaine passée, avec assez de succès, mais non pas sans un travail long & dangereux, qui a manqué de lui couter la vie. Elle se porte passablement bien à l'heure qu'il est. L'Enfant est aussi en très-bon état, mais cette petite créature est si belle, & si bien faite, à tous égards,

que

mes amis, qui en tirent un mauvais augure, me menacent de ne m'en voir pas long-tems en possession, comme si rien de parfait ne pouvoit exister parmi nous.

Je l'aime, son decès me feroit de la peine,
Cependant si le Ciel, qui la donna gratis,
Veut, par ses coups, fatals aux grands comme aux petits,
Rendre, en le reprenant, notre espérance vaine,
Je n'en donnerai pas une larme à Thétis,
Puis que, si l'on en peut juger par les outils,
Nous en devons au moins avoir une douzaine.

Nous la fimes batiser le lendemain de sa naissance, dans l'Eglise *Walonne*, où elle fut nommée *Marie Françoise*, suivant l'ordre de son Parain, Mr. de *St. Ange*, & de sa Mareine, ma Sœur de *Fraiquin*, ausquels mon Pere & ma Mere avoient transporté le légitime droit qu'ils avoient de la presenter au batême.

Vous voyez bien, Monsieur, que si
vous

vous en devez être le Gouverneur, vous avez encore au moins une douzaine d'années à vivre : ce n'est pas peu, pour un homme de votre âge ; c'est pourtant la moindre partie de celles que je vous souhaite, non seulement par raport aux instructions que cette charmante fille pourroit recevoir de vous, mais par un principe d'estime, que j'ai pour votre Personne, & le desir, qui me porte à vous pouvoir assurer pendant un demi siecle, que je suis veritablement, &c.

LETTRE VIII.

Au Capitaine de Fraiquin.

Monsieur mon très-cher Frere,

ENfin j'ai quité *Delft*, & me suis venu établir à *Heusden*, suivant le dessein que j'en avois formé, & que vous avez aprouvé vous-même. Je trouve en effet que les vivres y sont à fort raisonnable prix, & les habitans extrêmement sociables. Tout le monde m'y fait caresse, mais entre autres, les Bourguemaîtres *Grafwinkel*, *Boxel* & *Lokerman*, m'acablent d'honnêtetez.

Ma

Ma chere Epouse n'a pas été accouchée de son second enfant, que la femme du premier s'est offerte d'en être la maraine, & par conséquent votre Commere. Mr. *Védelius* l'a batisé, & lui a donné votre nom, selon que nous en étions convenus. Le drôle est gros & gras, & se porte parfaitement bien. Si nous vivons, lui & moi, la résolution en est prise, il sera soldat, comme son Oncle : ce métier ne sauroit manquer de lui être plus favorable que les Lettres ne me l'ont été jusqu'à present, quoi que je les cultive avec application, & sans relâche, puis qu'avant qu'il soit en état de porter le mousquet, vous serez au moins Colonel, & que c'est un grand avantage à un jeune homme d'avoir pour Patron le Chef d'un Régiment d'infanterie au service de Messieurs les Etats.

Cependant on voudroit que votre Seigneurie,
 Et c'est ma femme qui l'en prie,
 Vint avec ma Sœur, ou tout seul,
 Voir cet agréable filleul,
 Avant que la campagne s'ouvre,
Et que pour satisfaire à vos desirs ardents,
 Vous partiez pour bruler le Louvre,
        Où

Où l'on vous pourroit bien parler des grosses dents.

* * * * * * * * * * * * * * * *

Assurément, Monsieur, c'est le plus beau garçon
Qu'on s'avisât jamais de faire,
Il est digne de la façon :
En un mot, c'est tout dire, il ressemble à son pere.

Je vous felicite, au reste, du caractere d'Ancien, dont votre Consistoire vous a honoré, à condition pourtant que cela n'aportera aucun préjudice à votre florissante jeunesse, & ne hâtera point en vous les infirmitez auxquelles l'âge nous rend ordinairement sujets; car autrement j'aurois mieux aimé que l'on vous eût Diaconisé; je suis, &c.

LETTRE IX.

A Mr. de la Porte.

MONSIEUR,

JE vous ai bien de l'obligation de la bonté, que vous avez de vous informer de l'état de ma famille en general, &

& de votre Pupile en particulier. Soufrez, s'il vous plaît, que je vous parle franchement; je croyois, de bonne foi, que vous l'aviez entierement oubliée, & je le croyois avec d'autant plus de vrai-semblance, que je n'ai absolument point reçû de vos Nouvelles depuis environ deux ans. Je suis ravi d'avoir été trompé dans mes conjectures, & que la cause de votre long silence vienne plutôt de ce que mes Lettres ne vous ont point été rendues, que d'aucun refroidissement de l'amitié que vous nous portez.

Pour satisfaire à votre curiosité, il faut que je vous dise que le décès précipité de Mr. *de Fraiquin* a aporté un terrible changement dans ma maison. Sa veuve, à laquelle il a laissé peu de bien, s'est venu retirer chez moi, & mes deux Freres, qui étoient volontaires dans sa compagnie, ayant quité en même tems le service, à cause qu'ils restoient sans Patron, & cela en tems de paix, ont passé en *Angleterre*, où par les fortes recommandations de nos amis ils ont été placez, l'ainé en qualité de Maître d'Hotel auprès de Milord *Grai*, & l'autre de Page chez une Comtesse. Si cela ne leur procure point d'avancement, du moins ils aprendront la lan-

langue du païs, qui leur sera peut-être un jour utile à quelque chose.

L'année d'après j'ai été contraint, pour aquiescer aux instances de bien des gens, de venir demeurer à *Boisleduc*, qui est en effet plus considérable à tous égards, que *Heusden*. Il y a quantité de beau monde, bien des habitans, qui entendent le *François*, & avec lesquels nous avons la commodité de converser. Tout ce qu'on peut desirer pour la cuisine y est en abondance, de bon goût, & à raisonnable prix. Mais, Monsieur, ce qui charme principalement mon veritable Israëlite de Pere, ma bonne Mere, ma pieuse Compagne, & mon inconsolable sœur, c'est qu'entre nos Pasteurs, nous avons Mr. *Béguin*, qui est l'homme du monde le plus éloquent, & le plus patétique que je connoisse; il enchante par ses prédications; & ses prieres, soit à l'Eglise, ou auprès des malades, où je lui en ai entendu faire sur differens sujets, sont inimitables. C'est dommage que l'art seul guide cette langue diserte, & que le cœur n'y ait pas seulement la moindre part. Il est peu de Docteurs capables de s'énoncer en public avec plus d'emphase, lors qu'il s'agit sur tout des misteres de la Religion, & peu
d'im-

d'impies qui en secret les profanent davantage. Il se moque lui-même des plus forts argumens qu'il emploie pour en prouver la vérité, & tourne en ridicule ce qu'il y a de plus saint & de plus sacré dans le Christianisme : ce qui me paroît si pernicieux, que je serois au desespoir d'en faire aucune confidence à qui que ce soit, sur tout en cette ville, où il y a un nombre infini de Papistes, qui prendroient de là aisément occasion d'ajouter au titre de Schismatiques, qu'ils nous attribuent, celui d'Athées ou de libertins, & je n'aurois eu garde de vous en entretenir, si je n'étois informé que l'on parle de l'apeller à *Midelbourg*, & que j'espere que cela restera entre nous.

Pour ce qui est de ma chere Epouse, elle continue toujours à être infirme & valétudinaire : nous n'avons épargné ni soins, ni dépense, pour la guérir de son asthme, mais ç'a été sans le moindre succès : elle maigrit tous les jours de maniere, qu'entre elle & un squelette il n'y aura tantôt plus de difference. Elle ne laisse pourtant pas d'agir extremement, d'être très-laborieuse, & de travailler conjointement avec moi, à la propagation du Genre-humain, comme si elle jouissoit d'une d'une parfaite santé. La bonne femme est déja enceinte de son troisieme enfant : le premier mourut à l'âge d'un mois, le second se porte bien jusqu'à present, & nous verrons dans peu à quoi est destiné celui qu'elle porte.

Cependant, comme si je n'étois né, après avoir quité le païs de mes Ancêtres, que pour errer par le monde, il court un bruit que l'on veut m'attirer à *Deventer*, Ville Capitale de l'*Over Yssel*. Il y a là une Ecole illustre, qui fait même assez de bruit ; ainsi je pourrois bien me résoudre d'y aller planter le piquet, dans la vue d'y parvenir à quelque chose ; quoi que l'on me promette ici de m'accommoder d'une petite Recette, aussi-tôt qu'il en viendra à vaquer, afin de me mettre en état de vivre un peu plus à mon aise, puis que j'ai lieu d'apréhender que les mêmes obstacles, qui m'ont fait manquer celle que je viens de solliciter, ne se présentent à l'avenir.

La Providence, à qui je remets le soin de mes affaires, aura la bonté, s'il lui plaît, de diriger tout pour mon bien, & à l'avantage de mes enfans : quoi qu'il en soit, néanmoins, je ne laisserai pas d'être contents je l'ai été depuis que je me connois,

nois, & je prétens l'être toute ma vie, comme je ne cesserai jamais de publier que je suis avec beaucoup d'attachement, &c.

LETTRE X.

A Monsieur Pervilé.

Assurément, Monsieur, je trouve admirable que ma femme, toute cacochime qu'elle est, ait si bien retenu les leçons que vous lui avez données au sujet de la fierté que le sexe doit observer à nôtre égard, qu'elle ne me le céderoit pas en bien des rencontres, pour un Empire. Son proverbe ordinaire, & qu'elle tient aussi de vous, est, *à bon chat, bon rat.* Il faut avouer pourtant qu'elle eut assez de complaisance au commencement de nôtre mariage, pour consentir que le premier enfant que nous aurions, fut une fille, fondée sur ce que l'on prétend que les femelles proviennent du mari, & que la mere a le plus de part à la conception des mâles : mais il faut que vous sachiez que ce fut à condition qu'elle auroit aussi son tour : ainsi pour avoir la paix dans la maison, il faut que je consente à user de l'alternative. Sa premiere couche, comme je vous l'ai fait savoir, fut donc d'une petite image, qui n'auroit jamais eu de semblable, si elle eut vécu. A la seconde, elle me donna un fils. La suivante nous aporta une fille, qui selon les aparences, auroit été aussi laide que si elle avoit été engendrée par *Mopsus*; elle mourut douze jours après sa naissance, & comme j'avois négligé de la faire batiser, parce que son Parain, qui devoit venir de *Hollande*, n'étoit pas encore arrivé, de peur de donner de l'ombrage aux ignorans & aux supersticieux, qui attachent le salut à une ceremonie, qui n'est ni plus ni moins essentielle, & absolument nécessaire à un Chrétien, que l'écharpe à un Officier, au jour de la bataille, l'un & l'autre n'étant qu'une formalité, qui sert au premier de sceau, aposé sur ses Lettres patentes de fidele; & à l'autre pour donner à connoître qu'il a du commandement, & de quel parti il est; j'envoyai prier Mr. *Béguin*, à quatre heures du matin, de lui venir imposer un nom chez moi, mais que la pauvre innocente ne porta qu'environ deux heures.

J'aurois voulu dans la suite, que ce Pasteur eût eu moins de complaisance, puis qu'il en a été rudement censuré. L'affaire

faire a été même portée au Sinode, où il a été menacé d'être suspendu pour quelques mois, & il ne s'en est tiré qu'en protestant qu'il avoit ignoré qu'on observat à la rigueur, en ce pays, cette discipline ecclesiastique, & promettant actuellement qu'il s'y conformeroit à l'avenir, avec toute l'exactitude imaginable.

Enfin, le Ciel vient de m'envoyer un garçon, qui m'a bien la mine de ne le céder en rien à son frere, & que j'ai fait nommer *Simon Bernard*, avec le consentement de Mr. *Molerus*, & de Mademoiselle de *Lochorst*, qui l'ont tenu devant la Chaire.

Voilà, Monsieur, comme la nature travaille à réparer d'un côté les dommages qu'elle nous cause de l'autre. Il n'y a que peu de jours que, par sa fatale direction, la foudre est tombée sur le Chateau de *Heusden*, qui étant rempli de plusieurs quintaux de poudre, a sauté entierement, avec tant de violence, qu'on en a trouvé des quartiers, de huit ou dix piez en quarré, à plus d'un quart de lieuë de là. Toutes les maisons, sans exception, y ont perdu leur toît & leurs vitres : il y en a un grand nombre, qui ont été abimées, & l'on a trouvé sous leurs ruines bien des gens malheureusement écrasez. Ma curiosité me porta le lendemain à aller examiner sur le lieu, les funestes effets d'une tempête si extraordinaire : asurément ce triste aspect me rendit immobile pour quelques momens : il n'y avoit pas une seule rue, qui ne fut pleine d'un bout à l'autre, de monceaux de pierres & de tuiles, hauts comme des colines, que les habitans avoient dressez, pour la commodité des passans, qui autrement auroient été souvent obligez de se détourner, jusques à ce qu'on eut eu le loisir de les emporter.

Je vous donne à penser de quel préjudice une perte si considérable n'est pas pour une bicoque, où il n'y a presque aucun négoce : je mets en fait qu'à peine un siecle pourra la réparer. Encore à-ce été un grand bonheur que le Comte de *Horn*, qui en est Gouverneur, & qui avoit sa demeure dans cet Arcenal, étoit allé à *la Haye* avec sa famille, puis qu'il est indubitablement vrai qu'ils y auroient tous péri.

Mais revenons à nos moutons, & concluons par vous dire que l'Acouchée, qui se trouve passablement bien, pour le tems, vous embrasse tendrement, & vous prie
d'ê-

d'être persuadé qu'elle n'est pas moins reconnoissante des soins que vous avez pris de son éducation, que je me sens porté à vous confirmer par des preuves convaincantes, les engagemens où je suis d'être éternellement, & sans aucune réserve, &c.

P. S. Comme je ferme ma lettre, on m'en rend une des vôtres, vieille de quatre jours, où j'aprens avec plaisir que Mr. du Frêne vous a demandé Mademoiselle votre fille. Vous avez bien fait de la lui accorder ; il a du merite, ils ne sauroient manquer d'être bien ensemble.

Je connois bien Monsieur du Frêne,
Mais pour fertile que ma veine
Paroisse à mes amis, j'avoüe ingenument
Que la poste qui va partir dans le moment,
M'empêche, ou que l'ase me quille,
De feliciter votre fille
Sur son futur Himen, où par allusion,
Je prévoi beaucoup d'union.
Le bois verd, de ce nom, s'embrase sur la
glace :
Mettons le galant en sa place,
Ayant les qualitez d'un semblable tison,
Vous ne sauriez manquer de voir dans
leur maison,

*Outre une douce paix, des marmots en
  grand nombre,
Qui vous feront plaisir, & croitront à
  votre ombre.
Ainsi ma muse & moi, d'une commune
  voix,
  Nous excusons pour cette fois,
  Et remettons à la huitaine,
  A faire couler notre veine.*

LETTRE XI.

Au Professeur Gaillard.

MONSIEUR,

Quoi qu'il y ait près de quatre mois que nous fîmes le voyage de *Bois-leduc* à *Leiden* ensemble, vos manieres obligeantes, & l'accueil favorable, que vous me fites chez vous, restent si presens à mon imagination, & ont fait une impression si profonde dans mon ame, que non seulement il me semble qu'il n'y a que quatre jours, mais qu'il n'est pas vrai-semblable que je les oublie de ma vie. Je vous en ai temoigné ma reconnoissance de bouche, en vous quittant; je vous en remercie encore presentement par cet E-
crit,

crit, & vous assure que l'occasion ne se presentera jamais favorable, que je ne tente l'impossible pour vous donner des marques convaincantes de mon estime.

J'avoue que ce langage ne semble guere quadrer avec le refus que je fis à vos instances réiterées, de vous aprendre les raisons pour lesquelles je passois en *Over-Yssel*, mais si presentement je vous déclare que c'étoit dans la vue de quiter l'endroit où je demeurois, & où vous savez que, nonobstant l'amitié qu'on m'y portôit, & les efforts qu'il y avoit aparence que l'on feroit pour m'y retenir, je n'étois point avec agrément, pour m'aller enfermer dans l'enceinte des murailles de *Deventer*, où l'on me faisoit des offres considérables, dont je n'aurois pas voulu, pour beaucoup, que qui que ce fut eut eu le moindre vent, de peur d'être traversé dans mon dessein ; j'espere que vous aurez la charité d'aprouver que j'en gardasse le secret par devers moi, jusques à ce que je susse au vrai quelle en devoit être l'issue. C'est une grace que vous ne me sauriez refuser, sur tout quand vous saurez que l'évenement a si bien répondu à mes conjectures, qu'au moment que je fus de retour chez moi, je puis dire sans vanité; que bien des membres de la Régence temoignoient un sensible déplaisir de ce que j'avois absolument engagé ma parole, & juroient que s'ils eussent été assez tôt avertis de ce qui se tramoit, ils n'auroient rien épargné pour me retenir; de sorte que leur agréable procedé m'auroit peut-être tenté à forcer mon inclination, ce qui m'auroit donné bien du chagrin dans la suite.

Il y a donc justement onze semaines que je pris congé de ces Messieurs, & qu'ayant chargé mes meubles & mes gens dans un vaisseau, que j'avois loué pour la somme de quatre-vingt francs, je quitai le *Brabant*, & fis voile pour ces quartiers. Nous restâmes huit jours en chemin; & nous eumes tout le plaisir, que nous pouvions légitimement attendre d'une navigation semblable.

Ma chere Compagne, à laquelle plusieurs personnes, & principalement Mademoiselle *Hibelet*, qui du vivant de son premier mari, Mr. de *Beauvais*, lequel étoit Capitaine, avoit été ici deux ans consécutifs en garnison, s'étoient donné la peine de lui faire un portrait extremement hideux de *Deventer* & de ses habitans, étoit la seule, qui n'avançoit qu'a

re-

regret, & dont je ne pouvois retenir les larmes. Elle trouva pourtant les choses dès l'abord, autrement qu'on ne les lui avoit représentées.

La situation du lieu n'est point du tout desagréable; la riviere, qui le baigne, est poissonneuse & navigable. La grandeur de la Ville égale environ celle de *Delft*, mais elle est mieux peuplée, parce qu'il y a beaucoup plus de bâtimens; ce qui vient de ce que les ruës y sont fort étroites : outre cela elles sont sales au suprême degré, ce qui choqua extrêmement la bonne femme, qui est veritablement un exemple de propreté; mais elle s'en consola en partie, lors qu'elle entra dans le logis, que je lui avois loué : elle le trouva beau, de grande aparence, & orné d'un joli jardin. Enfin ce qui acheva de la charmer, fut que bien des honnêtes gens nous vinrent feliciter de notre heureuse arrivée, & nous firent mille offres d'amitié; nous verrons à quoi aboutiront toutes ces promesses.

Le premiere connoissance, que j'ai faite, a été avec Mr. *Diest*, qui exerce votre profession. Ce bon homme voyant que je n'étois âgé que de vingt-cinq ans, & que j'aspirois ardemment à m'avancer

par

par les lettres, me conseilla d'abord d'abandonner mes autres études, & de me jetter à corps perdu dans la Théologie, où il s'offroit de me servir de guide, en m'assurant que je serois dans peu capable de prêcher, & qu'y ayant eu ici, un peu auparavant, une assemblée Françoise, il se faisoit fort de me procurer la chaire de Pasteur à un gage honnête. A vous parler franchement, ce projet me donne de la répugnance, & je vois de la difficulté à y réussir, à cause que je ne suis nullement versé dans les langues saintes. Je n'ai pourtant pas laissé de m'accommoder par provision d'un habile Proposant, pour m'enseigner autant de *Grec* & d'*Hebreu* qu'il jugera que j'en ai besoin pour soutenir un examen, au cas qu'il en falût venir là. En attendant le Ciel nous découvrira peut être un autre moyen, qui aura plus de raport à mon génie, & qui n'imposera pas à ma mémoire, foible & malheureuse, un aussi insuportable fardeau qu'est celui d'un nouveau langage, & d'un nombre infini de passages formels de l'Ecriture, qu'il faut qu'un pauvre Ministre sache par cœur.

J'aime fort à raisonner, & j'ai même la réputation d'avoir le talent de m'énoncer

cer avec autant de facilité qu'un autre, mais je suis si peu capable de m'attacher à de certains mots, que quand je suis obligé de citer un Auteur, il faut que l'on se contente du sens, sans s'attacher à la lettre. En tout cas, je suivrai mon destin avec joie, & je serai très satisfait, pourvû que je puisse seulement parvenir à quelque honnête caractere, par lequel je me rende utile & agréable au Public. Il y aura peu de dificultez que je ne surmonte, parce que je hai l'oisiveté; que j'ai été laborieux toute ma vie, & que je prétens l'être tant que j'aurai la moindre vigueur.

Voilà, Monsieur, tout ce que je puis vous aprendre presentement de mes petites affaires. Si je vais l'année prochaine en *Hollande*, comme j'en ai pris la résolution, & que je vous trouve chez vous, j'aurai l'honneur de vous entretenir plus amplement de toutes choses, & de vous ouvrir entierement mon cœur, puis que j'ai non seulement beaucoup de confiance en votre personne, mais que je suis encore fort respectueusement, &c.

LETTRE XII.

A Mr. Laar de Honloo.

MONSIEUR,

Vous savez, pour me l'avoir oui dire plus d'une fois, que je suis bien le plus malheureux Chasseur que *St. Hubert* ait jamais admis dans sa Confrerie. Il n'y a point de perdrix, qui ne me fuie avec autant de rapidité, que si j'étois le plus cruel oiseau de proie que le grand Veneur de l'Empereur *Leopold* ait dans sa fauconnerie. Les lievres disparoissent au moment que la pensée me vient seulement de les aller visiter : & en general tout le gibier a une telle antipatie pour tout ce qui exhale de ma peau, que je bats souvent la campagne un jour entier, sans rencontrer que des étourneaux & des corneilles.

Une marque certaine que c'est moins l'apréhension d'être tuez, que la crainte de me voir, ou de me sentir, qui les domine, c'est que je tire si mal, que je n'ai encore blessé, que je sache, aucune créature vivante, & cela est tellement vrai que sans me vanter, il m'est arrivé en *Hollande* de décharger un bon fusil sur une douzaine

zaine de canards privez, à la portée du piſtolet, ſans leur toucher ſeulement une plume. Au contraire, Monſieur, ce n'eſt pas, afin de continuer d'un même ſtile, dans le deſſein de me mépriſer, je doute qu'il y ait dans les ſept Provinces un plus habile pêcheur à la ligne que je le ſuis. J'ai été cent fois à la pêche avec bien des amateurs de cet agréable exercice, mais quand nous aurions été auſſi forts en nombre que les Apôtres, j'aurois toûjours été le *St. Pierre*. Il m'eſt rarement arrivé que je n'aye pris ſeul autant de poiſſon que tous les autres enſemble. Je ne m'épargne point à ce métier-là, j'ai toute la patience, qu'il exige, & j'y ſuis ſi habile & ſi bien verſé, que tout ce qui vient ſentir à mon hameçon eſt confiſqué; il n'eſt abſolument rien qui m'échape.

Avec tout cela, il m'arriva hier une avanture, qui m'a paru auſſi nouvelle & auſſi extraordinaire, que ſi je ne me fuſſe jamais mêlé de pêcher.

J'étois ſorti à porte ouvrante avec Mr. *Barfelius*. Etant arrivez à la derniere tête, qui eſt en deçà de *Dommerholt*, nous nous mimes à l'ouvrage; le tems étoit clair, & le vent *Nord-eſt*; nous prenions bien peu de choſe, de ſorte qu'à midi

midi nous avions à peine dequoi nous donner à dîner. Après le repas, nous retournames à notre ancien poste, où les affaires alloient encore plus mal qu'auparavant : nous fumions & badinions cependant sur le soir, que nous parlions de nous retirer ; mon Maître de Langues se mit à courir après un papillon blanc, qui voltigeoit autour de nous, & le prit. Donnez-le moi, lui di-je, il faut qu'il me serve à prendre une truite avant que je m'en aille, en dût-il venir une exprès du lac de *Lofane*. Je le mets à l'hameçon, toûjours en folâtrant, & le jette à l'eau. Dans le même instant ce petit animal disparoit, ma plume enfonce comme une pierre, & je me sens arracher ma ligne d'entre les mains. Un incident de cette nature, & en même tems, si peu attendu ; me surprit tellement que je pensai tomber dans la riviere. Ciel ! qu'est-ce que cela, s'écria notre Dominé ? Je n'en sai rien, lui répondis-je, il y a aparence que quelque gros brochet affamé s'est saisi de mon amorce, & y est resté accroché, puis qu'il entraine toute la machine : allez vite, continuai-je, prendre le bachot du plus proche paysan, & l'amenez ici, pendant que j'observerai à quoi tout cela aboutira.

Aussi-

Aussi-tôt qu'il fut de retour avec le bateau, je me jettai dedans, nous passâmes de l'autre côté, où j'avois conduit ma ligne des yeux, & m'en étant saisi, je la tirai tout doucement. D'abord que le drille, qui étoit pris, se sentit piquer, il reprend la fuite, & nous à le suivre. Enfin après avoir bien travaillé, & s'être tourmenté pendant plus d'une heure, il se laissa amener jusques sur le sec comme s'il avoit été mort : & ce fut alors que notre étonnement redoubla, quand nous aperçûmes que c'étoit un beau saumon, pesant dix ou douze livres. La joie que j'en eus étoit assurément plus grande que si j'avois trouvé une bourse de deux cents louïs. Comme c'est, Monsieur, de tout le poisson, le seul qui fait vos délices, & que vous entendez parfaitement bien à l'aprêter, je prens la liberté de vous l'envoyer, & de vous dire que nous le suivrons d'assez près pour ne vous donner que le tems de le reconnoître, & mettre en perce la meilleure barique de votre cave.

Si notre ami *Keppel* est de loisir, invitez-le, je vous prie, à être de la partie, & lui rendez le sonnet, que j'ai renfermé dans ce billet, ce sera encore un sujet de divertissement, & une occasion à nous pro-

procurer la satisfaction de nous voir rassemblez à *Dinx-hof* l'un de ces jours, je suis, &c.

LETTRE XIII.

A Mr. de St. Ange.

MONSIEUR,

IL faut avouer que ce qui vous est arrivé dans votre voyage *d'Aix-la-Chapelle*, est tout-à-fait singulier; mais dans toute la relation, que vous avez pris la peine de m'en faire, rien ne m'a plus diverti que l'endroit, où vous racontez comment Mademoiselle la Religieuse, s'étant levée la nuit pour aller aux lieux, avoit à son retour, faute de lumiere, pris votre chambre pour la sienne, & au lieu de se recoucher auprès de sa compagne, s'étoit venu fourrer à côté de vous. Je m'assure, comme vous le dites, que la confusion qu'elle en a eue, au moment que vous avez commencé à agir, & qu'elle s'est aperçue de sa bevue, a été extraordinaire : & je ne doute pas non plus qu'il ne vous fût difficile d'exprimer le plaisir que vous en avez ressenti, & les sujets de de risée que cette scene vous a fournis dans la suite.

Je n'ai jamais eu d'avanture semblable ; au contraire, il m'en arriva un jour une qui me donna bien de la mortification. J'avois alors dix neuf ans, & comme j'étois sur le point de me marier, mon Pere m'ordonna, avant que de le quiter, de faire un tour jusqu'à *Anvers*, pour y régler des affaires, qui auroient autrement exigé sa presence. Je me servis, pour cette expédition, du Beurt-man de *Rotterdam*. Le tems étoit beau, & nous étions bien trente ou quarante passagers, de tout âge, de toute qualité & de tout sexe ; ce qui ne contribua pas peu à nous faire passer d'agréables momens. En arrivant, j'entrai dans une Hotellerie proche de l'endroit, où nous avions mis pied à terre : le soir aprochoit, & j'avois bon apetit. Aussitôt que le souper fut prêt, on m'en vint anoncer la Nouvelle. Le rendez-vous étoit un assez bel apartement, qu'on avoit batifé du nom de Réfectoire, où nous nous trouvames trois.

L'Hôte, qui étoit de la partie, & qui s'étoit assis à l'oposite d'un autre Monsieur que je ne connoissois pas, & de moi, sous prétexte de nous tenir compagnie, &
d'ê-

d'être à portée pour nous servir, ayant remarqué dans la priere, que je n'avois point fait le signe de la croix, me dit, *vous êtes Gueux, Mr. à ce, que je voi. Cela est vrai,* lui répondis-je, *mais je ne comprens pas à quels indices vous vous êtes aperçû de ma gueuserie : je ne sache point que vous me connoissiez ; vous n'avez point vû ma bourse ; & mon habit,* qui étoit, par parentese, de belle serge de *Nimes,* garni selon la mode d'alors, de douze douzaines de boutons d'argent massif, *ne peut rien faire conjecturer de semblable. Si nous étions en* Westphalie, *je craindrois que vous ne fussiez sorcier. Vous faites l'ignorant,* Monsieur, reprit-il, *vous ne me paroissez pas novice ; il n'est pas que vous ne sachiez ce que signifie ici le terme de* Gueux. *Je l'avoue,* lui repliquai-je, *mais m'imaginant que vous vouliez rire, j'ai cru devoir par là contribuer à votre dessein. Ce n'est point là un sujet de risée,* continua-t'il, *je n'y saurois penser que je ne fremisse.* Là-dessus cet impertinent commence à se déchainer contre la Religion Protestante, comme s'il avoit été gagé pour cela. J'étois jeune, & dans un païs où la Catholicité dominoit; il faloit être prudent & sage : en effet, je lui

lui répondis avec beaucoup de modestie ; cet autre Mr. y prenoit plaisir. J'eus pourtant beau user de précaution, il étoit si sensible à mes coups, que le moindre le perçoit jusqu'à l'ame ; il en écumoit de rage, & l'insolent en vint jusqu'à me dire que si je n'étois pas logé chez lui, il me feroit des affaires, dont je me ressouviendrois long-tems.

L'honnête homme, qui entendoit tout cela, voyant que le feu commençoit à me monter au visage, prévint la réponse, que je lui allois faire. *Vous avez tort, mon ami*, lui dit-il ; *c'est vous, qui avez attaqué Mr. d'une maniere, qui ne vous convenoit pas, & quoi qu'il ne se tienne proprement que sur la défensive, vous êtes scandalisé de son procedé jusqu'à ne vous pouvoir plus posseder. Si vous m'en vouliez croire, vous exciteriez vos hôtes à bien boire & à bien manger, & laisseriez ces querelles de Religion aux gens d'Eglise, c'est là leur affaire ; au lieu que la vôtre est d'attirer des chalans, & non pas de decrier vôtre maison. Allons, Messieurs*, poursuivit-il, *buvons un verre de vin, & entretenons-nous d'autres choses, je vous en suplie*. De tout mon cœur, repris-je ; j'en suis content, y ajouta l'autre ;

tre, & se tournant de mon côté, il se mit à boire à ma santé.

Le reste de la soirée se passa fort tranquillement. Après le repas je demandai à m'aller coucher, tant parce que je n'étois pas là avec agrément, qu'à cause que je n'avois pas fermé l'œil la nuit précédente. La chambre, où l'on me mena, avoit au moins quarante semelles de long, & trente de large. A gauche au coin, il y avoit un lit clos, & à droite au milieu, un grand lit de camp, dont on me donna le choix. La saison étant avancée, je choisis le premier pour n'avoir pas froid, & me mis dedans. A peine y avois-je été une demi-heure que l'on vint ouvrir ma porte. La curiosité de savoir qui c'étoit m'ayant fait jetter l'œil entre la planche, à côté du chevet, & le rideau, n'allai-je pas aviser une Demoiselle de dix-huit à vingt ans, qui m'avoit plus la mine d'une Courtisane que d'une Vestale, & que je reconnus pour une de celles qui avoient passé de *Hollande* avec moi dans le même Bord, où je l'avois entretenue en particulier deux diverses fois en *François*.

A cette vue, je fus incontinent agité de deux passions extremement differentes; d'un côté j'apréhendois que la dispute,
que

que j'avois eue, n'eût porté le Maître de la maison, que je ne connoissois point, à me jouer un vilain tour; & de l'autre, l'amour, qui ne demande point de grands raisonnemens, faisoit petiller tout le sang que j'avois dans les veines. La servante, qui l'accompagnoit, lui ayant montré où elle pourroit prendre du repos, se retira. La dessus cette charmante *Venus* s'avance vers l'extrémité d'une grande table, qui étoit la plus proche de moi, & commence à ôter ses atours, & à mettre ses cheveux en papillotes. Le cœur me batoit cependant, comme si j'avois été à la veille de commettre un meurtre; enfin rompant tout d'un coup le silence, que j'avois observé assez long-tems, & paroissant à découvert. *Qu'est ceci, bons Dieux !* dis-je alors :

Est-ce un songe menteur, est-ce une vision ?
Aurois-je jamais cru qu'en une terre étrange,
Jupin, par un effet de son affection,
Eût voulu m'honorer des visites d'un Ange ?
Que rien ne vous rebute, aprochéz sans façon,

Si

Si vos charmes sont grands, je suis joli garçon,
Et comme pour mon bien, votre cœur s'interesse,
Je vous fais aujourd'hui l'objet de ma tendresse.

A cela j'ajoutai en prose, tout ce que l'amour me suggéra de plus doux & de plus tendre. Cette aimable fille, qui étoit effectivement une beauté brune, me regardoit de fois à autre d'un visage riant; on eût dit qu'elle se plaisoit à entendre toutes ces fleurettes. Après m'avoir bien écouté; *Tout ira bien,* me répondit elle, *Monsieur, ne vous mettez pas en peine, il n'est pas besoin de faire maintenant le Rhéteur, toute cette belle éloquence est inutile, j'ai pris mon parti avant que d'entrer ici, vous en allez voir le resultat tout à l'heure. Je ne pense pas, Mademoiselle,* repris-je, *que vous ayez d'autre dessein que de vous venir mettre auprès de moi, ou au pis aller, de me permettre d'aller prendre place auprès de vous: car enfin vous êtes trop équitable pour vouloir la mort d'un homme, qui vous adore, ou pour m'exposer volontairement, au cas que je pusse survivre à une disgrace de cette*

cette nature, aux reproches que l'on me feroit infailliblement, si j'avois souffert que la plus charmante fille, qui soit au monde, eût passé la nuit avec moi dans une même chambre, sans m'avoir accordé aucune faveur.... *Assurément Monsieur*, reprit-elle, en m'interrompant, *vous m'avez trompé; après vous avoir vu si grave & si serieux dans le vaisseau, je vous aurois cru incapable d'un discours aussi vain qu'est celui que vous venez de me tenir. Il n'y a point de place dans cette Hotellerie, je me retire auprès de vous, comme dans un azile assuré, & au lieu de répondre aux sentimens avantageux que j'ai conçus de votre personne, vous tâchez de me corrompre, & tendez des piéges à ma pudicité: voilà, qui est surprenant! Bon soir, Monsieur,* continua-t'elle, en me tournant le dos, & tirant vers son gîte; *dormez tranquilement, & ne songez non plus à moi, que je prétens penser à vous*; à ces mots, elle soufla la chandelle, & s'alla coucher.

Des paroles proferées si à propos auroient dû, semble-t'il, me rebuter, mais ce fut tout le contraire. Le stratagême, dont il me sembloit naïvement qu'on se servoit, pour m'obliger à me lever, afin

Tome I.   C   de

de pouvoir en mon absence, emporter impunément mon petit butin, & me faire donner ainsi dans le panneau, ne fut pas même capable de me retenir. Je saute sans hesiter hors de mon lit, & m'aprochant brusquement du sien : *vous avez raison, ma Belle, lui dis-je, il est juste, si je veux obtenir des graces de votre bonté, que je les vienne implorer à vos genoux : je suis doux & pacifique de mon naturel, comme vous l'avez bien remarqué, mais je suis aussi sociable, & j'aime passionnément la compagnie; ne pensez pas cependant que mon dessein soit de troubler votre repos, je ne vous demande qu'un espace de la largeur de deux paumes à votre côté, où je vous jure que je me tiendrai si coi que vous ne vous apercevrez pas de ma presence.*

Au reste, Monsieur, n'allez pas vous imaginer que pendant que ma langue étoit en action, je restasse là les bras croisez, je faisois toûjours mon chemin : les couvertures étoient levées, & j'avois déja un pied là, où je portois tout le corps, lorsque cette inhumaine, avançant la main, & me poussant rudement à l'endroit de l'estomac, se mit à me dire des injures, & à protester tout haut que si je ne m'en retournois sur le champ, elle alloit crier au meurtre de toute sa force. Je voulus la radoucir, & lui remontrer le tort qu'elle avoit d'user de tant de cruauté à mon égard, moi, qui l'aimois plus que moi-même, & qui étois prêt de faire avec elle telle composition qu'elle voudroit, elle gagnoit à bon conte la ruelle, dans la vue, disoit-elle, d'un ton menaçant qui remplissoit toute la maison, d'aller appeller du secours.

L'Hotesse, qu'une simple muraille séparoit de l'endroit, où nous étions, ayant sans doute entendu notre dialogue, demanda fierement ce qu'il y avoit. Cette voix étrangere, qui me menaçoit de m'envoyer bientôt des temoins, que je ne demandois pas dans une telle conjoncture, ne me permit pas de faire là un plus long séjour ; il me falut malgré moi battre incessamment la retraite, & regagner le trou d'où j'étois sorti.

J'avois tant de confusion de cette fatale avanture que je ne voulus pas le lendemain au matin me montrer, que cette vertueuse fille ne fut sortie. Trois heures après mon lever je la rencontrai dans la rue, avec un homme assez bien mis ; je lui fis la révérence, elle me rendit mon lut en souriant, & d'un air, qui marquoit évidemment que nonobstant l'allarme, que je lui avois donnée, elle ne me vouloit pas tant de mal que je me l'étois imaginé. Je ne l'ai point vue depuis, & n'ai jamais sçu ce qu'elle étoit devenue.

Vous pouvez juger par cet échantillon, Monsieur, si je suis heureux en amourettes. La plûpart des hommes soutiennent qu'il n'y a qu'à demander pour obtenir, mais l'experience m'a montré plus d'une fois, que s'il y a des places aisées à prendre, il s'en voit qui résistent courageusement aux efforts les plus opiniâtrez, dont un vigoureux assaillant soit capable : & je croi devoir dire, à la loüange du beau sexe, que generalement parlant, les femmes se possedent mieux que nous, & qu'elles sont plus en état que les hommes de surmonter bien des foiblesses, dont nous sommes également susceptibles. Je ne prétens pourtant point que l'on s'en rapporte entierement à moi pour cela : peut-être avez-vous des raisons pour être dans d'autres sentimens ; ainsi j'aime mieux laisser la question indécise, & me contenter d'assurer une seule chose, que je défie toute la terre de me disputer, qui est que je suis, &c.

DE Mr. TYSSOT.

LETTRE XIV.

A Mademoiselle J. de L.

MADEMOISELLE,

JE suis ravi quand je trouve l'occasion de vous écrire; vous êtes bien aise d'entendre des nouvelles, & moi je fais consister tout mon bonheur à vous faire part de celles que je sai. J'ai presentement de quoi nous satisfaire l'un & l'autre, & pour ne vous point faire languir, je vous annonce que le Printems arriva hier au matin ici, le plus gai & le mieux dispos du monde. Vous ne sauriez croire l'accueil que les habitans de cette contrée lui ont fait, c'étoit à qui le recevroit de meilleure grace. Les hirondelles sont sorties exprès de leurs cavernes obscures pour le saluer, le rossignol en a chanté de joie, & il n'est pas jusqu'à nos prairies, qui ne se soyent mises à rire à son abord.

L'Hiver, qui est ordinairement jaloux des caresses que l'on lui fait, ne l'a pas plutôt vû venir qu'il nous a tourné le dos: il a pris sa route vers le pole *antarctique*, où j'espere qu'il sera si bien reçû que de long tems l'envie ne lui reprendra de nous venir visiter.

Il faut vous avouer que c'est un importun auquel je dis volontiers adieu, & qui ne me fait pas moins de peur que vos Clapermans en font au petit J. Ne l'arrêtez pas, je vous prie, dans votre ville, où il faut qu'il passe nécessairement pour faire son chemin, si vous ne voulez qu'*Utrecht* ne me voie de six mois. Oui, bon, vous prier, à quoi pensé-je ? c'est justement le moyen de vous porter à faire tout le contraire. Vous vous oposez si directement à mes volontez que quand ce ne seroit que pour me voir enrager, vous êtes capable de retarder son voyage de dix jours, sous prétexte que vous avez là un autre stile qu'à *Leeuwarden*, où des affaires me retiennent depuis quinze jours. Ah ! si vous n'avez point d'égard à ma satisfaction, ayez du moins quelque charité pour le Public. Considérez, Mademoiselle, que nos campagnes sont encore toutes desolées, que les champs & les forêts portent des marques de ses ravages que l'Eté seul a la puissance d'effacer, & que vos propres interêts veulent que vous bannissiez de vos terres cet ennemi capital du genre humain. Mais c'est à quoi vous ne voulez point entendre, vous avez de l'inclination pour ce Misantrope, vous le cheriffez, & il femble que vous ayez fait vœu de le porter même jufques dans vos entrailles.

Raillerie à part, comment eſt-il poſſible que vous, qui faites une profeſſion ouverte d'aimer ſi étroitement vos amis, ne ſoyez pas ſeulement ſuſceptible d'amour, dans un tems où les hommes font ſi chers, & que mille *Adonis* s'empreſſent à l'envi à vous rendre de continuels hommages? Et quand ce ne ſeroit qu'à cauſe que j'aime la douceur, & par conſéquent les confitures, dont vous ſeriez dans l'obligation, par la promeſſe que vous m'en avez faite, de m'envoyer une douzaine de boetes, ne devriez-vous pas, en conſcience, faire mettre enfin dans la gazette que Mademoiſelle J. de L. va épouſer le Marquis de C. Mais non, vous avez l'exemple de la Reine *Eliſabeth* en tête, depuis le moment que vous avez lu ſon hiſtoire; vous voulez demeurer fille, vous avez réſolu de reſter pucelle. Hé bien, ſoyez l'une & l'autre, tant qu'il vous plaira; j'y conſens, moyennant que vous me permettiez auſſi d'être éternellement, &c.

LETTRE XV.

A Mr. Sigeser.

MONSIEUR,

Il n'y a pas d'aparence que la nature vous soit autant favorable que vous me le voulez persuader : elle vous a gueri, dites-vous, avec l'aide de quelques simples remedes, de votre épouvantable rume ; soit, nous participons sensiblement à votre joie, & voulons bien encore, à votre imitation, lui en témoigner quelque reconnoissance. Mais tout bien consideré, qu'étoit-il besoin qu'elle vous procurat ce mal, en vous précipitant dans les ondes agitées d'une riviere courante, où vous avez manqué de perdre la vie ? Pourquoi vous mouiller jusqu'à la chemise, dans un tems veritablement froid, au moment que des affaires importantes vous appellent ailleurs, & qu'à peine vous avez le loisir de changer d'habits, pour continuer votre voyage, au lieu de vous faciliter l'entrée dans le vaisseau qui vous doit amener ? C'est votre propre faute, dira t'on ; si vous vous étiez bien tenu à la corde que vous aviez empoignée, vous n'auriez pas fait

fait cette vilaine culbute. Bagatelle, vous n'avez pas plus de droit de lui attribuer votre retablissement, que j'en ai de mettre sur son conte la cause de votre maladie. Fut-ce *Jupiter* lui-même, qui me fit, on me permit seulement de tomber, pouvant l'empêcher, je ne lui saurois aucun gré de m'avoir ensuite relevé. Croyez-moi, il y a de la malice dans son procedé, & j'y en trouve d'autant plus, qu'il n'a pas cessé de pleuvoir à verse depuis que vous êtes sorti de cette ville. On eut dit que tout l'*Océan* s'étoit élevé en vapeurs; les vents, qui soufloient des quatre coins de la terre, sembloient vouloir rassembler & faire fondre tous les nuages sur notre horison: & si pour ma consolation, je n'eusse vû quelquefois un échantillon de l'*Iris*, je vous jure que j'aurois apréhendé un second deluge. Enfin, il y avoit si peu d'aparence que vos hardes se séchassent de tout le Printems, que sans la diligence de M. A. qui en a, sans contredit, pris beaucoup de soin, je ne voyois pas que nous puissions nous dispenser de les envoyer en *Italie*, où la gazette nous aprend que la sécheresse est si extraordinaire, qu'elle contraint jusqu'au St. Pere de faire des processions, où l'on porte en montre les plus sacrées Reliques, pour obtenir de l'humidité du Ciel. Vous devez être bien-aise de ce que nous n'en sommes point venus à ces fâcheuses extrémitez, puis que les frais seroient montez haut, & que l'obligation, que vous nous en auriez eue, n'auroit pas été mediocre.

Il me semble à divers indices, qu'elles avoient de la peine à sortir d'ici, & qu'elles craignoient la destinée, que n'ont pu éviter celles que vous aviez laissées en *Allemagne*; mais il ne faut pas douter qu'elles ne consentent avec bien plus de regret à vous accompagner jusqu'en *Hongrie*, s'il est vrai que vous perséveriez dans les sentimens que vous aviez conçus de vous aller rendre esclave du *Turc*. Je vous prie, contentez-vous plutôt d'une seule femme en ce païs, où l'on passe le tems sans danger, à l'ombre d'une douce paix, que d'en aller chercher plusieurs ailleurs, à la faveur de la guerre, & au peril de votre vie; & que les charmes de la poligamie ne vous fassent pas prendre une route, où le retour vous sera peut-être interdit.

Je ne veux pas vous perdre sitôt : c'est une aquisition trop précieuse que celle d'un parfait ami, pour s'en voir d'abord priver pour jamais. J'aime assurément mieux être em-

employé à vous servir qu'à vous regreter, & à vous charger souvent de mon vin, qu'à vous donner une seule fois de mes larmes.

Je suis ravi que mon frere soit entré comme moi si avant dans vos interêts, qu'il en fait maintenant les siens propres, & que l'amitié, que vous lui portez, soit si forte, que vous preferez sa compagnie à celle de vos plus anciens amis; mais je ne suis pas moins courroucé contre lui de ce qu'il n'aprouve pas le madrigal, que j'ai composé pour Mademoiselle D. S'il ne me craint pas, qu'il redoute au moins ma satire.

Qu'il sache qu'en des cas on est un peu Gascon;
Qu'on est fort difficile à se mettre en colere;
Mais que quand le sang bout, il n'est parent, ni frere,
Qu'on ne berne sur l'Helicon.

Pour vous, Monsieur, je vous sais bon gré du jugement que vous en faites, quoi qu'en cela vous ne soyez pas plus exemt de foiblesse que lui, puis que si la jalousie le domine, la prévention vous maitrise.

Je ne laisse pas de voir cependant que si tout le monde entroit dans vos sentimens, mes Ecrits seroient bientôt plus courus aux *Païs-Bas* que les Vers d'*Homere* ne le furent autrefois dans la *Grece*. De quelque maniere qu'on le prenne, c'est toujours beaucoup de s'entendre louer par des personnes de votre merite : je commence déja à en tirer quelque vanité, & si vous continuez de la sorte, je ne manquerai pas de m'en estimer davantage, non pas tant pour l'amour de moi même, qu'afin que vous ayez la gloire d'entendre qu'un homme de ma suffisance publie jusqu'aux *Antipodes*, qu'il veut vivre & mourir, &c.

LETTRE XVI.

A Mademoiselle D. de R.

MADEMOISELLE,

J'Arrive, après avoir achevé heureusement un voyage de six semaines, & j'arrive précisément comme la poste est sur le point de partir : j'aurois besoin de repos, cela est indubitable ; mais j'apréhenderois, si je laissois échaper cette

cette occasion sans vous écrire, que vous ne m'en fissiez des reproches, de sorte qu'au lieu d'aller chercher le lit, je me suis renfermé dans mon Cabinet, pour vous marquer au plus vite que ma course a été heureuse, que je me porte parfaitement bien, & que graces au ciel, je me suis très bien diverti par tout, sans avoir fait aucune mention de vous à personne.

Je parle franchement, dussiez-vous vous fâcher, comme vous en faisiez le semblant, lors que je pris congé de vous à ma derniere visite. Ma foi, vous me poussez à bout ; je vous en avertis, prenez y garde, la patience m'échapera, & gare les conséquences.

Savez-vous bien, grande Badine,
S'il vous arrive plus de me fourbir
  malheur,
 Qu'en vous faisant deux fois la mine,
Je vous ferai changer quatre fois de
  couleur ?
 Vous savez ce qu'il vous en coute,
 Pour m'avoir tout égratigné ;
 Un colet de mon sang baigné,
Et... mais il vaudroit mieux, sur ma
  foi, ne voir goute.
Comment ! n'oser porter la main

Sur ce qu'on expose à la vue ?
Pour moi, je n'ai pas cru que l'on put vous voir nue,
Et ne vous pas couvrir, sans paroître inhumain.
C'est violenter la nature ;
Cependant on le veut, j'obéis, je le dois,
Gelât-il à perdre les doigts,
Et vous dût-il au sein venir une engelure.

Il s'en faut bien que les filles soyent auſſi cruelles aux endroits, d'où je viens, que ſous le maudit climat où vous habitez : je veux être pendu ſi j'en ai trouvé une ſeule qui m'ait refuſé la moindre choſe. J'avoue que je ne leur ai rien demandé, mais je me ſuis trouvé en vingt lieux differens, où tout ce qui portoit une jupe, s'empreſſoit à l'envi de me faire des amitiez : l'une me rioit, l'autre me faiſoit la réverence juſqu'à terre ; ſouvent deux à la fois me preſentoient une chaiſe pour m'aſſeoir, ſi l'aînée me ſervoit une taſſe de café, la cadette l'aſſaiſonnoit d'une cuillerée de ſucre, & tout cela d'un air qui enchantoit. Dans les chambres, au jardin, & par tout, où la curioſité
mé

me portoit, je me voyois toûjours accompagné, non pas d'une seule de ces Nimples, de peur que la conversation ne languit, mais d'une multitude, ou de deux au moins, & là où les filles manquoient, les meres se mettoient de la partie. Jugez par là, je vous prie, si je n'ai pas raison de me flater que tout ce, qu'elles avoient étoit à ma disposition, & s'il y a aucune aparence que des personnes qui donnent genereusement d'elles-mêmes, voudroient rien refuser de ce qu'on leur demanderoit avec civilité. Vous en jugerez pourtant comme il vous plaira, car enfin quelque méchant que vous pretendiez que je sois, je ne me frote plus à vous.

J'aime mieux vous dire qu'il y a eu Dimanche trois semaines qu'étant sur les frontieres de la *Westphalie*, on me mena dans une fort belle maison, où l'un de nos amis me devoit traiter. Comme il étoit encore de bonne heure, la curiosité d'envisager un homme de près, qui faisoit épouvantablement du bruit, me porta jusques dans l'Eglise. Je fus surpris de voir un miserable se morfondre à exorter à la charité une vingtaine d'ignorans, qui sembloient n'avoir rien d'humain que la carcasse. Il crioit comme si on l'alloit égorger; ses actions étoient violentes; on eut dit qu'il vouloit abatre la chaire à grands coups de poing : enfin c'étoit un rustre dans les formes, & qui savoit aussi peu ce qu'il disoit que ce qu'il faisoit. Je ne crus pas devoir attendre que l'ame lui sortit du corps par la transpiration; je me contentai de le voir suer une demi-heure à grosses goutes, & me retirai chez mon Hôte, où cet habile Predicateur fit le sujet de notre entretien pendant le repas, en dépit du Baron de L. qui prétendoit qu'un homme de ce caractere, dont l'emploi, disoit-il, quoi qu'en dise le commun peuple, est tout-à-fait méprisable, n'en valoit pas la peine. La matiere étoit trop boufonne pour ne la pas traiter à fond. L'un insistoit sur la naissance de ces Messieurs, qui est ordinairement assez crasseuse; l'autre pesoit extremement sur leur vanité insuportable : il y en avoit un qui portoit une liste de leurs débauches ; & des vices ausquels ils sont les plus adonnez, ma Muse, qui n'est pas muette, voulut aussi en dire la sienne, elle me sugéra le sonnet que je vous envoie, pour vous en divertir après nous.

Il y avoit deux de ces *swarte rokken*, mais d'une autre confrerie, dans le vaisseau;

seau, où j'ai passé, en achevant ma ronde, d'*Amsterdam* à *Harderwyk*, qui n'étoient pas si zelez que le paroissoit notre gros paysan. Nous dinames nous trois seuls, à notre arrivée, mais ils me firent bien connoître qu'ils n'étoient rien moins que ce qu'ils sembloient. Il est vrai que je donnai occasion à leurs saillies : c'est mon plaisir, lors que je me trouve hors de chez moi, avec de ces petits colets, de les mettre sur la pierre de touche. Je sai bien qu'il y a de très-honnêtes gens parmi eux, & pour lesquels j'ai même beaucoup de consideration ; mais il est constant que la plûpart sont de bas aloi : il n'y a qu'à les exciter par un bon exemple, ils ne tardent guere à sortir des gonds, & à rencherir sur tout ce qu'ils vous voyent faire. Je vous nommerai ces deux Messieurs à notre premiere entrevue ; je me trompe si le plus jeune au moins ne vous est très-bien connu. Mais que diable avons nous affaire de ces tartufes ? me direz-vous. Vous avez ma foi raison : j'ai hâte, & je consume le peu de momens qui me restent à vous occuper de la matiere du monde, qui vous est la plus odieuse : hé bien, je ne vous en parlerai plus.

Lors

Lors que vous m'écrirez, n'oubliez pas, je vous prie, de me marquer le jour que vous devez partir pour H. & le tems que vous faites état d'y rester, afin que je ne fasse rien tenir chez vous pendant votre absence.

Notre ancien ami Mr. G. partit hier, à ce que l'on m'a dit, pour les *Champs Elisées*. Je lui souhaite un voyage heureux & long de trente ans au moins, à condition que je ne le suivrai que lors qu'il aura eû le tems de s'y rafraichir.

Je hai le triste aspect de ces demeures
  sombres,
 Et la figure qu'on y fait ;
 Et ne donnerois pas un pet
De tout ce que l'on dit de leurs illus-
  tres ombres.

Je prévois bien qu'il faudra pourtant à la fin deloger, je n'en serai pas plus exemt que les autres ; mais ce sera le plus tard que je pourrai, & encore je serois ravi que vous fussiez de la partie.

Peut-être votre esprit ne seroit-il pas de si dificile accès que votre corps, & que ne nous étant jamais aprochez de fort près en chair, nous pourrions nous tri-
   bouiller,

bouiller, & nous mêler tellement ensemble en ame, que chacun de nous auroit ensuite de la peine à se retrouver. Ciel ! quelle joie, quel plaisir je ressentirois alors ! Je suis persuadé qu'une telle conjonction vaudroit bien celle du Soleil & de la Lune. Vous auriez beau crier, & faire le diable à quatre, n'ayant ni ongles, ni dents ; car vous n'en aurez pas là, s'il vous plaît ; je me moquerois de vos égratignures, & ne vous ferois non plus de quartier que vous en faites presentement à celui, qui est néanmoins le plus respectueusement qu'il est possible,

MADEMOISELLE, &c.

LETTRE XVII.

Au Capitaine de Patot, Pere de l'Auteur.

Monsieur mon très-honoré Pere,

CA été une maxime établie parmi les peuples, depuis un tems immémorial, de renouveller l'amitié avec les ans, ou par des marques d'humilité envers ses superieurs,

perieurs, ou par des honnêtetez à ses égaux & à ses inferieurs.

Les Hebreux, qui étoient d'ailleurs assez scrupuleux dans leur culte, n'en ont pas été plus exemts que les Romains & les Païens; & l'on peut dire que leurs ceremonies, tant aux Calendes qu'aux révolutions annuelles, & aux Jubilez, avoient tellement pris la forme de loix, parmi eux, que peu de personnes y auroient voulu manquer. On tient neanmoins que *Tatius*, Roi des Sabins, fut le premier, qui s'avisa d'observer ces jours, qui sont comme les ainez des autres, soit pour faire des liberalitez à son peuple, ou pour en recevoir des hommages & des presens. Quoi qu'il en soit, il est sûr que la coutume en est parvenuë jusqu'à nous, & qu'ainsi, Monsieur, il me doit être permis d'imiter les Anciens & les Modernes, sur-tout dans une occasion, où il y va du devoir. En effet, il n'y a rien de plus juste, dans le moment où le Ciel renouvelle vos années, que de vous faire de nouvelles protestations de mon obéissance, & à lui de nouveaux vœux pour la continuation de votre santé. Elle m'est si chere, cette santé, & l'augmentation de vos jours m'est si agréable, que s'il étoit

en

en ma puissance de vous faire part de la meilleure partie des miens, vous pouvez être persuadé que je n'en serois pas moins liberal, que vous me l'êtes de votre affection. Mais la diminution de ce que je possede de plus précieux, ne vous sauroit prolonger la vie d'une minute; Dieu seul est capable de vous la donner longue & heureuse. C'est aussi à ce Pere commun de toutes les créatures que j'adresse mes ardentes prieres pour cela, de même que pour la parfaitement bonne disposition de ma chere Mere, votre fidele & vertueuse Epouse. Je le suplie de tout mon cœur de vous conserver, l'un & l'autre, dans un si bon état, que je puisse au siecle prochain, lui rendre encore des actions de graces des nouveaux biens qu'il aura répandus sur vous, & sur vos enfans, comme je le remercie aujourd'hui très-humblement de ce que j'ai le bonheur à mon âge, & étant chef moi-même d'une famille assez nombreuse, de me dire, &c.

LETTRE XVIII.

A Monsieur Sigeser.

ENfin, Monsieur, j'ai tant fait que j'ai sçu de ma femme pourquoi elle ne nous a produit qu'une fille : elle avouë franchement qu'elle étoit entierement refoluë de vous donner un filleul, mais que depuis qu'elle vous avoit entendu dire que vous étiez en deliberation d'aller chaſſer les Mahométans de Conſtantinople, elle avoit changé d'opinion, de crainte qu'il ne vous prît envie de l'amener avec vous contre un ſi puiſſant ennemi ; & conclut qu'il valoit mieux ſe paſſer d'une petite ſervante, & la tenir longtems auprés d'elle, que d'avoir quelque intrépide Guerrier, que les rigueurs du ſort ne manqueroient pas de lui ravir incontinent.

Cette déclaration ingenuë fait aſſez voir comment un homme, qui parle trop, eſt capable de nuire à ſa patrie & à ſoi-même. Si vous euſſiez eu plus de retenuë, vous auriez eu ſans doute plus de ſatisfaction, & vous ne ſeriez pas à la peine de vous repentir d'avoir eu la langue trop longue.

Je

Je gage que vous ne croyez pas vos paroles capables de si grands effets, & que vous ne vous attendiez guere à cette rare métamorphose. Mais ne vous en étonnez pas extrêmement, j'en ai lu d'auſſi étranges dans *Ovide*, & je ne penſe pas qu'il ſe rencontrât plus de dificulté dans le changement d'un mâle en une femelle, qu'en celui de Narciſſe en une fleur. Il n'eſt pas dit que *Periclimene*, qui avoit obtenu de *Neptune* le don de prendre quelle forme il voudroit, fut le ſeul qui dût jouïr de cet avantage, & qu'après le fils de *Saturne*, il n'y en dût point avoir d'autre, qui en pût favoriſer les Mortels. Mais quand cela auroit été dit & reſolu mille fois, il ſufit que nous voyons le contraire, & que, comme je l'ai déja dit, ma chere Compagne ait eu le pouvoir en cela d'imiter la ſeconde Divinité des Païens, & d'avoir fait d'un *Chriſtiaen Lodewyk*, une *Anne Marie Catherine*.

Ce qui me fâche le plus, c'eſt que vous n'avez pas été à ſon batême. J'ai été ſouvent ſur le point d'en differer la ſolemnité juſqu'au jour de votre arrivée en cette ville, mais après une mure reflexion, fondée ſur l'incertitude, où vous êtes

du

du tems que se doit faire la montre, j'ai cru que je devois agir de la maniere que nous en étions convenus, dans l'esperance que vous ne vous en formaliseriez point.

Consolez-vous de ce que nous avons bû ce jour-là pour six semaines à votre santé. Quand nous ne continuerions pas à le faire à tous nos repas, vous ne pourriez de long-tems vous aquiter de cette dette, que je laisse neanmoins toute entiere à votre discretion. Mr. *Dois* vient de m'aprendre que vous devez venir ici la semaine où nous allons entrer; cette nouvelle nous a donné bien de la joie, mais assurez-vous qu'elle redoublera sensiblement à votre arrivée, puis qu'il n'est pas moins vrai que je tâche à vous le persuader, que ma bouche envie prodigieusement à ma plume le bonheur qu'elle a souvent de vous confirmer que je suis, &c.

LETTRE XIX.

A Mademoiselle J. de D.

MEs efforts sont vains, Mademoiselle; je suis incapable de resister aux rigueurs de mon malheureux sort, je n'en puis plus, je succombe, il faut mourir.

mourir. Depuis que vous avez eu la cruauté de nous quiter, il semble que mon sang se soit caillé dans mes veines; mes esprits n'ont plus de mouvement, & si mon ame ingénieuse à conserver son vehicule, ne flatoit mon imagination de l'esperance de vous embrasser l'été prochain, je serois glaçon avant que vingt-quatre heures se passassent. On ne sauroit nier que vous avez l'exterieur de votre frere *Apollon*, mais il est constant que vous n'en observez nullement les maximes.

Comme il aime les peuples, qui habitent entre les deux Tropiques, il se rend familier avec eux, il les voit, il les caresse, & ne sauroit se résoudre à s'en éloigner seulement d'un pas, pour passer en d'autres climats : au contraire, n'ayant que de l'indifference pour les habitans des deux Pôles, il ne daigne pas les aprocher, il ne les regarde que froidement & de côté : sa vûë les enchante, & lui ne trouve rien en eux capable de l'attirer. Pourquoi, à son imitation, puis que vous me haïssez, ne paroissez-vous aussi à mes yeux de si loin que je ne puisse vous distinguer de votre ombre ? Ce traitement conviendroit à votre humeur

Tome I. D cruel-

cruelle, & me causeroit vrai-semblablement du repos & de la tranquilité.

Croyez-vous, de bonne foi, qu'il y ait de l'humanité à venir embraser de nouveau, par les rayons ardents de vos incomparables charmes, un cœur, que vous aviez autrefois presque entierement consumé, & qui par des efforts surprenants avoit enfin gagné sur lui de ne penser plus que foiblement à eux ? Car après tout, vous avez beau vous défendre, il y a de la malice dans votre fait, & vous ne m'oterez jamais de la pensée que vous êtes venuë ici exprès à dessein de renouveller ma peine, & ne m'avez honoré subitement de vos regards, que pour me faire expirer de douleur par votre départ précipité. Parlons franchement, qu'y avoit-il, je vous prie, qui vous empêchât de me rendre heureux, puis qu'il ne s'agissoit que de vous voir le tems que vous aviez vous-même limité pour cela ? Craigniez-vous les saillies d'une Grand'mere, que l'âge a tellement affoiblie, qu'elle ne tient plus de rang que parmi les trépassez ? Aviez-vous peur des coups de langue du vulgaire ? Il n'avoit point ici de prise sur vous, outre que c'est une bête feroce, qui se contente de l'exterieur :
les

les gens d'esprit manquent rarement de moyens pour se garantir du venin de la medisance ; les feintes sont toûjours de saison, & si vous connoissez autant le monde que je me le persuade, il vous est aisé de le satisfaire, & de contenter vos amis en même tems.

Assurément vous êtes trop scrupuleuse pour être du siecle où nous sommes ; on ne l'est plus tant aujourd'hui qu'on l'a été du tems passé ; il y a huit ou dix mille ans que cela auroit eu cours, maintenant il n'y a que les innocens qui s'en mêlent. L'envie me prend quasi de vous en quereller ; oui, l'occasion est trop favorable pour m'en taire, il faut que je me mette en colere tout de bon.

Je sens ma veine poëtique
S'échauffer merveilleusement ;
Dans les premiers bouillons de son em-
portement,
Elle est souvent brutale, insolente, rus-
tique.
* * * * * * * * * * * * * * * *
Comment ! vous dira-t'elle, en son
humeur altiere,
Souffrir qu'un simple avis change un si
beau projet ?

Puis que vous en avez un si juste sujet,
Pourquoi negligez-vous de vous donner
 carriere ?
Vous vous fondez à tort sur un cerveau
 mal fait,
 La figure d'une personne,
 Que vous prétendez qui raisonne,
 Lors qu'elle n'a que du caquet.
Consultez-vous vous même avec soin,
 je vous prie ;
Vous avez du genie, & ces gens n'en
 ont pas :
Croyez-moi ; non, jamais vous ne serez
 marrie
D'avoir joint les plaisirs à vos tendres
 apas.

Vous imaginez-vous, Mademoiselle, que ces manieres d'agir soient agréables à un homme, qui vous estime au-dessus de tout ce qui existe, & auquel vous avez fait l'honneur de dire plus d'une fois, qu'il ne vous étoit pas indifferent ? Que puis-je penser de vous voir si irresoluë, & quelle aparence y a-t'il de me fier désormais à vos promesses, s'il y a si peu de fermeté dans vos discours ?

Alte,

Alte là, c'en est trop, ces reproches mordants
Pourroient bien échauffer sa bile ;
Evitons, en changeant de stile,
Qu'elle nous parle enfin aussi des grosses dents.

Vous n'avez pas été plutôt partie, que j'ai fait exprès mon cabinet de la chambre où Morphée a eu le plaisir de vous embrasser quelques nuits. J'avouë que ce n'a pas été sans hesiter. Un lieu destiné à recevoir tant d'encens, demandoit un fort plus favorable que n'est celui de renfermer de vieux bouquins. Le zele de me voir souvent où vous vous étiez engagée de séjourner quelques mois, l'a neanmoins emporté sur la Raison. Si vous ajoutez foi à la Métempsicose, & que vous ayez envie de mourir bientôt, je souhaite que votre esprit entre dans le corps d'une mouche, afin que vous puissiez venir vous poster sur mes fenêtres, & voir à quoi je consume le tems, que je devois passer avec vous. Mais si cela arrive jamais, prenez garde de vous donner à connoître : vous avez vû pendant le petit voyage de mer, que nous avons fait ensemble, l'adresse que j'ai à prendre ces

D 3 ani-

animaux ; je ne tarderois guere à vous atraper, & Dieu fait qui vous arracheroit alors de mes mains ; il n'y auroit point de Conseil de *Megere*, qui en fut capable, & les trois furies ensemble n'en auroient assurément pas le pouvoir, sous quelque prétexte specieux que ce fut, quand elles seroient toutes à l'agonie ; & qu'elles dussent crever faute de votre secours. Ne vous imaginez pas pourtant que je voulusse vous maltraiter ; non, je vous mettrois dans un diminutif de boëte, où vous seriez si bien gardée, & où j'aurois tant de soin de vous fournir vos petites necessitez, que vous n'auriez pas lieu de vous ennuyer. Mais comme je vous connois disposée à avoir plus de penchant pour une douce vie que pour une fatale mort, & que je sai que vous prefereriez une métamorphose volontaire à une transmigration, qui se feroit malgré vous (pensée que les plumes, que vous me demandez pour votre volant, semblent beaucoup favoriser) je n'ai pas voulu differer de vous en faire tenir par la premiere commodité, de peur que quelque beau dessein ne s'en allât en fumée. Je vous envoie donc, ma chere Commere, une douzaine des plus belles perdrix en vie,

que

que j'aie pû recouvrer, afin que vous n'ayez pas seulement dequoi divertir votre compagnie, mais aussi une partie de ce qu'il faut pour la régaler une bonne fois ; vous ferez pourtant de la chair de ces oiseaux ce qu'il vous plaira, mais pour ce qui est de leur dépouille, si vous avez envie de vous en servir pour vous transporter de chez vous aux lieux, où vous ne sauriez souvent manquer de vous souhaiter, avisez bien à la figure que vous devez prendre. Il seroit fâcheux pour ceux qui vous connoissent, de vous voir tenir un moindre rang parmi la volaille, qu'est celui que vous avez entre les Dames. Ne changez donc jamais, si vous m'en croyez, que pour devenir Phenix ; c'est un individu, qui fait seul toute son espece ; & ainsi de toutes les manieres vous aurez le plaisir de vous voir toûjours distinguée des autres mortels.

Mais enfin, j'abuse de votre patience, & il ne me reste de chandelle que pour vous suplier de vous ressouvenir de moi ; & de m'être aussi fidele amie, que je suis passionnément,

MADEMOISELLE, &c.

P. S.

P. S. Les six vers suivans, écrits sur le quart d'une feuille de papier doré, étoient cachetez sous l'aile d'une des perdrix, de manière pourtant qu'une partie du billet n'en étoit point couvert, & qu'il étoit aisé de l'apercevoir du moment que l'on jettoit l'œil dans la cage.

Les Perdrix,

A Mademoiselle J. de D.

Nous venons d'un séjour, où chacun vous adore,
Vous offrir le service, & du maître, & de nous :
Acceptez, s'il vous plaît, l'offre qu'à vos genoux,
Nous vous faisons, Madame ; & sachez bien qu'encore
Qu'un chemin de trois jours se rencontre entre vous,
Vous y brillez toûjours cent fois plus que l'Aurore.

LETTRE XX.

A Mr. Perville.

MONSIEUR,

Quoi que je sois persuadé que l'amitié que vous me portez est sincere, les nouvelles assurances, que vous me donnez de cette verité dans votre derniere lettre, datée du... m'ont été si agréables, que je n'ai pû m'empêcher d'en faire la lecture plusieurs fois avec beaucoup d'empressement, & d'admirer la force des expressions, que vous y employez ; mais je vous demande pardon si j'y ajoute que je ne comprens pas à quoi ces protestations sont necessaires, ni pourquoi elles se trouvent ici avec profusion, à moins qu'elles ne soient fondées sur ce que vous ayant dit qu'un de nos Députez partant de Rotterdam, où j'étois alors, pour la Zélande, peu s'en falut qu'à sa priere, je ne passasse à Middelburg avec lui pour vous aller voir, & que si quelque chose m'en empêcha, c'étoit la juste apréhension où j'étois, de n'être pas le bien venu chez vous, ce qui n'avoit pourtant de solide que l'aparence, puis qu'immédiatement

tement après, si je ne me trompe, je marquois la cause de cette apréhension, laquelle consistoit en ce que ne vous ayant pas averti de mon dessein, vous auriez eu sujet de m'en faire des reproches, & de trouver mauvais que je vinse fondre chez vous à l'impourvû, sans vous donner seulement le loisir de vous reconnoître.

Si vous n'aviez jamais fait que m'inviter, l'exemple de ce qui m'arrive avec plusieurs autres, pourroit quelquefois m'inspirer des sentimens de méfiance, mais j'ai été si souvent traité chez vous en veritable ami, que j'aurois tort de douter que ce ne soit du plus profond de votre cœur que vous me témoignez par votre plume, de vouloir vivre éternellement avec moi dans une parfaite intelligence.

Pour mettre fin à cette matiere, qui nous occuperoit long-tems inutilement, permettez que je vous dise que j'ai été extrêmement surpris d'aprendre par la suite de votre discours, le décès précipité de tant de personnes de ma connoissance. Cela a reveillé mes esprits assoupis, sur lesquels il semble que les simples meditations n'ayent pas, à beaucoup près, autant

tant de force que les exemples. L'apréhension que j'ai de la mort est, si vous voulez, une foiblesse, que je ne vous puis celer, & dont l'étude de la morale, ni les préceptes les mieux choisis des Auteurs les plus celebres, que l'Antiquité nous fournisse, ni enfin le mépris que les Payens en ont fait, ne me sauroit guerir entierement. Ne pensez pas cependant que ce soit une apréhension puerile, qui me domine, capable de me faire reculer d'un pas à l'aproche de ce destructeur du genre humain, nullement : je suis franc, & ne ressemble point, je n'ose pas dire à tous, mais à la plûpart de nos Chrétiens, qui veulent mourir volontiers pour être avec JESUS-CHRIST, qui parlent du passage de ce monde ici à l'autre, comme d'une bagatelle, & qui dans le fond, ont des sentimens si oposez à ce qu'ils voudroient nous persuader, qu'ils tremblent à la moindre indisposition qui leur vient, qui consultent tous les medecins d'une ville, qui font de leur ventre une boutique d'Apoticaire, au lieu que je me moque d'*Esculape* & de tous ses medicamens, & que la peur de cesser de vivre fait quelquefois expirer avant leur terme. Ma crainte est fondée en Philosophie, en con-

noissance

noissance de cause, de sorte qu'encore que je sois capable d'afronter *Atropos*, quand je me représente au naturel ce que c'est que cette fatale séparation de l'ame & du corps, j'y trouve un certain je ne sai quoi de terrible, qui me force de dire avec les Anciens, *Mors est Rex terrorum*, & avec les Modernes, que c'est *le Roi des épouvantemens*. La plus grande consolation que j'en tire, c'est que personne n'en est exemt, & que c'est un tribut que generalement tous les Monarques, aussi-bien que les esclaves, doivent indispensablement payer à la nature.

Il seroit dificile de vous marquer ici tout ce que je pense sur ce chapitre là; cela n'est pas aussi necessaire.

Je ne vous remercierai pas non plus à cette heure des offres obligeantes, que vous avez eu la bonté de faire à mon Cadet: cela merite bien une lettre toute entiere, & je ne doute pas, qui plus est, que de son côté, il ne vous en témoigne les justes ressentimens, sur tout lors qu'il aura le bonheur de vous embrasser. Vous voulez bien, au reste, avant que de vous quiter, que je vous étrenne d'une demi-douzaine de stances, où je tâche de vous exprimer le desir que j'ai que le Ciel vous

con-

conserve encore long-tems parmi nous. Il m'est témoin des vœux, que je ne cesse de lui presenter pour votre bien & votre prosperité.

Je les renouvelle pour l'année où nous allons entrer: j'espere que le Seigneur vous y comblera de ses faveurs, & qu'à mesure que l'âge glacera vos organes corporels, son amour embrasera votre esprit, & ne cessera de vous donner tout ce qu'un veritable fidele doit attendre de sa grace. Je suis, &c.

LETTRE XXI.

A Mademoiselle du Frêne.

VOus croyez peut-être, que ce qui a paru une merveille aux autres, n'aura pas manqué de me donner au moins de l'étonnement, mais ne vous trompez pas, ma chere Demoiselle; nous savons assez que vous êtes un diminutif de cause, capable de très-grands effets, & que la vertu, qui ne vous abandonne non plus que l'ombre le corps, ne vous suggere rien, qui ne renferme quelque mistere. Mais quand cela ne seroit pas, personne n'ignore qu'il se rencontre des gens, ou de petite stature, ou de basse condition, qui font des actes plus remarquables que bien des Géants & des Monarques.

*Les Princes les plus grands ne sont
 pas les plus braves,
Ni toûjours les plus belliqueux;
A leur suite souvent il se voit des es-
 claves
Plus vaillans & plus nobles qu'eux.*

Il est vrai que ces exemples sont rares, mais n'arrivant que peu souvent, je soutiens que ceux qui les donnent en doivent être d'autant plus admirez.

*Une belle action doit moins être
 estimée
Quand elle est d'un Monarque, un
 homme à grands projets,
Que du moindre de ses Sujets,
A qui les plus beaux arts ont leur porte
 fermée.*

* * * * * * * * * * * * * * * * *

*David dans un instant remporte plus
 de gloire,
Ayant défait le Philistin,
Que le fameux César, après une victoire,*

Qui rend l'Egipte son butin :
Il devient, il est vrai, Roi de toute
la Terre ;
Mais s'il fait seul trembler les Dieux
& leurs Autels,
C'est avec le sang des Mortels,
Qu'il prend plaisir de voir se répandre
à la guerre.

✳ ✳ ✳ ✳ ✳ ✳ ✳ ✳ ✳ ✳ ✳ ✳ ✳ ✳ ✳ ✳

Votre dessein plus noble, est bien plus
admirable,
Vous voulez peupler l'Univers,
En rendre votre nom, belle Marthe,
capable
D'enrichir la prose & les vers.
Mais prenez garde à vous, pensez ce
que vous êtes :
Souvent un seul excès perd un corps vi-
goureux ;
Sachez que les plus genereux
Ne sauroient resister aux efforts que
vous faites.

✳ ✳ ✳ ✳ ✳ ✳ ✳ ✳ ✳ ✳ ✳ ✳ ✳ ✳ ✳ ✳

Le soleil tout entier ne rend qu'une lu-
miere,
La mer n'a qu'un flux & reflux :
Vous, qui de deux moitiez n'êtes que
la derniere,
Ne voulez que du superflus ;

Que

Que dis je ? non, Madame, heureuse qui s'exerce
Avec tant de succès, & qui pour conserver
Le genre humain, a sçu trouver
Le secret d'Amaris, cette Reine de Perse.

* * * * * * * * * * * * * * * *

Nourrissez donc, beaux yeux, cette agréable flamme,
Capable de si doux effets,
Faites voir qu'aujourd'hui la moitié d'une femme
Ne fait que des actes parfaits,
Que dans vos grands desseins, il n'est rien qui vous trouble,
Qu'aucun évenement jamais ne vous surprit,
Et que du corps & de l'esprit,
Vous ne produisez rien, qui ne soit toujours double.

Il ne faut pas vous étonner, ma chere Demoiselle, de ce que je dis que vous n'êtes que la moitié d'une femme, puis que je ne parle qu'après vous, & que c'est même le nom, que l'on donne assez souvent à ceux qui pour entrer dans la carriere de la vie, n'ont pas voulu sans second en entreprendre le chemin ; cela ne ne vous tourne point à honte ; au contraire, vous en remportez de l'honneur.

Ne vous imaginez pas néanmoins que je vous veuille attribuer toute la gloire, que meritent vos rares exploits, il faut rendre justice à tout le monde. La terre, quelque fertile qu'elle soit, ne produit rien de bon qu'elle ne soit cultivée, & après avoir reçû les semences conformes à ce que l'on veut qu'elle pousse hors de son sein. Sans l'industrie du Laboureur, que seroient nos plus fertiles champs, sinon des Arabies desertes ? Et que verrions-nous dans nos campagnes, autant couvertes de fruits que de bleds, sinon des épines & des chardons ? Seule, non plus qu'elles, vous ne pouvez rien absolument. Quand un autre s'expose avec nous aux dangers du combat, il est juste qu'il participe au triomphe. Je veux que votre flamme soit aussi vive qu'est celle de l'astre du jour, mais vous m'avoüerez aussi que le Frêne contribuë merveilleusement bien à le nourrir, & à l'entretenir dans sa force : s'il brûle sur la glace, que ne fera-t'il pas au foyer, où la chaleur peut aider à ébranler toutes ses parties ? Permettez donc que je donne à ce Frêne, je veux dire à Mr. votre mari, les mêmes loüanges, que j'attribuë au feu, qui nous a produit ces deux tendres & agréables jumeaux, dont vous venez heureusement de vous délivrer, & qui sont tout le sujet de ma Lettre. J'espere que leurs vertus heroïques les rendront aussi fameux que *Castor* & *Pollux*, & que leur renommée ne s'étendra pas moins dans les siecles à venir, que la naissance de ceux-ci les a élevez au-dessus de nous parmi les Astres. Ce sont les souhaits, que fait pour leur immortalité, & par consequent pour la vôtre,

MADEMOISELLE, &c.

LETTRE XXII.

Au Capitaine du Mainon.

ENfin, Monsieur, vous aurez le chagrin de nous voir Jeudi prochain chez vous: la résolution en est prise, & nous en viendrons infailliblement à l'execution, mais la cause en doit être attribuée à Mr. *des Touches*. Les Magistrats de votre ville languissent de l'entendre prêcher; les éloges que vous avez faits de sa personne & des dons tout particuliers qu'il a pour
la

la chaire, leur en ont donné la curiosité. Aprêtez-vous pour ce tems-là à lui entendre dire les plus belles choses du monde, & si vous n'êtes pas jaloux que d'autres profitent de ses importantes leçons; ne manquez pas, s'il vous plaît, d'en avertir vos amis, afin que leur nombre augmente celui de ses auditeurs. Si le tems me le permettoit, je vous aprendrois le décès de mon Pere & de l'un de mes enfans : je vous en informerai de bouche, en vous assurant que je suis tout à vous, &c.

LETTRE XXIII.

A Mademoiselle de B.

AVoüez, Mademoiselle, que les humeurs sont autant differentes que les actions; j'en trouve, sans mentir, une merveilleuse entre les nôtres; le froid & le chaud ne sont pas plus oposés; & si elles l'étoient en toutes choses comme je les remarque en une seule, il s'ensuivroit necessairement, puis que je pense incessamment à vous, que vous ne devriez plus du tout penser à moi : cependant je me persuade que la mienne est la plus raisonnable

ble & la meilleure, parce qu'elle est conforme aux maximes de Messieurs les François, que vous savez assez n'être pas les moins polis du monde, & qui n'ont pas le goût tout-à-fait dépravé. En effet, qui vit jamais nos Gentilshommes campagnads fuir les délices de la campagne, à l'abord des plus beaux jours de l'été? Les voit-on venir à la Cour que pour y aporter leurs crotes? Et si le mauvais tems ne les chassoit de chez eux, les y rencontreroit-on en dix ans une fois sans necessité? C'est néanmoins ce que vous venez de faire: vous êtes sortie de la ville, lors que les autres y rentroient, & je vous y vois revenir au moment que le rossignol va commencer à rendre suportable une solitude, que le froid seul me feroit éviter.

Non, rien n'est plus charmant que nos
    fertiles plaines,
    Couvertes de fruits & de fleurs;
Et lors que les Zéphirs, chargez de
    leurs odeurs,
Y poussent à longs traits leurs plus dou-
    ces haleines:
Mais quel spectacle affreux ne repre-
    sente pas
    Un champ denué de verdure,
                               Où

*Où l'hiver rigoureux captive la na-
ture,
Et la force à cacher ses plus tendres
apas.*

Mais peut-être avez-vous eu des raisons pour le faire. Qui sait si la crainte de me voir bientôt à H. ne vous l'a pas fait abandonner. Il est vrai que l'envie de me transporter de ce côté là, m'a pris plus d'une fois, & que si l'incertitude ou j'étois de ne vous y pas rencontrer, joint à une saison peu agréable, n'eût pas traversé mon dessein, vous couriez risque, il y a du tems, d'y être surprise.

Quoi qu'il en soit, je vous felicite de votre retour dans votre maison, où je me flate que vous trouverez plus d'ancre & de papier, au service de vos amis, qu'il n'y en a dans les maudites Tourbieres, d'où vous venez. Je tais tout ce que je vous pourrois dire sur ce sujet, pour vous aprendre, car je ne pense pas que vous en sachiez rien, que je suis extrêmement en colere contre Mademoiselle N. de ce qu'elle m'a si fort effacé de sa memoire, qu'il y a plus de six semaines que je n'ai vû un mot de sa main. Pour moi, je ne lui en veux plus parler; au contraire, je

tra-

travaille de mon côté de toute ma force à l'oublier, & j'en viendrai à bout, si je ne me trompe. Ne lui en faites pourtant point de semblant. Ce sexe Frison est si singulier, que si elle venoit à se mettre en colere à son tour, j'aurois aparemment bien de la peine à l'apaiser.

Cela n'est-il pas insuportable que les filles soyent si ambitieuses de vouloir toûjours l'emporter sur nous, & que nous soyons assez lâches pour nous soumettre avec tant d'humilité à des vainqueurs si severes ? D'une douzaine de maîtresses que j'ai presentement, quelque précaution que je prenne, je me donne à Dieu s'il y en a une seule, qui ne me fasse enrager.

Mais ma foi, je ne m'y amuserai plus, à ces soumissions : au lieu de menager ces insensibles à l'avenir, j'ai resolu de faire le retif & le dificile, sur-tout depuis qu'une beauté m'a fait l'honneur de me tracer en gros caracteres (& remarquez que c'étoit par parentese, en m'apellant son cher & son beau) *que mes lettres commençoient à faire dans votre Cour un nombre considerable de jalouses, qui s'estimeroient bien heureuses de faire la conquête d'un homme, dont le stile est si enjoué, si agréable & si doux.* Jugez de là,

Ma-

Mademoiselle, si je n'ai pas lieu d'être un peu fier. Cela n'empêche pourtant pas qu'après de mures reflexions, je ne sois prêt à rendre le change; & puis que cette Demoiselle s'est encore laissé aller jusqu'à me faire faire ses complimens par un tiers, obligez-moi, s'il vous plaît, de lui faire offre de la continuation de mes services, sans y ajouter pourtant rien du vôtre, de peur qu'elle ne s'imagine que je cherche avec ardeur un promt racommodement, ou que j'apréhende de la perdre ; cela la rendroit plus rétive que jamais, & vous seriez capable d'y prendre exemple.

Il y a quelques jours que je reçus la nouvelle de Mademoiselle de R. qu'elle partoit pour G. où elle devoit rester un quartier de lune, après quoi elle devoit reprendre le chemin de son château. J'ai bien hâte qu'elle soit de retour, pour savoir de quelle maniere je serois reçu à L. si l'envie me prenoit d'y aller. L'aprehension que me donne le long silence de ceux pour lesquels je ferois principalement le voyage, de n'y être pas reçu comme je le desirerois, me fait croire que j'aurai peut-être mal fait de remercier Madame de S. sous pretexte que j'avois de pressantes affaires dans votre Province, qui m'y apel-

apelloient necessairement, de l'honneur qu'elle m'a fait depuis peu de me prier d'aller jouir quelque tems de son agréable presence. Si j'aprens rien capable de me confirmer dans mes sentimens, je vous jure que j'en suis revenu, & qu'au lieu de tirer vers cette region glaciale, je prendrai la route de R. pour aller tenir compagnie à la desolée V. S. qu'on dit avoir choisi ce beau nid pour pondre, pendant que son jeune Coq se divertit à Paris, d'où l'on ne pense pas qu'il revienne de deux printems.

J'ai prevû cette catastrophe:
Elle se rit de moi, lors que je le lui dis.
Profitez-en, fuyez les jeunes étourdis,
Fiez-vous en un Philosophe ;
Les hommes éclairez trouvent remede à tout,
Et n'entreprennent rien, qu'ils n'en viennent à bout.

Après avoir étalé l'inconstance des uns, & la foiblesse des autres, il seroit juste d'aplaudir aux démarches, que vous faites en ma faveur, & faire l'apologie de
vos

vos rares qualitez, mais c'est ce que vous ne voulez point, & à quoi je ne m'amuserai plus aussi, puis que je serois bien fâché de passer dans votre esprit pour un desobéissant, pendant que je fais profession ouverte d'être &c.

LETTRE XXIV.

Au Capitaine du Mainon.

Non, Monsieur, je n'eusse jamais pensé que Zutphen fut plus rempli d'Assassins, que Deventer d'honnêtes gens. J'avois résolu de vous y aller rendre quelquefois mes devoirs, mais le danger d'y perir me paroît trop évident. Ne me dites plus que vous êtes Anglois, je vous en prie; je vous croi de bonne foi plutôt de la race des Feses de l'Orient, puis que vous savez si bien l'art de pinser vos amis en les flatant. Comme franc & de cœur ouvert, je vous fais savoir ingénument que nous devons nous transporter un tel jour en vos quartiers avec notre Ministre François, Successeur des venerables Apôtres, que le zele d'un peuple devot & adonné aux bonnes œuvres, y avoit atiré, pour lui entendre expliquer les misteres obscurs & cachez de notre sainte Religion : au lieu de me savoir gré de ce genereux avertissement, comme on en fait le semblant par une reponse, civile au degré superlatif, en aparence ; on prend cela pour une menace, on medite des vengeances, & bien loin de me procurer du repos à mon arrivée, & de me traiter en veritable Chrétien, on rencherit au-dessus des maximes des plus fameux Epicuriens de l'antiquité.

En effet, on ne se contente pas, après avoir essuyé les fatigues d'un chemin de deux mortelles lieuës, de m'engager à arpenter la ville d'un bout à l'autre, pour me faire prendre, dit-on, de l'apetit, & y voir ce qu'il y a de plus curieux. Mais sous prétexte de me divertir & de me regaler, on m'invite à un repas, afin d'avoir l'occasion de me brûler le dos au feu, pendant que l'on m'abîme de viandes à table. L'un me presse de manger, l'autre me force de boire, & l'on abuse tellement de ma complaisance, que l'on me contraint de rever aux moyens d'en tirer une juste satisfaction.

Encore, Monsieur, si vous en étiez demeuré là, peut-être le tems auroit-il pû effacer de ma memoire un traitement, qui ne ne pouroit être que préjudiciable à votre bourse & à ma santé ; mais non, le dessein de notre perte étoit trop bien concerté pour échaper à vos pieges. Vous nous menez chez des personnes apostées, qui vous aident à nous dépêcher, & si le peu de jugement, qui nous reste, nous tire enfin d'entre leurs pates, ce n'est que pour tomber malheureusement en de plus dangereuses mains.

Oui, vous êtes cause, le plus inhumain de tous les mortels que vous êtes, que sept ou huit Commandeurs & Bourguemaîtres, partisans de votre cabale, firent semblant de nous ramener à notre logis, & nous mirent dans un état déplorable. Ils nous avoient tellement baigné le corps & barbouillé l'esprit, de vin de Rhin, que nous prenions notre palanquin pour un vaisseau agité de la tempête, au milieu de vos bruyeres, qui se presentoient à nos yeux sous la figure de l'Océan.

Mr. *des Touches*, comme Théologien, commençoit à avoir recours aux prieres de *St. Pierre*, lors qu'il se sentoit enfoncer dans les eaux. Mr. *Dimen*, Jurisconsulte, accusoit *Neptune* d'injustice, & le menaçoit d'en apeller à la Cour de *Jupiter*, dans l'esperance que sa fierté & sa preten-

E 2   duë

duë indépendance, le faisant tomber en défaut, il y seroit jugé par contumace, & condamné aux frais, dommages & interêts. Jamais Mr. *Smeenk*, Maître Savonnier de sa profession, ne fit plus de vœux aux *Tritons* & à leur humide Pere: il jura par le *Stix* de les entrerenir un siecle entier, à conter du jour de ses funerailles, de savon mou, pour rendre la mer écumeuse toutes les fois qu'ils veulent faire la lessive. Et toute la connoissance que j'ai des Astres n'empêcha pas que je ne craignisse plusieurs fois de perdre la tramontane pour jamais. Le bonheur voulut que notre Cocher avoit gardé tout le bon sens, dont il étoit capable, & c'est à quoi, sans doute, personne de chez vous n'avoit pris garde: autrement vous n'auriez pas manqué de lui procurer le même sort qu'à nous.

Ne vous imaginez pas que j'oublie cette incartade; non, je ne l'oublierai jamais; je prétens même que vous m'en veniez demander pardon Lundi prochain, accompagné de ces Dames, qui avoient aussi juré notre perte; assurez-les de mon indignation, mais ne manquez pas de leur dire en même tems, que j'ai des indulgences pour les repentans, & que vous & elles

elles n'aurez pas plutôt comparu, & obtenu l'absolution, que je ne vous refuserai pas, que je ne sois plus que jamais,

MONSIEUR, &c.

LETTRE XXV.

A Madame de S.

MADAME,

LE déplaisir que j'ai eu d'aprendre votre dangereuse maladie, & la joie à laquelle nous participons avec nos amis, de votre heureux retablissement dans une santé douce & parfaite, sont deux motifs assez puissans pour m'obliger à vous en assurer de ma main. Il n'y a rien qui soit capable de me toucher si vivement que les coups, dont vous ressentez les atteintes : le bien qui vous arrive, me donne de même plus de contentement que tous les autres avantages, dont la fortune daigne me favoriser : & il est constant que comme j'ai une part considerable aux graces, que vous accorde le Souverain Etre, si les douleurs se pouvoient partager, & qu'un corps travaillé de langueur pût trans-

porter

porter le poids de sa peine, comme il le pourroit d'un fardeau materiel & pesant, je ne serois pas celui qui vous en déchargeroit de la moindre partie.

Il est vrai que le mal n'est point facheux à celui qui le sait courageusement suporter, & qu'une ame vertueuse & patiente comme la vôtre, fait si peu d'état des afflictions du tems present, que la gloire à venir lui en fait presque entierement perdre les sentimens & les idées.

Elle fixe sa vûë avec tant de constance,
Vers un bien, que la foi rend visible à nos yeux,
Que les coups les plus furieux
N'ont sur elle aucune puissance.

Cependant quand les attaques sont si frequentes, les plus Saints sont en danger de sucomber, & les plus patiens comme forcez de se plaindre.

Un vaisseau, quelque fort qu'il soit, ne peut pas toûjours resister aux efforts de la tempête, ni l'arbre le mieux enraciné, à l'injure des orages & des vents. Tout change à mesure qu'il vieillit; il n'y a point de commencemens, pour

beaux

beaux qu'ils paroiſſent, qui ne ſoient ſuivis d'une fin ; & de toutes les choſes du monde, la plus belle & la plus durable a ſes bornes, qu'elle ne paſſe jamais : ſes progrès ne précedent que de quelques momens ſon anéantiſſement.

Ce qu'il y a de ſurprenant, c'eſt que cette regle generale ſouffre en vous ſeule une glorieuſe exception : il n'y a rien ſous le ciel, capable d'ébranler votre grande ame ; il ſemble, au contraire, que les deſaſtres, qui s'opiniatrent le plus à vous vouloir abaiſſer, vous élevent ; vous les mépriſez, & on vous en eſtime davantage : enfin, vos éclatantes vertus vont toûjours en augmentant. J'eſpere, Madame, que vous ne ceſſerez jamais de perſeverer dans les actes d'une ſi ſainte vocation, & que vous continuerez ſans interruption à donner des exemples de pieté & de vertus Chrétiennes à toutes celles de votre ſexe, pendant que je m'efforcerai à implorer d'enhaut tout ce qui eſt neceſſaire pour la conſervation d'une perſonne à laquelle j'ai tant d'obligations, & qui ſera toûjours l'objet, ou de ma joie, ou de ma triſteſſe, ſuivant les faveurs, ou les diſgraces, que vous recevrez de la nature, puis que j'ai fait vœu d'être tant que vous me le permettrez,

MADAME, &c.

LETTRE XXVI.

A Mademoiselle D. de R.

Avoüez-moi, Mademoiselle, que si le bon homme *Job* vivoit encore, vous seriez capable de lui faire perdre patience. Il n'y a que trois jours que vous me renvoyates une de mes Lettres, sous prétexte qu'elle étoit conçuë en des termes que vous ne compreniez pas, & avec un commandement exprès d'écrire une autre fois plus intelligiblement, c'est-à-dire sans allusions, & sans équivoques, sous peine d'encourir votre disgrace : & aujourd'hui, comme s'il ne vous souvenoit plus de rien, il vous vient dans l'esprit de me demander des Enigmes. Etes-vous devenuë si subtile, qu'au lieu d'interprêtes, dont vous paroissiez alors avoir besoin, pour entendre un discours conçû dans votre langue ordinaire, il vous faille maintenant chercher des hommes ingenieux, capables d'inventer dequoi vous faire passer

pour

pour devin ? Ou eſt-ce que vous ne ſauriez vivre un moment ſans donner de l'exercice à ma plume ? Il y a aparence que c'eſt plutôt l'un que l'autre : mais je vous annonce qu'elle ſe paſſeroit fort volontiers de cela, & pour le moins auſſi-bien que vous d'un ſermon, qui ne vous contente guere, dans un tems où il eſt queſtion d'Enigmes, & nullement de critique & de correction.

Hé bien, je vous propoſerai une E-nigme, puis que vous le voulez, mais à condition que vous la communiquerez à Mademoiſelle L. de B. que vous me manderez ingenument quelle eſt celle de vous deux, qui l'aura premierement dénouée, & quelle eſt au vrai l'explication, que vous en donnez l'une & l'autre ; autrement je vous jure à mon tour, que je me démets dès à preſent de ma charge de Poëte ; & que je ne me dirai plus deſormais que ſimplement, *

MADEMOISELLE, &c.

* Cette Enigme en vers eſt dans les œuvres poëtiques de l'Auteur.

LETTRE XXVII.

A Madame la Comtesse de H.

MADAME;

JE l'avoüe, vous avez raison de vous plaindre de ma negligence; je suis coupable, il est vrai, & je ne saurois nier que je merite votre courroux. Je devrois en effet avoir continuellement la plume à la main, pour tracer des vers à votre loüange, publier vos rares merites, & vous rendre les hommages que je vous dois. Mais tandis que d'un côté, je me sens porté à ces legitimes devoirs; de l'autre, il se trouve des obstacles insurmontables, qui me retiennent. Tant que je tiens les yeux fichez sur les obligations que je vous ai, je ne vois point assez de papier dans les moulins de Mr. de *Rosendaal*, pour vous y marquer mes actions de graces, & aussi-tôt que je reflechis sur les consequences, j'aprehende mortellement que tant d'actes réiterez de ma juste reconnoissance, ne vous fatiguent, & que voulant éviter de paroître ingrat, je ne passe dans votre esprit pour le plus importun de tous les mortels.

Il est vrai, Madame, que vos éloquentes Lettres m'ont fait assez souvent comprendre que les miennes n'étoient pas de celles pour qui vous avez de l'aversion ; mais je n'ignore pas aussi que pour constant que l'on soit, on n'est pas toûjours d'humeur à suporter les sotises des autres, & que bien que l'on aime un homme avec autant de sincerité que vous me témoignez d'affection ; cela n'empêche nullement qu'on ne puisse avoir du dégoût pour ce qu'il fait, lors qu'il ne s'y trouve point de raport avec ce qui l'a rendu autrefois en quelque façon recommandable. Ajoutons à cela que la crainte de voir couler de sa plume quelque expression libertine, capable de choquer l'oreille d'une personne avec laquelle on a tant de mesures à garder, & que le Ciel a si fort élevée au-dessus de la plûpart des autres créatures, cause dans toute la masse du sang une certaine alteration, qui fait que l'on réussit le moins bien, lors qu'on a l'envie du monde de faire le mieux ; & vous verrez que je n'ai peut-être pas tout le tort que votre Excellence affecte de me donner. Mettez-vous en ma place, je vous prie ; changeons de qualité pour un moment, & considerez alors la disproportion qu'il

y a entre moi & vous, un Géant & une
Pigmée, un Comte de l'Empire & la
femme d'un pauvre Professeur : surpre-
nante Métamorphose ! Il me semble vous
voir déja toute honteuse, ne me regarder qu'en tremblant, pendant que je me
donne des airs de grand Seigneur.

Mordombieu, que je serois fier !
Je serois bien valoir mes titres de nais-
sance ;
Il faudroit qu'une femme eut de la
complaisance ,
Ou je prendrois plaisir à la mortifier.

Dans cet état là j'aproche de vous librement, & d'un air, qui marque ma
suffisance, je vous prens les mains, &
comme vous les avez extrêmement belles
& bien faites, (je suis Comte au moins, il
m'est permis de tout dire presentement)
je les baise, ces charmantes mains ; j'en
admire la blancheur & la forme. Ensuite
je monte plus haut, j'examine tout ce qui
est à la portée de mes sens, je badine avec
vous, je ne vous entretiens que de ris,
de jeux & de galanteries : le feu vous en
monte au visage, je m'en aperçois à vos
yeux étincelans, tous vos membres s'en
agi-

agitent; vous treffaillez de joie de me voir de fi bonne humeur. Pour m'exciter davantage, vous baiffez les épaules, vous vous rengorgez à chaque inftant, vous faites parade de vos charmes, & étalez à ma vûë tout ce que la nature vous a donné de plus beau & de plus engageant. C'eft bien de l'honneur pour vous, Madame, que j'ufe de tant de complaifance; auffi tâchez vous d'en profiter. Quand vous me parlez, c'eft avec de profondes reverences, nonobftant mille défences réiterées, que je vous en ai faites. Vous obfervez toutes mes démarches, vous vous reglez à mes paroles, & vous vous compofez tellement fuivant le moindre de mes mouvemens, qu'un froncement de fourcil fuffit pour vous faire changer de couleur. Vous tremblez que je n'entre en colere, ou que je témoigne feulement du refroidiffement, & vous craignez fi fort de me defobliger, que vous êtes incapable de me refufer la moindre chofe.

Mais c'eft trop faire le gros Mylord à vos dépens, & vous traiter de petite Dame à mon avantage. A Dieu ne plaife que je fouhaite un changement fi préjudiciable à votre Grandeur! Je n'envie ni vos titres, ni vos moyens : tout ce que je vous demande, c'est que vous me fassiez grace, toutes les fois que je n'observe pas à votre égard les regles, que me prescrit mon devoir, & que vous permettiez que j'en atribuë la cause à vos brillantes qualitez, qui embarassent mon imagination, plutôt qu'à ma nonchalance : vous ressouvenant toûjours que si mes conceptions n'ont pas toute la justesse, qui leur seroit necessaire pour être en état de vous agréer, le zele est d'autant plus ardent avec lequel je suis fort respectueusement,

MADAME,

De votre Excellence, &c.

LETTRE XXVIII.

A Mr. Pervilé.

MONSIEUR,

Après ce que je viens de lire dans votre agréable Lettre, je ne puis plus douter que le tremblement de terre, qui a fait dancer la Sarabande à l'île de Wal-

Walkeren, ne soit celui-là même qui a passé jusqu'à nous: mais au lieu que de votre aveu, il vous a étourdi, & pensé faire tomber à la renverse, je ne m'en suis pas seulement aperçû. J'étois alors chez un Chevalier Anglois, auquel j'avois fait demander visite pour moi & quelques-uns de mes amis, par un billet rimé dont je vous envoie une copie. Etant une troupe de bons vivans; nous étions si occupez à causer, à rire, à nous divertir, & nous songions si peu à ce qui se passoit dans les entrailles de notre fertile & commune Mere, que je fus extrêmement surpris d'entendre à mon retour chez moi, que ma chere Epouse & mes enfans avoient été dans des apréhensions mortelles d'être ensevelis sous les ruines de notre maison: & d'autant que les nouvelles confirment que la même chose est arrivée en plusieurs autres endroits, il est aparent que ce remu-menage a été universel dans notre Continent, après avoir commencé en Italie, où l'on prétend qu'il a bien donné de la terreur aux habitans; qui y sont pourtant plus accoutumez qu'aucun autre peuple, que je connoisse: du moins il n'est pas vrai-semblable qu'il ait tiré son origine de ce Païs, où, pour peu que l'on creuse,

l'eau

l'eau sort par tout comme d'une source ; d'où il paroît qu'il n'est nullement propre à produire du salpêtre, du bitume, du soufre, & à cacher des cavernes profondes, aux voûtes desquelles ces matieres combustibles se doivent rassembler pour s'allumer dans la suite, de quelque maniere que ce soit, & se rendre capables de ces effets surprenans, dont, entre-autres, la Sicile & le Roiaume de Naples sont assez souvent les tristes témoins. Je sai bien qu'il y a des gens qui s'imaginent que les lacs & les rivieres, qui separent ces contrées-là des nôtres, pourroient aporter de l'obstacle à cette continuité de mouvement; mais c'est à mon sens, comme si l'on prétendoit que les veines, dans le corps de l'animal, empêchassent que les piez se ressentissent d'un coup violent, que l'on auroit porté à la tête : & est aussi mal fondé que je trouve absurde & ridicule l'opinion que d'autres ont, que ces sortes d'évenemens sont de très-mauvais augure. On a beau remontrer aux ignorans que suivant les loix du mouvement, cela doit necessairement arriver, en consequence de certains principes inévitables dans les operations de la nature, comme il est ordinaire qu'il pleuve après que les

nuës

nuës se sont extraordinairement chargées des petites parties, qui s'évaporent continuellement de tous les assemblages d'eaux sans exception, il n'y a pas moyen de les dissuader que c'est un signe inséparable, ou de peste, ou de guerre, ou de famine, ou de quelque autre desastre, qui menace le genre humain.

Ils sont en quelque façon revenus de cette superstition par raport aux Eclipses, parce qu'on leur a fait voir évidemment qu'outre qu'elles reviennent fort souvent, & que l'on en fait même des tables justes, pour le tems à venir, c'est une necessité que le Soleil tombe en défaillance, lors qu'étant en conjonction, il se trouve former une ligne droite avec la Lune & la Terre, cette planette lui servant alors d'un rideau, qui nous en dérobe la vûë; & quand ces mêmes Astres sont en oposition, & qu'ils font une ligne droite avec notre globe terrestre, qui est entre deux, il faut que la Lune s'obscurcisse, à cause qu'étant un corps opaque, qui de soi-même ne rend aucune clarté, ne pouvant alors être vûë du Soleil, il est impossible qu'elle nous renvoie aucun des rayons de ce grand Luminaire, & qu'elle soit par consequent visible à nos yeux. C'est-à-
dire

dire en deux mots, que les Eclipses sont causées par l'interposition de la Lune ou de la Terre.

Mais pour ce qui est des Cometes, on ne viendra jamais à bout de leur persuader que ce sont aussi des corps celestes, qui ont un cours regulier, dont ils ne s'écartent jamais. On a beau leur prouver par les témoignages & les remarques positives & exactes de quantité de savans, qu'elles reviennent précisément, les unes par exemple, au bout de cinquante, les autres de cent, de deux cents ans, plus ou moins, après avoir fait une certaine revolution, & passé par quelques autres tourbillons, qui en absorbent la lumiere, qu'elles empruntent d'ailleurs : ce qui se connoît à leur grandeur, à leur figure, à l'endroit où elles commencent à paroître, à la route qu'elles tiennent, au chemin qu'elles font tous les jours, & au tems qu'elles disparoissent ; c'est batre la tête contre la muraille ; bien loin de s'en raporter à de telles observations, ils s'endurcissent dans leur erreur, & ont même l'impudence de traiter d'Athées, ceux qui travaillent à dissiper les tenebres, qui les privent de l'usage de leur entendement.

Dans le fond, le mal n'est pas grand,

&

& qui fait s'il n'est pas même bon que la nature tienne dans la crainte & dans le devoir, ceux que les Ministres de l'Evangile auroient de la peine à intimider par leurs foudroyantes menaces. J'ai vû des hommes avoir plus de peur d'un coup de tonnerre que des flammes du Purgatoire, & je doute fort que l'Enfer fasse autant d'impression sur l'esprit d'un scelerat que la figure d'une gibet.

Lors que vous m'écrirez, obligez-moi de me dire ce que fait Mr. de *la Porte*. Il y a long-tems que je n'ai entendu parler de lui : aprenez-moi aussi des nouvelles de vos enfans; ma famille est en bon état, & vous fait bien des complimens, je suis, &c.

LETTRE XXIX.

A Mademoiselle M. de H.

L'Eussiez-vous jamais cru, Mademoiselle, que le sepulchre fut si prêt à ouvrir sa gueule insatiable, pour engloutir le plus parfait & le plus aimable de tous vos Amans? Quel exemple, je vous prie, n'est-ce pas pour ceux qui l'ont connu ? Peut-on après cela faire aucun fond sur la

belle

belle aparence des hommes ? Et si celui, qui n'avoit que vingt-cinq ans, qui ne parloit que de sa vigueur & de sa force, & qu'enfin mille qualitez differentes flatoient si agréablement de surmonter sans difficulté les obstacles que les vicissitudes du tems peuvent aporter au cours limité de cette vie, n'a pû faire front au plus abject des enfans de l'Erebe & de la Nuit, dans quel desespoir, de parcourir seulement le tiers de notre lice ordinaire, ne se doivent point jetter ceux dont la complexion debile ne représente à leur imagination que des bieres & des tombeaux ?

Ce n'est pas sans raison qu'un Roi
  dans un proverbe,
Compare l'homme avec de l'herbe,
Puis que souvent il naît & meurt
  dans un moment ;
Car bien que par l'esprit il soit issu du
  verbe,
Son corps fait de limon, quoi que fier
  & superbe,
Se peut démolir aisément.

Les preuves qu'il en voit tous les jours
  de son âge,
Ne le font point devenir sage :

Pour

*Pour peu qu'un autre existe, il croit
 vivre toûjours;
Et souvent dans le tems qu'il est le plus
 volage,
Le Ciel entre en courroux, lui rabat
 le courage,
Et tranche le fil de ses jours.*

C'est un coup qui ne peut que vous être sensible. Quand on aime un objet, il est impossible qu'on ne le perde à regret. Mais quel remede à une maladie incurable? Quand vous vous tourmenteriez jour & nuit, ce ne peut être qu'en vain, & pleurer le décès d'un trepassé, seroit le vrai moyen de hâter le vôtre.

Faites mieux, Mademoiselle; ne pensez non plus à lui, qu'il songe presentement à vous : il y a aussi peu d'*Helenes* que de *Paris*; pour un serviteur, que le sort vous a ravi, vous recouvrerez mille esclaves; mais des esclaves, dont la fidelité surpassera de beaucoup celle de ce jeune vaincu, qu'il n'a pû vous garder trois jours après vous l'avoir jurée. Ne doutez point de ce que je vous dis; je vous en donnerai des preuves convaincantes quand il vous plaira.

Il est vrai que le nombre que je vous
pro-

propose est grand, mais il est fort borné à l'égard de vos merites. Commencez toûjours par celui qui vous donne ce salutaire conseil ; faites-moi l'honneur de me considerer comme le premier de cette troupe : si le malheur veut que l'on ne s'empresse pas d'abord à remplir les places qui resteront vuides, je puis supléer seul à une douzaine, & vous faire voir, tant par mon assiduité extrême, que par ma passion extraordinaire, qu'il n'est personne au monde, à present que celui qui vous adoroit n'est plus, qui soit plus digne du choix de votre amour que le très-humble supliant,

DE PATOT.

LETTRE XXX.

A Mademoiselle D. de R.

MADEMOISELLE,

Vous voudriez bien presentement que je vous écrivisse quelque lettre galante, qui pût contribuer à vos divertissemens, & vous tirer pour un moment de la noire mélancolie, où vous ne sauriez

riez éviter de tomber, aussi-tôt que vous vous voyez sans compagnie. Vous mettriez volontiers à part la jupe que vous brodez, pour en faire la lecture deux ou trois fois, & je m'assure que vous payeriez avec plaisir ma peine, à ma premiere visite, d'un de vos grands plats de *dikmellik* : mais je vous annonce, Mademoiselle, que je n'ai plus de galanterie pour vous ; je ne pense pas aussi qu'elle me soit desormais fort necessaire : aprenez-en la definition, & je gage que vous donnerez dans mon sens. La galanterie des Amans est à l'égard de leurs Maîtresses, ce que sont les combats des Heros à l'égard des forteresses qu'ils desirent de conquerir. D'abord que la place est prise, les assauts ne cessent-ils pas ? Et si je vous ai entierement aquise, qu'est-il besoin de vous galantiser davantage ? Vous avez eu tort de vous laisser aller à ma premiere proposition ; je ne vous ai pas plutôt sommée, que vous vous êtes renduë ; j'en ai moi-même eu du déplaisir, parce que m'étant preparé à vous en dire beaucoup plus que je n'en pensois ; si vous eussiez resisté tant soit peu, vous m'alliez voir étaler les plus belles choses du monde. Je vous attendois sur toutes les avenuës par
où

où vous pouviez venir à moi : vous ne m'auriez rien reproché, rien objecté, rien allegué, à quoi je n'eusse répondu sur le champ.

Pour vous prouver que ce que je dis est veritable, quoi que je ne sois plus en humeur d'en conter, comme je l'étois alors, (car enfin, chaque chose a son tems) si vous eussiez estimé le discours que je vous tenois, trop galant, & voulu faire semblant de vous en fâcher, voilà ce que je vous aurois dit pour vous apaiser.

Ce n'est point en Amant que je m'adresse à vous,
Je n'ose tendre, belas! à ce bonheur extrême,
Je ne veux que vous voir, vous le savez vous même,
C'est pour un miserable un destin assez doux.
Mais au moins, quand un cœur respire
Sous le doux faix de votre Empire,
Permettez-lui de soupirer;
Ce seroit être trop cruelle,
Et lui causer enfin une peine mortelle,
De ne vouloir point l'endurer.

* * * * * * * * * * * * * * * * * *

Aimez, si vous voulez, un voisin, un parent, Je

*Je ne m'opose point au feu qui vous en-
    flamme ;*
*Mais consultez vos sens, & pensez bien,
    Madame,*
*Que chacun ne doit pas vous être indif-
    ferent.*
    Les amis aiment, je l'avouë,
    L'un vous prise, l'autre vous louë,
    Mais, ô Ciel! vous savez comment :
    Au lieu qu'une ame genereuse
Rejette l'interêt, & se croit trop heureuse
    De pouvoir aimer autrement.

Si l'ambition vous avoit portée à mépriser mon état, pour le mettre au-des-
sous du vôtre, & que vous eussiez affecté
de vous égaler aux Dieux, pour ne me
voir plus que de l'œil qu'ils regardent les
plus chétives créatures ; j'aurois tâché de
vous détromper par ces paroles :

*Quels demons envieux ont pû vous sug-
    gerer*
De vous atribuer le titre de Déesse,
*Lors que ma Muse promte à montrer son
    adresse,*
Se trouvoit sur le point de vous en assurer ?
*Ce sentiment pourtant assurément vous
    trompe,*

*Vous avez cru par là, qu'un mortel n'é-
    toit pas
Digne d'ouvrir les yeux, & d'adresser
    ses pas
Vers un objet divin, environné de pompe.*

*Sortez de vos erreurs, consultez les bontez
Des plus sublimes loix, que cent siecles
    nous donnent,
Madame, & vous verrez comment elles
    ordonnent
D'aimer en general toutes les déitez:
A ce commandement, souffrez que je vous
    aime,
Et par trop de mépris, n'éteignez point
    mes feux;
Mais si vous voulez bien me rendre plus
    heureux,
Déclarez-moi, tout bas, que vous m'ai-
    mez de même.*

Enfin, si vous aviez entrepris de me quereller sur mon trop peu d'assiduité; me faire des reproches de ce que je vous quitai l'autre jour trop brusquement, pour éviter d'être surpris par un visage de mauvais augure, je veux dire la nuit, qui faillit en effet de me faire coucher à la campagne; m'acuser d'indifference, à cause

cause que je ne profite pas assez du tems, que vous devez rester dans votre château, avant que d'entreprendre le fatal voyage, qui me privera sans doute long-tems de votre agréable presence : & me mettre tout-à-fait dans le tort pour cent choses, dont vous savez infailliblement le contraire, vous m'auriez vû répondre avec l'air du monde le plus passionné & le plus languissant :

N'êtes vous pas injuste envers moi malheureux,
De m'acuser de crime, & me noircir de blame :
 Et se pourroit-il que mes yeux
Ne découvrissent pas, ce que cache mon ame ?
 L'une me défend de parler,
 L'autre d'imiter Democrite,
Et vous me reprochez ma trop courte visite,
Comme si vous vouliez aussi me désoler.
* * * * * * * * * * * * * * * *
Mais sachez, je ne puis vous en déclarer moins,
Vous me forcez enfin, Madame, à vous le dire,
 Et les Cieux m'en seront témoins,

*Que votre éloignement cause tout mon
    martire :
    Oui, quand je pense à ce moment
        Qu'il faudra dire, je vous quite,
Mon esprit se dissipe, un grand trouble
    m'agite,
Et me fait, en un mot, souffrir horri-
    blement.*

Après tout, je vois bien qu'il ne nous manque qu'un peu de hardiesse : si nous osions demander, on ne nous éconduiroit pas. Les femmes ont trop peur de desobliger les hommes, elles ont souvent besoin de leur secours, & elles n'ignorent pas que quand on se voit trop fréquemment rebuter, on use à son tour de l'alternative.

Mais enfin, c'est trop badiner, levons le masque, & parlons intelligiblement. M'ayant donné votre parole au bout de l'une de vos allées, quelque heure qu'il fût, & quelque peu d'aparence que je visse de trouver les portes encore ouvertes à mon retour, ne devois-je pas rebrousser chemin, pour en aller faire part à Madame votre mere ? Je me trompe si cela n'auroit été de mon devoir : obligez-moi de lui en faire mes excuses.

Après

Après m'avoir accordé la grace que je vous ai demandée d'être ma Commere, de tenir mon enfant au batême, & de contracter par là avec moi une alliance spirituelle, il n'est plus en votre puissance de me refuser rien à l'avenir. Vous avez l'art de faire des complimens si bien tournez, que je me flate déja par avance des indulgences, que vous en obtiendrez en ma faveur. Ajoutez-y du mien, s'il vous plaît, que je suis repentant de ma faute, & que je la suplie très-humblement de se transporter demain avec vous chez moi ; je l'attendrai de bonne heure, & vous recevrai avec toute l'ouverture de cœur dont est capable,

MADEMOISELLE, &c.

LETTRE XXXI.

A Mr. Pervilé.

MONSIEUR ;

SI vous saviez le plaisir, que vous me faites de m'écrire, je me flate que vous auriez éternellement la plume à la main, pour satisfaire à une curiosité &

à une envie, que le petit nombre de lettres, que j'ai l'avantage de recevoir de vous, n'est pas capable de diminuer. Celle qu'on vient de me rendre, contient beaucoup de matiere dans sa petite étenduë. Je ne saurois y répondre dans les formes, sans vous charger d'un gros paquet; j'espere que vous le lirez avec patience, & sans aucune prévention.

J'avouë d'abord, comme vous le dites très à propos, qu'il n'est pas necessaire de jetter les yeux sur les Payens, dans le dessein de les imiter, sinon en ce qui se trouve conforme à l'Evangile, & aux seuls Cayers, qui ont été commis à Israël, puis que ce sont particulierement eux qui rendent témoignage de celui qui en a inspiré le contenu à ses Ministres; c'est dans le Christianisme un axiome incontestable; mais de pretendre aussi que ce soit tems perdu de passer quelques heures à la lecture de leurs vies & de leurs traitez, c'est ce que je ne saurois aprouver. Il n'est point de livres, dont on ne puisse tirer quelque utilité, & point, où l'on ne trouve à reprendre, & je m'assure que si l'on vouloit s'acrocher à toutes les difficultez, que l'on trouve dans les plus beaux volumes, ou que l'on se scandali-

sât

sût de la maniere de vivre de ceux qui en ont été, ou les Auteurs, ou les Heros, ce ne feroit jamais fait.

Je veux que ce que nous nommons *la Bible*, par antonomafie, foit preferable à tous les autres écrits ; cela n'empêche pas que je n'y trouve bien des paſſages, qui embaraſſent prodigieuſement la Raiſon, & qui ne ſont guere conformes, je ne dis pas aux demonſtrations mathematiques, mais ſimplement au bon ſens, auſſi-bien que dans *Seneque*, *Plutarque*, & autres ſemblables, qui ſont, en récompenſe, remplis de très-judicieux préceptes, & qui, à la reſerve de celui dont nous venons de parler, ſurpaſſent ſans contredit les plus excellens traitez de morale que nous fourniſſe l'Antiquité.

En quoi eſt-ce, je vous prie, que la mort, puis que c'eſt elle qui fait en partie le ſujet de ce diſcours, leur devoit paroître, ni plus, ni moins affreuſe qu'à nous ? N'étoient-ils pas plus aſſurez qu'un million de Chrétiens, d'une beatitude éternelle ? Le nombre de plus de trente-trois mille divinitez, pour leſquelles ils avoient de la veneration, empêchoit-il qu'ils n'en euſſent une ſuprême & particuliere, qui ſeule faiſoit l'objet de leurs adorations, quoi qu'ils lui donnaſſent un autre nom que l'Ecriture n'attribuë au Souverain Etre; ce qui ſans difficulté eſt la même choſe, puis qu'il n'eſt pas en la puiſſance des plus habiles Grammaticiens d'en imaginer un, qui exprime le moindre de ſes inconcevables attributs? Où trouvera-t'on parmi nous, des perſonnes qui donnent des marques autentiques de la tranquilité de leur conſcience, aux derniers efforts de ce deſtructeur, ſemblables à celles, que fit paroître *Seneque*, au milieu des bourreaux, que ſon diſciple *Neron* lui avoit envoyez pour le maſſacrer? Quel plus rare exemple d'une belle mort voulez-vous que celui de cette Dame de l'Ile de Céa, dont parle *Montagne*, qui au milieu des délices & de la volupté, je veux dire environnée des richeſſes & des honneurs de ce monde, & ſans être atteinte d'autre incommodité que de la vieilleſſe, prend une coupe pleine de poiſon; & pour rencherir au-deſſus d'un *Socrate*, exorte ſa famille, avec l'éloquence de *Ciceron*, à bien vivre & à bien mourir, afin de parvenir par ce moyen au ſéjour des bienheureux, où volontairement elle vouloit, par anticipation, aller goûter les douceurs, qu'elle ſe flatoit d'y rencontrer?

Mais

Mais pour ne vous point ennuyer par un récit de mille autres semblables, & n'aller point chercher dans des siecles reculez ce qui se trouve encore dans celui-ci; il ne faut que lire les relations ou voyages de Messieurs *Nieuw Hof*, *Schouten*, *Meltons*, *Tavernier*, *Dapper*, &c. pour aprendre avec quelle constance les Indiens vont à la mort, & comment les femmes de diverses nations se sacrifient librement avec leurs domestiques, pour avoir la gloire d'acompagner leurs maris en un si lugubre voyage; au lieu que ceux qui font profession du Christianisme, & qui devroient d'autant moins avoir de crainte de franchir ce pas, que les promesses qu'ils ont de leur salut, & d'une plus heureuse vie, sont certaines, évitent autant qu'il leur est possible, tous les moyens d'y parvenir. S'ils croyoient de cœur ce qu'ils confessent de bouche, redouteroient-ils le passage d'un desert, qui ne les affranchit de la servitude Egyptienne, que pour les faire jouir des privileges de Canaan? Et s'ils exprimoient verbalement ce que leurs pensées leur dictent, ne les entendroit-on pas s'écrier avec *Mecenas*? *Vivons, quand même ce seroit sur la rouë.* Cela fait voir évidemment, Monsieur, l'erreur que ce destructeur fait aux pauvres Mortels; & certes, si vous y pensez bien, vous m'avouërez que la mort est plus naturelle que raisonnable ou utile, & qu'elle nous pousse dans le mal même, au lieu de nous le faire éviter; le desir que chacun a de vivre, & l'envie que les plus vieux ont d'ajouter quelques jours à ceux qu'ils ont déja passez, la leur faisant envisager comme l'ennemi capital de leur bien, & la terreur de tous les vivans : de sorte qu'il n'est pas surprenant que plus l'âge nous en fait aprocher, plus la crainte d'en être surpris augmente.

J'ai avancé tantôt qu'il y a plusieurs passages dans l'Ecriture Sainte, qui renferment de grandes difficultez, & des contradictions manifestes, ou du moins aparentes; je m'en vai vous le prouver par des exemples, dont je ne pense pas que vous puissiez disconvenir.

Le premier que ma memoire me fournit, est celui où il est raporté que Dieu commanda *que la lumiere fût*, qu'étant faite, il la sépara d'avec les tenebres, qu'il nomma celle-là *jour*, & celles-ci *nuit*, ce qui arriva le premier jour. Voici donc de la lumiere & des tenebres, des séparations de jour & de nuit, & des limitations de
tems,

tems, marquées par les noms de soir & de matin. Voilà d'admirables effets, mais où en sont les causes, je vous prie? Il n'y a point encore d'Astres dans les Cieux. Moïse nous parle ici d'un matin comme s'il nous vouloit mettre devant les yeux tous les charmes de l'Aurore, & l'agréable lever d'*Apollon*; il nous entretient du soir comme des bornes de leur course : cependant il ajoute peu après que le Soleil & les étoiles ne furent produits que le quatrieme jour.

Vous me direz avec Mr. *Regius*, que les parcelles qui font la lumiere, étoient alors en si petite quantité dans chaque tourbillon, qu'il n'y en avoit point qui meritât proprement le nom d'Astre; mais je vous prie de prendre garde que cela ne satisfait point un esprit attentif; & qu'il n'est pas vrai-semblable que l'Auteur sacré parle de l'augmentation d'un être, comme de sa production; car cela répugne, puis que soit que la lumière soit une substance, ou que ce ne soit qu'un accident, il est sûr que comme un arbre, pour petit qu'on l'envisage, ne laisse pas d'être arbre, aussi-bien que lors qu'une grande quantité de matiere en a augmenté la masse, & que les accidens sont autans accidens dans un petit sujet que dans un grand, on ne peut pas dire qu'un tourbillon de lumiere ne soit aussi-bien une étoile, lors qu'il n'a par exemple que cent piez de diametre, que lors qu'il en a un million. Outre que si ces flambeaux celestes devoient être nommez à proportion de leur grandeur, il seroit necessaire de leur imposer à tous des noms differens.

Ajoutez à cela, pour augmenter l'embaras, la formation de deux grands Luminaires, & vous verrez que les aparentes veulent que l'Auteur a cru, comme une partie du commun peuple se l'imagine encore, que quand il n'y auroit point de Soleil, ou d'Astres semblables, il ne laisseroit pas d'y avoir de la lumiere, & qu'il ne sert qu'à en redoubler l'éclat; qu'ainsi il a puissance sur le jour, qui en est pourtant indépendant, comme la Lune a puissance sur la nuit, dont elle ne fait point partie : & qu'enfin, tous les autres Luminaires de l'étenduë leur sont de beaucoup inferieurs.

Comment est-il possible d'entrer dans ces sentimens, pendant que des démonstrations évidentes nous persuadent le contraire ? Qui doute que la Terre & la Lune, qui sont deux corps semblables, ne

soyent

soyent du nombre des moindres Planetes; & quoi que la paralaxe des étoiles fixes nous soit presque insensible, qui est l'Astronome, qui ne puisse démontrer qu'il faut qu'il y en ait une grande quantité, qui surpassent les plus considerables planetes, & même le Soleil, en grandeur? De tout cela je conclus qu'il est mal aisé de faire preceder des effets à leurs causes, & tout-à-fait hors d'usage de nommer des pigmées grands, en la presence des géants.

Ce que le même Historien raconte d'un déluge universel, ne me paroit pas moins douteux, puis qu'il n'y a absolument rien qui aproche de la vrai-semblance. Comment! direz-vous, celui, qui vient de dire *que la lumiere soit, & la lumiere fut*, peut-il rien trouver d'impossible? A Dieu ne plaise que cela me tombe jamais dans l'esprit! Je sai très bien que penser & faire sont en lui la même chose; il ne tenoit sans doute qu'à cet Etre souverainement parfait, pour tout submerger, de créer de nouvelles eaux, & ensuite les anéantir. Il pouvoit aussi contraindre l'air de descendre dans les abîmes, & faire monter l'eau en sa place, jusqu'à telle hauteur qu'il auroit voulu. Il ne dépendoit encore que de lui de concentrer le Globe

ter-

terrestre, c'est-à-dire, d'abaisser ses parties extérieures, ou les mettre au niveau avec le fond de l'Océan, sans toucher néanmoins aux montagnes, car tout cela auroit fait le même effet; mais alors il auroit renversé l'ordre des élemens & des loix, que lui-même a établies dans la nature; sentimens que les Theologiens n'admettent point, & que le texte ne favorise en aucune maniere du monde. Au contraire, il porte expressément qu'il plut quarante jours & quarante nuits, de telle sorte qu'il sembloit que les bondes des Cieux fussent ouvertes: ce qui en effet devoit aporter une grande quantité d'eau sur la terre. Suposant donc qu'il n'y ait point eu de miracle, d'où cette eau étoit-elle venuë? Les nuës se font-elles d'autre matiere liquide que des vapeurs, qui montent éternellement, jusqu'à la hauteur d'environ deux lieuës, dans l'espace desquelles se forment tous les météores? En peut-il plus monter, de ces vapeurs, que les mers ne sont en état d'en fournir, & quand tout ce que les baissieres & les creux souterrains en renferment, se changeroit en nuages, pourroit-il plus faire, en retombant, que de combler ces vuides, & remplir l'Océan jusqu'à la même hauteur qu'il

étoit

étoit immédiatement après la création, & au moment que l'Ecriture assure qu'il avoit des remparts & des bornes, qu'il ne pouvoit outrepasser?

Mais dans quelles vûës faire tant de violence à la nature? Dans la vûë d'exterminer les hommes, qui avoient peché, & pour l'amour d'eux, tous les animaux de la terre, horsmis quelques-uns pour en conserver les especes. Il falloit donc un grand vaisseau pour en retirer une ou plusieurs paires de chaque sorte, & des vivres pour les nourrir environ un an, que cette innondation dura. Autre difficulté insurmontable, car enfin, si tout étoit naturel, comment faire venir des extrêmitez de l'Orient & de l'Occident, du midi & du septentrion, des bêtes, des oiseaux, des reptiles & des insectes, à qui souvent le changement de climat cause la mort, & leur faire passer à la nage, des mers épouvantables, où ils devoient mille fois pour une, perir de lassitude & de faim? Je veux pourtant encore qu'ils ayent passé par des chemins, qui ne nous sont pas connus: où les placer? Car outre ceux que l'on connoissoit de ce tems-là, on en a découvert une multitude infinie dans les nouveaux Continens depuis quelques

ques centaines d'années, sans ceux qui se trouveront encore avec le tems, à quoi l'on peut ajoûter qu'il y en a de certaines espèces, qui pourroient passer pour autant de genres, par raport à la différence que l'on remarque entre leurs individus. Il y a de je ne sai combien de sortes de serpens, de chiens, de singes : *Swammerdam* conte des centaines de sortes d'escargots, qui engendrent tous leurs semblables.

Tout cela demandoit de la place ; on ne pouvoit pas les jetter dans l'arche l'un sur l'autre, & les entasser par monceaux ; il n'y avoit que peu d'étages dans cette machine flotante, & chacun devoit toucher le fond de l'endroit, où on l'avoit mis. Enfin, prenez qu'on avoit fait provision de froment, le plus nourrissant de tous les grains, pour substanter toutes ces créatures vivantes, & de l'eau douce pour les desalterer, calculez ensuite comme je l'ai fait en gros, & vous vous trouverez extrémement embarassé pour leur fournir déquoi se soutenir jusqu'à leur sortie.

Pour passer à une autre difficulté, prenez la peine de jetter les yeux sur *Adam*. Vous le verrez nud, innocent, sans honte, te, avant que d'avoir mangé une pomme, & au contraire plein de trouble & de confusion, d'abord que ce fruit lui a passé le gosier : tellement qu'il n'ose plus paroître, ou pour mieux dire, qu'il tâche de se dérober à la vûë de celui qui vient de lui donner la vie. Il aperçoit qu'il est découvert, que c'est une vilenie à lui de commettre aucune action brutale en presence de témoins, & il affecte même si fort de cacher les parties qui y sont utiles, que bien loin de les exposer en montre, il s'imagine que c'est une insolence que de les nommer. Or si cette tache ne lui a pas été particuliere, mais que comme les descendans de Seléussiens, qui naissoient, à ce que l'on dit, avec une ancre marquée sur la cuisse, nous l'aportions avec nous au monde, je m'étonne de qui sont descendus ces insulaires, que le desir de trouver de nouvelles terres, a fait découvrir, qui ne font aucun scrupule, je ne dis pas d'aller tout nuds, de manger, roter, uriner & décharger le ventre en public, (cela n'est point rare en plusieurs endroits) mais comme *Crates & Hiparchia*, qui suivoient en cela les preceptes des Ciniques, de se connoître sans difficulté, à la vûë de tout le monde.

Si

Si le peché fait voir les saletez des actions, & en avoir de la confusion, pourquoi ces gens, brutaux comme des ânes, ne les aperçoivent-ils pas; eux que l'Ecriture met aux rang des reprouvez? Et s'ils vivent encore dans l'innocence, pourquoi les condamne-t'on, & comment *Adam* peut-il être leur premier Pere sans une contradiction manifeste?

Que dirai-je après cela, de la sentence que *Moïse* fait prononcer à Dieu contre *Eve*, & dont le contenu est qu'elle enfantera avec peine & douleur? Je crains bien que la plûpart des païs situez entre les deux Tropiques ne lui fussent guere connus. Il y avoit long-tems qu'*Atropos* avoit tranché le fil de ses jours, que l'opinion commune regnoit encore, qu'il étoit impossible que personne pût subsister sous la Zone torride, non plus que sous les deux glaciales. S'il avoit sçu que le froid & de certains climats sont les principales causes des angoisses, où les femmes se trouvent dans leur enfantement, & qu'il y a des contrées toutes entieres, où les animaux raisonnables & irraisonnables ne savent ce que c'est que de la moindre des douleurs, pour mettre au monde une créature de leur espece, au lieu que les fem-

femmes & les bêtes y sont également sujettes parmi nous, il se seroit bien gardé de faire condamner à un si grand mal toutes celles que la Nature en exemte. Il n'auroit pas rendu generale une regle, qui souffre tant d'exceptions, & qui donne occasion au monde d'avoir des pensées bien differentes sur sa maniere de gouverner le peuple, qu'il avoit sous sa direction.

La semence de la femme brisera la tête du serpent, & les autres passages équivalens, ne sont pas d'une moindre digestion, depuis que Mr. *Leeuwenhoek* a découvert & fait voir à l'œil, comme il le montre encore à toute la terre, que les femmes, non plus que les femelles de quelque genre d'animaux que ce soit, n'ont point de semence; & que les hommes & les mâles en general, tant parmi les bêtes des champs, les oiseaux & les poissons, que les insectes mêmes, sont les seuls capables d'engendrer; leur semence étant un composé de corps, qui ont tous la vie, le mouvement & l'être, & qui par quelque voie que ce soit, ne parviennent jamais dans la matrice, dans les œufs, &c. d'un sexe oposé, que pour y être nourris & conservez jusques à ce qu'ils qu'ils soient en état de resister aux injures du tems, ou à la rencontre des corps étrangers, capables de les endommager. S'il y a de la contradiction en ceci, comme il le semble, je vous fais juge de ses prodigieuses conséquences, & me contente de les savoir sans les publier.

N'est-il pas vrai qu'il est encore surprenant que l'Auteur du livre des Rois soutienne positivement que le vase d'airain, nommé autrement la mer, que *Salomon* fit construire & mettre dans son superbe temple, ait été de figure ronde, que son diametre fut de dix coudées, & son tour de trente justement, puis que cela est absurde, & qu'à peine se trouve-t'il personne qui ait la moindre teinture de la Geometrie, qui ne sache que la circonference de quelque cercle que ce soit, est à son diametre comme un tant soit peu moins que vingt-deux à sept : ce tant soit peu ne nous est pas connu; c'est une des profondeurs des mathematiques, qu'il n'y a pas d'aparence que l'on decouvre jamais, & que les Prophêtes, inspirez du saint Esprit, qui ont eu occasion d'en parler, n'auroient pas mal fait de nous aprendre.

Un autre passage, de pareille trempe, est

est celui où *Josué* assure qu'à sa requête, le Soleil s'arrêta en Gabaum, & la Lune en la valée d'Ajalon. Ce miracle n'est pas des moindres; cependant puis qu'on en attribuë la cause à Dieu, j'aime mieux le croire que de l'examiner à la rigueur; aussi-bien ne saurois-je démontrer le contraire. Si j'avois quelques Ephemerides ou tables des Eclipses, qu'on prétend que les Caldéens & Babiloniens avoient dressées de tems immémorial, pour un nombre innombrable de siecles à venir, il seroit facile par le calcul, de s'assurer de la verité ou de la fausseté du fait: car si nous differions de ces Astronomes, par exemple, de six heures, ce seroit une preuve évidente que ces Astres, pour parler le langage de l'Ecrivain, n'auroient bougé d'un lieu pendant ce tems-là, au lieu que si nous convenions du moment qu'une certaine éclipse se devoit faire, il est clair que le conte seroit fabuleux. Je passe donc l'évenement; mais je doute que l'Auteur nous en raporte fidélement la maniere. Si ce grand guerrier eut été à l'Ecole de *Platon* ou de *Copernic*, il se seroit bien gardé de parler ainsi du mouvement de ces deux Luminaires; ils lui auroient fait toucher au doigt qu'il se trom-

trompoit lourdement, & qu'il meritoit d'être mis au nombre de ceux que *St. Augustin* blâme de recevoir les opinions des hommes, à la suite des croyances anciennes, ou par autorité & credit. Avec tout cela, son témoignage n'a pas laissé de triompher long-tems de la verité : la plûpart des Ecclesiastiques, poussez par un zele aveugle, le citent encore maintenant pour apuyer l'opinion fabuleuse de l'immobilité de la Terre, & ne font aucune difficulté en bâtissant sur ce principe, de faire violence aux Mathematiques & à la Philosophie, en tachant de les accommoder à la Theologie ; ce qui retarde sensiblement le progrès des jeunes gens dans les sciences.

Avoüons, Monsieur, pour conclusion de cet article, que c'est une grande présomption à l'homme de s'imaginer que pour l'amour de lui & une poignée du gravier, en comparaison du reste de l'Univers, qui n'a, pour ainsi dire, non plus de bornes que l'éternité, Dieu fait tourner & *virer* un nombre innombrable d'étoiles, dont la moindre est peut-être plus étenduë que le Globe, que nous habitons, & qui selon les aparences, font chacune part d'un Tourbillon, où y ayant

plus

plus de Terres ou Planetes que dans le nôtre, il se trouve aussi des animaux, qui le flatent aparemment des mêmes avantages que nous. N'est-il pas bien plus raisonnable de croire, avec Mr. *Descartes*, les sentimens duquel sont aprouvez par les plus habiles écrivains de ce tems, & se démontrent même avec évidence, que n'y ayant rien dans le monde, qui ne soit dans un mouvement perpetuel, la Terre, qui flote dans une liqueur vague & agitée, auroit besoin d'une bien plus grande force pour se tenir ferme & arrêtée, au milieu de ce torrent, que pour en suivre doucement le cours, ni plus, ni moins qu'un vaisseau, pour pesant qu'il soit, qui se laisse amener au courant d'une riviere : & que cette matiere agitée, qui lui fait faire un tour sur son propre centre, dans l'espace de vingt-quatre heures, étant comprise dans le tourbillon, qui tourne continuellement autour du Soleil, lequel n'est autre qu'une étoile fixe, est entrainée avec encore quinze planetes autour de ce grand Astre, toutes les années une fois.

Je m'étendrois plus sur cette matiere, qui est très-vaste assurément, si je n'étois persuadé que ce seroit vouloir montrer à

Phi-

Phidias à faire le portrait de *Minerve*. Je ne vous dirai rien non plus sur ce que vous m'alleguez au sujet de la predestination, que vous apuyez par ce que nous en dit l'Apôtre. Ou il ne faut point croire de Dieu, ou il le faut croire tout puissant & tout prévoiant; cela est trop clair pour n'être pas aperçû par ceux que les préjugez n'ont point privez de l'usage de la Raison; & à la reserve des ignorans & des idolâtres, j'ai remarqué qu'il se trouve peu de gens, qui doutent de la verité de ses attributs, qui doivent être necessairement joints à la notion, que nous avons d'un Etre infini, & qui ne peut rien faire que de parfait. Mais ce que vous ajoutez immédiatement après, savoir que tout a été fait de rien, me paroît un peu plus obscur. Vous m'auriez fait plaisir de vous expliquer, & de me dire ce que vous prétendez que ce mot de *rien* signifie. Je trouve bien que Dieu a creé le Ciel & la Terre, que tout a été ordonné par lui, & executé selon ses commandemens, mais il ne s'ensuit pas que ce soit absolument de rien; autrement il faudroit que l'homme eut aussi été formé de rien, puisque le même verbe y est employé dans l'original, ce que personne, que je sache, fache, ne s'eſt encore aviſé de dire. Je ſai bien que ſelon notre maniere de concevoir & de raiſonner, il implique contradiction d'établir une matiere coexiſtante de toute éternité, avec un Etre intelligent, que l'on poſe ſeul infini; mais qui nous a dit que tout ce que nous concevons eſt veritable? Combien y a-t'il de choſes, où notre raiſonnement demeure court, & que nous ne laiſſons pas de croire pourtant? Si nous ne pouvons pas comprendre comment il eſt poſſible que la matiere ſoit éternelle, ce qu'Ariſtote a néanmoins fort bien compris; qu'il y ait des bornes dans l'Univers; que la diagonale d'un quarré ſoit incommenſurable à l'un de ſes côtez, quoi que cela ſe démontre geometriquement; qu'un grain de ſable, après avoir été diviſé pendant toute l'éternité, reſte encore diviſible; qu'il n'eſt point de nombre, qui ne puiſſe être augmenté ou diminué à l'infini, & mille autres problêmes ſemblables, devons-nous pour cela aſſigner un commencement à ce grand tout? Que ſavons-nous la liaiſon qu'il y a entre le Créateur & la créature, & s'ils peuvent exiſter l'un ſans l'autre? C'eſt un miſtere, qui ne nous eſt point revelé, & qu'un eſprit fini ne ſauroit bien

déveloper, quelque effort qu'il fasse. Mr.
Marot, qui s'est servi de ce terme de
rien dans le Pseaume trente-troisieme, ne
l'entendoit pas mieux que nous.

Nos Docteurs n'en demeurent pourtant
pas à cette difficulté, ils l'envelopent d'u-
ne seconde, & prétendent que par ce *rien*
il ne faut pas seulement entendre la matiere, mais même l'espace, qu'elle occupe. Comment! avant la naissance du monde il n'y avoit point d'étenduë pour placer la matiere, que la Providence devoit
tirer du néant? Non, disent-ils, car qui
dit étenduë, dit matiere; il n'y a point
d'espace sans corps. Tout cela est beau
assurément, mais je confesse que je n'y
vois goute. Au contraire, je m'imagine
fortement qu'un esprit, qui ne sera prévenu d'aucune opinion établie, qui n'aura
point d'égard à l'autorité, & qui usera
bien de ses lumieres, fera comme moi aisément abstraction de la matiere, & la ré-
duisant à rien par la pensée, la distingue-
ra fort bien de l'espace qui la renferme:
ce qui suffit selon eux, pour en constituer l'essence. Que si par ce *rien*, vous
entendez, comme la plûpart du monde,
la matiere des trois élemens, ou des deux
plus grossiers mêlez ensemble, & composant

fant ce que nous apellons air ; & que parce qu'elle ne peut être aperçûë, vous voulez inferer de là, que tout ce qui nous environne, eſt un vuide ; c'eſt encore à quoi je conſens beaucoup moins ; il y a trop de preuves qui nous aſſurent du contraire, pour en avoir le moindre doute : & ſi *Epicure*, *Gaſſendi* & autres, en ont imaginé un, pour donner lieu au mouvement des atômes de Démocrite, c'eſt qu'ils n'avoient pas trouvé le moyen de les faire mouvoir d'une autre maniere, outre que le vuide, qu'ils établiſſent, eſt ſi different de celui dont nous parlons, & que perſonne d'eux auſſi n'a cru, qu'ils ne ſouffrent preſque point de comparaiſon. Ce n'eſt donc point la nouvelle Philoſophie ſeule, qui nous aprend qu'il n'y en ſauroit avoir de tel, *Ariſtote* & pluſieurs avant lui l'ont ſoutenu dans leurs Ecoles publiques. En effet, s'il falloit douter de l'exiſtence des corps, qui ne tombent point ſous les ſens, nous ſerions forcez de ne croire que bien peu de choſes. Mr. *Leeuwenhoek*, qui en a tant découvert, par le moyen de ſes admirables microſcopes, paſſeroit bientôt pour le plus grand menteur ou viſionnaire qui fût jamais. Il ne s'amuſe pas à nous montrer des vers dans le

vi-

vinaigre, à faire la diffection d'un petit infecte &c. comme d'autres Savans, ou à dire avec Mr. *Rohault*, qu'un ciron a deux yeux noirs, dont il fe fait fort bien fervir pour éviter d'être piqué de la pointe d'une éguille, fi on lui en traverfe fon chemin, qu'il a le corps couvert d'écailles tachetées, comme une tortuë, qu'il a fix piez fournis de belles grifes; que les moififfures, qui s'engendrent fur les livres, font les parterres de ces petits animaux, où ils trouvent des plantes de diverfes fortes, garnies de feuilles, de boutons, de fleurs & de fruits : ce qui ne laiffe pas de paroître une merveille; mais il a découvert que cette matiere blanche, qui s'engendre autour des dents des perfonnes mêmes les plus curieufes de leur bouche, n'eft qu'un tiffu de petites bêtes animées, dont cent mille font enfemble à peine la groffeur d'un ciron. Il ne s'arrête pas à l'exterieur d'une puce, il l'ouvre, il va chercher dans le corps des mâles, des millions d'animaux de leur efpece, pleins de vie & de vigueur, qui faut qui ayent neceffairement des parties équivalentes aux nôtres, pour faire toutes les fonctions naturelles d'un corps animé, & qui bien loin d'être fenfibles, ne peuvent que difficilement

ficilement tomber sous l'imagination des plus penetrans. Prenez la peine de lire cet Auteur, qui est nouveau, & je m'assure que vous le trouverez digne de votre curiosité.

Enfin, j'ajoute à ce qui vient d'être dit, que si l'air n'étoit rien du tout, il seroit impossible que la Terre demeurât un moment dans l'endroit où elle est, c'est-à-dire, en équilibre, & à peu près à la même distance des autres parties du Ciel, comme nous voyons qu'elle fait à cette heure; & que le vif-argent ne pourroit être soutenu dans un tuyau de verre jusqu'à la hauteur de vingt-sept ou vingt-huit pouces : ce qui est pourtant confirmé par l'experience; tellement que si l'on fait la même épreuve sur une haute montagne, il ne sera pas soutenu à une si grande hauteur : d'où il apert que ce n'est que l'impression de l'air, qui en est cause, quelque sistême que l'on suive, puis qu'au fond, cela revient toûjours à la même chose, comme il est aisé de le démontrer.

Cela étant, ne trouvez pas étrange que je fasse difficulté de me ranger de votre parti, jusques à ce que vous m'ayez fait la grace de me donner des éclaircissemens;

mens, capables de me faire changer de sentiment, & de me tirer de mes doutes, qui ne m'empêcheront pourtant jamais d'être jusqu'au dernier soupir de ma vie, &c. *

LETTRE XXXII.

A Mr. du Mainon, avec un impromtu.

MONSIEUR,

IL s'en est peu fallu qu'un malheur imprévû, mais du bas ordre, ne m'ait fait de nouveau tomber entre vos pattes. Il y a quatre jours que nous resolumes, deux de mes amis & moi, d'aller voir Dieren, qui est une des maisons de chasse du Prince d'Orange. Il faisoit alors, comme vous savez, une chaleur insuportable : cela nous fit entreprendre le voyage de nuit. Nous partimes de Deventer au moment qu'on alloit en fermer les portes, ainsi nous arrivâmes à la pointe du jour, au lieu destiné, sans avoir passé un seul cabaret, que nous n'y eussions mis tout

en

---

* *Les difficultez qui ont été ici proposées, sont levées dans la 55. Lettre.*

en allarmes, & fait veritablement les foux.

Un de nos Messieurs ayant des affaires à Doesbourg, nous quita, & s'y rendit à pied. Pendant son absence, nous ne manquâmes pas d'aller visiter tout ce que nous croyions digne de notre curiosité; la maison, les jardins, les promenades, qui par la situation du lieu, sont effectivement charmantes. Nous étoufions cependant de chaud: ce mouvement extraordinaire causa à Mr. de *Keppel* un si prodigieux mal de tête, & une si dangereuse hemorragie, à quoi il étoit d'ailleurs fort sujet, qu'à peine nous étions rentrez dans l'auberge, qu'il se jetta sur un lit. N'ayant personne avec qui causer, je me saisis d'une boëte, où je trouvai le livre à écrire d'un des enfans du logis, & y traçai sur le champ les vers, dont vous trouverez la copie au bas de ma lettre. La lecture que j'en fis un moment après, acheva de faire revenir notre Gentilhomme, qui commençoit à reprendre ses esprits; à quoi contribua aussi le retour de notre autre camarade, qui n'étoit pas moins percé de sueur que si on l'avoit plongé dans la riviere; nous bûmes un verre de *Malle* à son arrivée, & nous nous remîmes dans notre voiture, qui étoit découverte, afin d'y pouvoir mieux respirer. Le Soleil étoit couché, & les étoiles brilloient de toutes parts : cela me donna occasion de remarquer la route que nous tenions. Deux heures après je m'aperçus que nous tirions d'un autre côté : j'en avertis notre cocher, qui eut la civilité de se moquer indirectement de moi, parce qu'il se flatoit de connoître ce chemin comme celui de son écurie à la cuisine. Enfin pourtant, après des contestations, pendant lesquelles nous avions avancé jusqu'auprès des murailles de votre ville, il reconnut que j'avois raison.

Ces Messieurs vouloient que nous nous arrêtassions là dans un cabaret, jusques à ce que nous pussions entrer dans Zutphen, où ils avoient de bonnes connoissances, mais la peur que j'avois que vous ne me traitassiez comme vous aviez fait, lorsque je vous allai voir avec notre *Domine des Touches*, me fit traverser leur dessein, & les obliger de consentir à nous en retourner chez nous.

Voilà, Monsieur, comme le trop bon traitement que vous m'avez fait, me prive de l'honneur de vous embrasser, lorsque j'en ai la commodité. Je n'ose plus me porter sous votre toît, de crainte d'exciter

citer votre generosité par ma presence, & vous causer des frais & de l'embaras, qui me donnent effectivement du chagrin, sur tout lors que je n'ai pas lieu de rendre la pareille, & que j'ai à faire à des gens, qui ne mettent presque jamais le pied dans ma maison, que pour l'en retirer dans le même instant. Changez de maximes, je vous en suplie; observez un honnête milieu avec moi; venez nous voir, & alors, bien loin de vous fuïr, je me ferai un plaisir de vous aller souvent dire que je suis veritablement, &c.

IMPROMTU.

Je peste contre Smeenk, je jure, je tempête,
De ce qu'il ne vient pas nous retirer d'ici:
La tristesse m'accable, & ronge de souci;
Je vais, mon cher ami, mourir de mal de tête.
Il perd son noble sang, se ruine en soupirs;
L'œil de notre servante augmente son martire,
Et la friponne, aulieu d'assouvir ses desirs,
Entretient sa douleur, & ne s'en fait que rire,

Foudroiant Jupiter, Vénus & Cupidon.
 Non, je vous demande pardon,
N'exaucez point des vœux, qui veulent
 leur ruine,
Le gros homme à la fin pourra se repentir,
 Et cette cruelle Mequine
Se lasser de voir plus Keppelerus pâtir.
 Sinon, lancez d'enhaut la foudre,
 Reduisez les tous deux en poudre,
 Vengez-nous de leur cruauté,
Montrez par cet exemple aux humains
 leurs semblables,
 Qu'à ceux, qui sont sans charité,
 Vous êtes plus qu'épouvantables.
Mais qu'est ceci, Monsieur, avancez vous,
 d'un pas ;
Entre ces deux ormeaux, jettez l'œil, je
 vous prie,
Voilà, ma foi, nos gens, je ne me trom-
 pe pas,
C'est Smeenk ; Berent le suit, ils sont
 encore en vie.
 Soyez, Messieurs, les bien venus,
Nous croyions sans mentir, que vous étiez
 perdus.
 L'Hôte, que l'on nous donne à boire,
 Ces chers enfans l'ont merité,
 Je veux trinquer à leur santé,
 Quand j'en devrois avoir la foire.

Ce-

Cependant il est vrai que tout presentement
Je vous donnois au diable, & vous, & notre fille,
Apollon & l'Amour nous brûloient vivement,
   Mais je veux que l'a'e me quille
   Si l'on m'atrape plus ici :
Non, le Ciel me confonde, & vous Messieurs aussi,
Sluytre & ses chiens n'ont rien qui m'en paroisse digne,
Je n'en veux jamais ouïr parler,
Et s'il vous plaît, avant que de nous en aller,
Je leur souhaite à tous, & le chancre & la tigne.

LETTRE XXXIII.

A Mademoiselle D. de R.

SI les actions de graces devoient être du même poids que sont les bienfaits, ou les causes qui les produisent, & s'il falloit qu'il y eût une juste proportion entre les obligations & la reconnoissance, qu'elles meritent, j'avouë ingénument, Mademoiselle, que je serois insolvable,

& que je n'aurois qu'à lever le piquet dans le moment. Je dis plus : quand il me seroit permis de m'aquiter par de simples paroles, de la dette que j'ai contractée envers vous pendant mon dernier séjour à U... je ne laisserois pas d'être dans un embaras inconcevable, puis que je doute que la Langue Françoise soit assez abondante pour me fournir les termes necessaires à me bien exprimer dans une pareille conjoncture. Par bonheur cette maxime ne s'observe pas à la rigueur, ou du moins elle n'est pas generale, ni par raport aux personnes, ni à l'égard des differentes nations. Il y a des gens qui suivent exactement la loi du Talion, & qui n'en démorderoient pas pour un Empire : il y en a d'autres, qui ont de l'horreur pour la retribution : qui font du bien, parce qu'ils sont genereux & bienfaisans, & dans lesquels la crainte de la récompense ne cause pas moins d'agitation, que le desir d'obliger leur donne de mouvement & de zele. La justice m'engage indispensablement à vous mettre au nombre de ces derniers : vous êtes genereuse, vous êtes obligeante, vous êtes honnête ; un autre affecte de le savoir, & vous vous faites un plaisir de l'ignorer. Quelque obli-

obligation que l'on vous ait, vous prétendez toûjours être redevable ; on voudroit vous rendre, & vous croyez ne devoir jamais cesser de donner. Oui, Mademoiselle, vous donnez, & vous donnez de si bonne grace, qu'on ne se lasse point de recevoir, & que l'on est tellement occupé des belles & grandes manieres avec lesquelles vous engagez insensiblement vos amis, que l'on songe moins à s'en aquiter qu'à faire de nouvelles dettes. Ayant à faire à un créancier si indulgent, ne soyez pas surprise si je demeure immobile ; d'un côté, vous ne prétendez rien ; de l'autre, je confesse mon indigence : vous êtes contente de m'avoir fait mille civilitez, & je suis ravi que vous m'en ayez trouvé digne. Tout ce que je puis vous dire, c'est que j'en suis pénétré de reconnoissance ; & quand même vous me le défendriez, je ferai gloire dans toutes les occasions de le publier.

Mais au fond, quand j'y pense bien, que m'avez-vous fait, je vous prie, que vous ne fassiez à toute la terre ? J'ai eu l'honneur d'aller souvent chez vous, mais je n'ai point remarqué que vous ayez fait aucune distinction entre tous ceux qui vous venoient voir : les grands & les petits, les jeunes & les vieux, les personnes des deux sexes, vous les traitez tous également; vous riez à l'un, vous caressez l'autre : vous êtes civile aux plus rampans comme aux plus relevez : toûjours enjoüée, toûjours agréable, sage, discrete, éloquente. Si c'est le temperament seul, qui agit, on ne doit vous en tenir aucun conte, & si c'est par les principes d'une politique rafinée, on a lieu de vous accuser de tirannie, & de croire que de toutes les personnes libres, qui entrent chez vous, vous voulez qu'il n'en sorte pas une qu'avec la qualité de votre esclave. Comment, Mademoiselle, est-ce que depuis tant d'années que nous mangeons, que nous bûvons, & que nous vivons ensemble comme les enfans d'un même pere, je ne doive avoir aucune prérogative sur les autres ? On le diroit au moins, cependant c'est tout le contraire.

Il n'est pas jusqu'à Stuyvesant,
Auquel vous n'ayez, moi présent,
Fait des honnêtetez, dignes de ma colere;
A tout ce qu'il disoit, incontinent, fiat,
Au lieu que le pauvre compere
N'obtenoit qu'avec peine un doigt de ratifiat.

Si

Si ce n'eut été un honnête domestique, auquel j'en suis encore obligé, ne serois-je pas tombé plusieurs fois de foiblesse à vos pieds, pour m'avoir engagé à de trop grosses prises de caffé, & n'avoir pas daigné me donner une goute de quelque liqueur, capable de reveiller des esprits, que tant d'eau avoit assoupis ? On n'avoit pas assez de mains pour presenter tout aux autres, & moi je n'avois absolument rien que je ne le demandasse, ou que la pauvre fille de chambre ne me l'aportât.

Mais, Monsieur, me direz-vous, êtes-vous si nouveau dans le monde, que vous ignoriez que je n'ai nullement manqué aux regles du devoir, même dans les choses dont vous vous plaignez ? Je traite tout le monde également, quant à l'exterieur ; il est vrai, je fais à tous de l'amitié, je leur suis civile, à proportion pourtant de leur âge, de leur naissance & de leurs facultez : trouvez-vous du desordre en cela ? Et si je n'observe pas jusqu'aux moindres formalitez, à l'égard de mes intimes amis, n'est-ce pas une marque évidente que je les en estime davantage ? Ou prefereriez-vous un dehors affecté à un interieur sincere ? Non, Mademoiselle, j'ai tort, &
vous

vous avez la plus grande raison du monde. Ce que j'ai dit, m'est échapé sans y penser, je serois un ingrat si je le dissimulois: plus je fais reflexion sur le passé, plus j'admire votre conduite. Vous vouliez que je vécusse chez vous comme chez moi, que je demandasse mes necessitez, que je fisse les honneurs de la maison, jusqu'à remener les Dames à leur carosse. S'il s'agissoit de quelques beaux vers, vous me faisiez la grace de m'ordonner de les lire ou de les reciter, comme si personne d'autre n'en avoit été capable. Enfin, il se proposoit peu de questions, sur-tout par raport aux sciences, que vous ne m'en demandassiez mon sentiment, & qu'il ne falût que je decidasse.

Voilà, je l'avouë, des marques de beaucoup de confiance, d'amitié, & si je l'ose dire, de prévention, dont je suis extrêmement glorieux. Contez là-dessus, Mademoiselle, que cette tendre affection, que je mets à un prix infini, est pourtant fort réciproque, & qu'assurément il n'y a point de fille au monde que j'honore, que je respecte & que j'estime plus que vous. Toute votre famille m'a toûjours été chere. Je desirerois de tout mon cœur que le Ciel voulût bien me fournir les occasions

de

de vous en donner des preuves, qui ne vous permissent plus d'en douter. Celles qui se sont offertes jusques à present, n'ont pas été du poids que je les aurois desirées; & celle qui se presente aujourd'hui de servir Monsieur votre frere ainé, est hors de la sphere de mon activité. Cependant pour ne pas rester dans l'inaction, les prémisses de mes visites, immediatement après mon retour, ont été rendues à ces fins, à Madame la Generale d'*Itersum*, à Messieurs de *Lacmeer*, de *Rhede*, de *Wynbergen*, de *Hunderen*, &c. Ils m'ont unanimement promis d'employer tout leur credit auprès de leurs parens & de leurs amis, qui sont comme eux dans la Regence, pour l'avancement de Mr. le Capitaine D. J'en irai encore voir d'autres, qui ne me refuseront pas leurs sufrages assurément: de sorte que pour peu qu'il agisse lui-même, je ne doute pas d'un heureux succès.

Lors que vous verrez la savante Mademoiselle L. obligez-moi de lui baiser les mains de ma part, & de lui dire que si elle persevere à vouloir devenir Philosophe, il est tems qu'elle se rende ici, puis que nous allons recommencer nos leçons. Je ne saurois m'empêcher de rire, toutes les fois que je pense avec quelle avidité elle

en-

engloutissoit les termes dont je me servois, lors qu'à l'imitation des Bergers de la Caldée, nous passions ensemble la premiere veille de la nuit à nous entretenir de quelques phenomenes Astronomiques. Elle vous poussoit à tout bout de champ, pour vous faire remarquer chaque mouvement que je me donnois, pour representer l'élevation, le cours ou la distance des Astres; & si sa Sœur ainée s'avisoit de remuer seulement les levres, elle lui imposoit d'abord silence, de peur qu'elle n'interrompît un discours, qui lui paroissoit si beau.

Ce qui me scandalisa un peu, entre nous, c'est qu'il lui échapa de dire en pleine compagnie, qu'elle auroit voulu de tout son cœur passer le reste de la nuit avec moi, pourvû que je lui eusse toûjours parlé Caldéen. Je suis serviteur à de tels Ecoliers: ce sont de ces ingrats, qui voudroient aquerir dans trois jours ce qui a couté autant d'années aux Maîtres, afin de donner peu de chose à un Professeur, ou de ne lui en avoir point d'obligation. Du caractere que cette fille me paroît, je me trompe si elle me donneroit seulement le tems d'expliquer les matieres avec ordre: elle voudroit incontinent passer de la Métaphisique à la Phisique, de l'examen

men de l'esprit à la connoissance des corps, & de la speculation aux experiences: mais c'est ce que vous n'entendez pas. J'aime fort à prolonger le plaisir, & à me procurer du merite auprès des Dames; & comme ce me seroit un grand plaisir de philosopher avec Mademoiselle L. je voudrois aussi que ce plaisir durat long-téms, & qu'outre cela elle m'en eût aussi une longue obligation. A ces conditions-là, si elle ne veut pas faire le voyage de Deventer, je m'engage à lui donner un College la premiere fois que je retournerai à U. moyennant que vous soiez de la partie. J'ai des mesures à tenir, il ne seroit pas à conseiller de me hazarder seul avec une si dangereuse Bergere, outre que j'aime à prendre du repos, & que je craindrois qu'elle ne prît avec le tems assez d'autorité sur un pauvre Berger comme moi, qui ai toûjours idolatré le beau sexe, pour m'engager insensiblement à lui parler Caldéen toutes les nuits.

Monsieur & Madame S. avec lesquels j'ai bû avant-hier à votre santé, vous font leurs complimens: ils vous conjurent de leur tenir la parole, que vous m'avez chargé de leur donner de les venir voir l'été prochain. Ils contribueront de tout leur

pour

pouvoir à vos divertissemens, & empêcheront bien que vous ne voyiez personne, chez eux, qui ne vous soit agréable. En attendant ce bonheur, où je prétens avoir quelque part, je ne cesse de faire des vœux ardens au Ciel pour la continuation de votre santé, & reste avec toute la soumission dont je suis capable,

MADEMOISELLE, &c.

LETTRE XXXIV.

A Mr. Hibelet.

MONSIEUR,

SI je suis un des derniers à vous féliciter de votre nouveau mariage, je ne suis pas celui qui prens le moins de part à la satisfaction, que vous en devez recevoir. L'amitié que vous m'avez fait la grace de me porter depuis bien du tems, m'y engage indispensablement : je passerois sans doute pour un ingrat si je n'en temoignois de la reconnoissance, sinon par des manieres d'agir conformes aux vôtres, car je n'en aurois peut-être pas la puissance; du moins par un aveu sincere de mes justes ressentimens:

Je

Je ne vous fais point ici les éloges de Mademoiselle votre chere moitié, je n'ai pas l'honneur de la connoître; mais j'ose pourtant croire qu'ayant l'œil bon, & le goût par excellence, vous n'aurez pas manqué de faire choix d'une personne digne de vous, c'est-à-dire, de la plus haute vertu, d'un merite singulier & d'une beauté achevée. Je vous conseille, Monsieur, de vous mieux signaler avec elle, que vous n'avez fait avec la défunte : autrement il est à craindre que votre réputation n'en souffre, & que la race des *Hibelets* venant à manquer, l'on ne vous en attribuë la faute avec raison : mais je vous avertis aussi qu'elle ne vous échapera pas, & qu'il ne sera pas inutile que vous vous ressouveniez quelquefois de ce que *Terence* fait dire à *Sosie* dans l'Andrienne: *Id arbitror adprime in vitâ esse utile, ut ne quid nimis*, puis qu'en effet la mediocrité est bonne en toutes choses. Je n'aime point l'avarice, mais je hai aussi la prodigalité : il vaut mieux ne lui faire faire que deux ou trois repas reglément toutes les vingt-quatre heures, qu'une douzaine, & que ce regal ne dure que peu de jours. Chacun aime toûjours mieux qu'on lui augmente sa portion, que de voir qu'on la lui diminuë : c'est mettre une femme au desespoir, aprèe qu'on a flatté ses esperances, de ne pas repondre à son attente, & il est évident qu'il vaut bien mieux, sur-tout dans ces occasions, user de ces sortes de surprises, qui réjouïssent, que de celles qui affoiblissent le cœur.

Vous voyez par tout cela, comment je m'interesse dans la conservation de l'un, & dans le contentement de l'autre : à votre égard, la qualité d'ami m'y engage ; au sien, j'y suis porté par des mouvemens de charité. Mais comme cela ne suffit pas, vous ne trouverez pas étrange, afin de remplir tous les devoirs de l'honnêteté & de la bienséance, qu'on lui sacrifie la moitié de ce que l'on vous doit. Sur ce pied-là, elle peut s'assurer d'avoir aquis par votre moyen, une des familles les plus nombreuses de cette ville, & qui ne fera pas moins paroître d'empressement que la plus puissante à lui rendre service, toutes les fois qu'elle voudra bien l'honorer de ses commandemens. Vous savez le droit que je vous ai donné sur tout ce qui m'apartient ; je l'autorise de même, & reste à mon ordinaire,

MONSIEUR, &c.

LETTRE XXXV.

A Mr. Perville.

MONSIEUR,

JE n'aime point à être poussé à bout : quand on en vient à cette extrêmité, la patience m'échape, & l'on me force d'abandonner à une langue babillarde, ou à une plume sans discretion, ce qui n'avoit été proprement confié qu'à ma pensée. Je vous ai dit plus d'une fois, mais à la verité par complaisance, comme cela m'arrive assez souvent, pour m'accommoder aux maximes du vulgaire, & aux sentimens de Messieurs les Cartesiens, que nous avons naturellement une idée claire & distincte d'un Etre souverainement parfait, de l'étenduë, des figures, du mouvement, de la situation, &c. Mais presentement que vous prétendez y comprendre aussi l'ame, je me retracte, & vous déclare ouvertement que le seul objet immediat de notre entendement ou esprit, comme il vous plaira de le nommer, est l'unité qui renferme pourtant necessairement la connoissance des nombres, de leurs differentes proportions, & autres

pro-

proprietez semblables, d'une si grande utilité dans la mathematique.

Voulez-vous que je rende cette verité évidente par un raisonnement, qui ne souffre pas la moindre objection ? Permettez-moi de faire une suposition sans exemple, que je sache. Je m'imagine que comme il arrive quelquefois à des hommes de naître sourds, aveugles, &c. la Providence par elle-même, ou indirectement suivant les loix de la nature, vient de me faire passer du non-être à l'être, entierement privé de l'usage des sens ; mais de maniere neanmoins, si tant est que cela soit possible, que je sois capable de reflexion. Il est évident qu'en cet état, je n'aurai connoissance d'aucune chose qui soit au monde, sans exception, non pas même de mon propre corps. Les autres hommes auront beau m'aprocher, je ne les verrai, ni ne les entendrai point : je serai insensible à l'odeur des esprits les plus penêtrans, & des senteurs les plus fortes ; je mâcherai & avalerai machinalement les viandes que l'on me mettra dans la bouche pour ma nourriture, mais je ne les sentirai non plus que le choq où m'expose la rencontre des autres objets qui m'environnent. Et que l'on ne me dise pas qu'ayant des pieds, dont

je

je me fers à marcher, & des mains, que j'emploie à prendre ce que l'on me tend, ou qui se rencontre casuellement à leur portée, je ne saurois manquer de m'apercevoir de leur solidité, & de leur étendue; non seulement cela n'est pas véritable, mais il est même absolument impossible qu'il me vienne dans la pensée d'en avoir, ni qu'il y ait rien d'existant, qui ait du raport à la matiere. Cela étant, je donne à juger au plus habile de tous les mortels, s'il est en ma puissance de me représenter un espace, un mouvement, une figure. Si j'avois quelque sentiment, je saurois, en étendant les bras, que la distance qu'il y a d'une de mes mains à l'autre, fait une longueur, que l'on pourroit mesurer à l'aide d'une ligne droite; en posant le pouce & deux de mes doigts sur mon estomach, je formerois un triangle. Il me seroit de même aisé, par le moyen de ces mêmes organes, de faire un quarré, un pantagone, un cercle, & d'étendre ainsi, petit à petit, mes lumieres; mais quelle aparence? Mes membres sont engourdis, ils sont morts, pour ainsi dire, je ne les sens point, je ne les ai jamais sentis, & j'ignore par conséquent, qu'ils me soient de quelque utilité. Je pense cependant,

& quoi que je ne sache pas ce que je suis, une substance spirituelle ou matérielle, je suis pourtant assuré que j'existe, que je suis quelque chose, & peut être l'unique chose qui soit : ma connoissance se borne à cela, je n'en ai absolument point d'autre. Quelque simple qu'elle soit néanmoins, cette connoissance, elle ne sauroit manquer d'augmenter insensiblement; car pour peu que je rentre en moi-même, que je pense à ma maniere d'exister d'où j'ai tiré mon origine, ce qui doit, pour le dire en passant, me conduire à l'Etre des Etres, au souverain Maître de l'Univers, il est naturel que je tombe dans le doute s'il n'y a pas d'autres substances semblables à moi, & s'il n'y en a pas, s'il seroit impossible qu'il y en eût. D'où il paroît que je ne me borne pas à la connoissance que j'ai euë d'abord de l'unité, mais que suivant pié à pié cette pensée, je remarque que je connois le nombre de deux, de dix, de cent, de mille, & qu'il ne tient qu'à moi de l'étendre jusqu'à l'infini, puis qu'il n'en est point auquel on ne puisse ajouter quelque chose.

Il n'est pas nécessaire de vous faire remarquer ici qu'en arrangeant les nombres,
dont

dont j'ai présentement l'idée, de sorte qu'ils différent également les uns des autres, comme 1. 2. 3. 4. 5, &c. ou 1. 3. 5. 7. 9 &c. je trouve que si j'en prens quatre de suite par exemple 3, 5. 7. 9. la somme 12. des deux moyens 5. 7. égalera sans exception celle des deux extrêmes 3. 9. &c. Ou que les disposant de maniere que le premier soit au second, comme le troisieme au quatrieme, par exemple 8. à 4. comme 6. à 3. ou 3. à 9. comme 4. à 12. le produit 36. du premier 3. & du dernier 12. sera toûjours égal à celui du second 9. & du troisieme 4. & ainsi des autres : & que ce sont ces progressions ou proportions Arithmétiques, Géométriques &c. qui sont les principes des Mathématiques, & qui influent dans toutes les autres sciences, cela est évident, vous le savez, c'est un sujet sur lequel il n'est pas besoin que je m'étende.

Mais-direz-vous, n'aïant aucune teinture de la matiere, & sachant que vous êtes une chose qui pense, n'est-il pas clair que vous avez une idée de votre ame, préférablement à tout ce qui a été tiré du néant, & que l'on prétend être constitué par l'étendue ? Nullement, c'est un

abus grossier, mais qui est beaucoup plus palpable, quand on suit la méthode de Mr. *des Cartes*: car au lieu que je pose pour fondement de ma démonstration des prémisses, qui ont de la vrai-semblance, en ce qu'encore que nous ignorions positivement l'état d'un homme, qui naitroit sans l'usage des sens, nous savons du moins, que nous ne nous faisons point d'illusion, & ne prétendons en imposer à personne; au lieu qu'il y a de la supercherie dans le raisonnement de ce Philosophe, qui révoque en doute des véritez évidentes par elles-mêmes, comme que le tout soit plus grand que l'une de ses parties, que deux & trois fassent cinq, qu'il y ait de l'égalité entre les rayons d'un même cercle: & après avoir nié contre sa propre conscience, qu'il ait un corps, en conclut impunément la spiritualité de son ame. Une marque de la mauvaise foi de ce docteur, c'est qu'aïant soutenu que les bêtes, purement matérielles, ne sont que des automates, qui ne font rien que par une aveugle impulsion des esprits animaux, il avoüe ailleurs qu'il lui est impossible de démontrer qu'elles n'ont pas d'ame connoissante. Je ne peche point à dessein comme ce Savant: si je soutiens que je
n'ai

n'ai point de corps, c'est que je l'ignore, & que je n'ai aucun moyen par lequel je m'en puisse apercevoir : cependant il ne s'ensuit pas que de là je doive conclure que je suis un esprit, tel qu'on l'entend à l'heure qu'il est, c'est à dire une substance pensante, qui n'ayant longueur, largeur, ni dimention, n'ocupe absolument aucun lieu, & est pourtant renfermé dans les limites d'une créature humaine, qu'elle anime, meut, agite & gouverne selon sa volonté; comme ce n'est pas une conséquence que je n'ai point de corps, de ce que je doute ou ignore que j'en aie un, puis que d'un coté, ce doute hiperbolique, & de l'autre, la privation des sens, qui m'ote la connoissance de la matiere, & me fait nier que j'aie des membres flexibles, qui se remuent de diverses façons; peut être la même cause, qui m'empêche de découvrir que ce sont les plus subtiles parties de cette matiere, qui excitent en moi des pensées; au lieu que dans notre état naturel, il y a aparence que c'est proprement l'apréhension, où nous sommes, que posant l'ame matérielle, elle ne meure avec le corps, & ne reste avec lui ensevelie dans le néant; qui nous la fait envisager d'une

na-

nature toute différente de la sienne. Mais cela ne doit pas passer, comme vous le prétendez, pour au axiome, qui soit de tout tems, de tout lieu, & de toutes les personnes. Il est fort vrai-semblable que les premiers hommes n'ont seulement pas songé à cette différence essentielle; que d'autres, après eux, ont prétendu qu'il y étoit entre le corps & l'esprit. Les auteurs du vieux testament ne sont pas fort décisifs sur cette matiere, & les profanes en ont eu des sentimens fort différens. *St. Augustin*, qui avoue que la plupart de ce qu'il en a dit est si obscur qu'il ne l'entend pas lui-même, nous aprend qu'*Arcesilaus*, auteur de la seconde Académie, ne s'étoit oposé à *Zenon*, qui enseignoit publiquement la mortalité de l'ame, que par politique, en soutenant que c'étoit un sujet incompréhensible, dans la crainte où il étoit que cette opinion ne fût d'une conséquence terrible dans la societé, & ne portât le peuple au libertinage. *Tertulien*, l'un des premiers genies de son tems, n'a pas simplement cru l'ame corporelle, il soutient que la foi, l'écriture & la révélation nous engagent à cela : ç'a aussi été le sentiment d'*Origene*, & d'un nombre infini d'autres grands hommes ;

c'est

c'est même encore aujourd'hui celui des Abiſſins.

Ne nous flatons point, Monſieur ; ſi nous parlons ſuivant les mouvemens de notre conſcience, & nos lumieres naturelles, nous tiendrons infailliblement le même langage que ces gens-là ont tenu, puiſque quelques efforts que nous faſſions, il n'eſt pas en notre puiſſance de concevoir comment il eſt poſſible qu'une ſubſtance purement ſpirituelle puiſſe agir ſur la matiere, de la maniere que nous le prétendons ; au lieu qu'il eſt très facile, pour peu de connoiſſance que l'on ait de la Pneumatique, & que l'on obſerve les actions des autres animaux, de ſe repréſenter de quoi la matiere ſubtile eſt capable, lors qu'elle rencontre des organes propres & diſpoſez à faciliter ſes opérations. Car en effet, il ne ſuffit pas que les eſprits ayent une certaine figure, ou un certain mouvement, il faut auſſi que les vaiſſeaux par où ils paſſent, ſoient diſpoſez d'une certaine maniere : pour peu que le cerveau, ou quelque autre partie de notre corps ſoient dérangez, il eſt ſûr que ces mêmes eſprits ne ſauroient avoir leur cours ordinaire & naturel ; ce qui détraque la Machine, & la met hors d'état de bien faire ses fonctions. Et je suis si fort de ce sentiment que bien loin de croire qu'un homme, qui naitroit sans l'usage des sens, fût capable d'avoir des pensées justes, & d'y faire quelque réflexion, je me persuade qu'il seroit & resteroit, je ne dis pas comme une bête, mais stupide, & semblable à une statue de bronze, qui par le moyen de différens roüages, se remuë sans le savoir; étant constant que tout ce qui est en nous, vient de dehors; & que mon ame ignoreroit absolument en que c'est que lumiere, s'il n'en passoit quelques rayons jusqu'à mon cerveau, par les fenêtres de mes sens.

Je vous connois, Monsieur; le feu vous monte au visage, vous batez du pié, à la lecture de ce discours, ce sistême de l'ame vous démonte, parce que vous l'envisagez à la maniere d'*Arcésilaüs*, comme ayant de dangereuses suites; mais donnez-vous un moment de patience, cela n'ira pas si mal à la fin que vous pensez.

Continuons cependant. De deux choses l'une; ou l'ame est spirituelle, ou elle est matérielle. De quelque nature que vous la suposiez, elle doit toujours être mortelle, on ne peut pas l'en dispenser; en voici

voici la raison. L'homme, suivant nos principes, a merité la mort par sa desobéïssance, l'ame fait partie de l'homme, & elle en fait la partie dominante; donc elle doit aussi indispensablement avoir part à ce chatiment, puis que chacun recevra en son corps & en son esprit, selon qu'il aura fait, ou bien ou mal. De là vient que l'ame des damnez doit aussi bien être précipitée dans les enfers que leur corps, & que réciproquement le corps des élus, quoi que terrestre & corruptible, ne doit être non plus exclus du Paradis que l'esprit, qui l'a animé. Voilà donc l'ame mortelle, mais s'ensuit-il de là que nous perdions l'espérance d'une vie éternelle & bien heureuse? Point du tout. La Religion Chrétienne nous aprend que nos corps doivent ressusciter au dernier jour, je ne vois pas plus de difficulté à l'un qu'à l'autre. Si Dieu peut rétablir une créature humaine, qui ayant été réduite en cendre par le feu, dévorée par les bêtes féroces, ou Monstres marins, aura ses parties dispersées & confonduës avec la fange & l'ordure, en mille endroits différens de la Terre, il saura fort bien lui rendre l'ame, soit corporelle ou spirituelle, qui lui avoit été infuse auparavant. Il est tout puissant, rien ne lui est impossible, & cela suffit pour le repos & la satisfaction des fideles, qui doivent plutôt abandoner leur sort à leur Créateur, que de vouloir par une sufisance insuportable, s'atribuer en particulier la capacité de voir clair dans ce qui paroît de la derniere obscurité au reste des mortels.

Le meilleur est, afin de finir par une réflexion Chrétienne, de poser pour constant, que comme il y a de certains ouvrages de la nature, dont nous ignorons la véritable cause, il se rencontre des misteres dans le culte divin pour lesquels il faut avoir de la soumission. Ne pouvant, non plus que les Académiciens, démontrer l'immortalité de notre ame, nous sommes dans l'obligation de nous en raporter aux oracles du Ciel, aux certitudes de la foi, & à ce qu'en ont décidé nos Sinodes & nos Universitez, puis que nous en tirerons plus de consolation que de tous les préceptes de la Philosophie.

Notre Religion est pleine de Misteres,
Qu'a pris soin d'enfanter la révélation,
Et qui, loin d'aprouver des examens féveres,

Exi-

Exigent de la foi de la soumiſſion,
Un ſeul & même Dieu, compris en trois
   perſonnes,
Pere, Fils, ſaint Eſprit, la Réſurrection,
La coulpe originelle & l'Incarnation,
  Quoi que nos facultez ſoient bonnes,
  Jamais homme rien n'y compris :
  Il en eſt ſans doute de même
  De la nature de l'eſprit,
Il s'en faut raporter à l'Eſſence ſuprême.

Je ſuis toûjours,

     MONSIEUR, &c.

LETTRE XXXVI.

A Monſieur Bertin.

IL n'y a pas huit jours, Mon cher Monſieur, que la juſtice, que je rends à tout le monde, joint à un naturel franc, qui m'empêche de flater perſonne, m'obligea de dire tout net à l'un de mes amis, qui me fait quelquefois l'honneur de me communiquer des vers de ſa façon, que ce n'étoit point un art, dont il devoit ſe mêler, qu'il n'y voyoit abſolument goute; & après lui en avoir dit les rai-

raisons, je lui fis comprendre par ceux-ci, le danger qu'il y a de s'ocuper à ce que l'on n'entend point.

Si vous voulez rimer, rimez avec rai-
son :
Chacun peut exercer sa verve ;
Mais si le vers, mon cher, n'est juste
& de saison,
L'auteur, que la critique observe,
Et qui cherche avec soin de l'ocupation,
Se pert de réputation.

Mais avec vous, il faut tenir un bien autre langage ; vous êtes non seulement Poëte, mais un Poëte, qui donnez un certain tour à vos pensées, capable de porter à la gaieté la plus noire mélancolie. Tout ce qui sort de votre plume divertit agréablement, on n'y trouve rien qui choque l'odorat ou le goût, & je ne pense pas que les Anciens me veuillent du mal pour avoir chanté des élegies sur la rare construction de vos ouvrages.

Virgile, tu n'es plus le Prince des Poëtes.
Ton renom a pris fin, ton nom est aboli,
Les Muses de ton ton tems étoient encor müet-
tes,
L'A.

L'Apollon de ce siecle est beaucoup plus poli.
Bertin mérite seul aujourd'hui la loüange,
Qu'autrefois les Romains te donnoient justement,
Car si pour te flater, tu parlsis comme un Ange,
 Il compose divinement.
Au coucher du soleil, la Terre la premiere
N'a rien, qui ne ressemble à de tristes manoirs,
Au lieu que lors qu'il met ses écrits en lumiere,
Les tiens, quoi que brillans, nous paroissent tout noirs.
En un mot, son doux stile enchante tout le monde,
Les fruits de son labeur charment par leur beauté;
Et l'honneur, qu'il en tire, excellemment redonde
 Sur sa noble posterité.

Mais qu'est-il besoin de s'adresser à des gens ausquels les tenebres de l'antiquité ne permettent pas de regarder à œil ouvert, les lumieres de notre siecle. Laissons les aveugles & les réleguez, je veux dire les *Homeres*, & les *Ovides*, joüir paisiblement du repos, que la nature leur a procuré, il n'est pas nécessaire de les aller déterrer si avant, pour relever par leurs talens la dignité de vos mérites : il n'y a point de proportion entre eux & vous.

En effet, vous avez tant de perfections,
Qu'à peine l'on pourroit en avoir davantage,
 Vous êtes grand, vous êtes sage,
 Mais, outre ces conditions,
Qui sont à mon avis, les effets d'un partage,
 Que bien peu d'autres hommes ont,
Vous êtes plus savant que les livres ne sont.
* * * * * * * * * * * * * * * * * *
L'esprit, qui vous conduit & qui vous fait aimer,
A seul je ne sai quoi de grand & de sublime,
 Qui dans la prose, & dans la rime,
 Me force de vous estimer.
Heureux si cet esprit, qui par sa force anime
 Votre beau corps, & le rend tel,
Pouvoit en même tems nous le rendre immortel !

Ma veine s'enfle, à mesure que j'écris ; mais vous ne devez pas vous en étonner,

le

le sujet le merite, je ne sai si je pourrai finir.

Ce qui me choque en vous, c'est que vous êtes chiche:
Il est vrai, direz-vous, que je ne le vaux pas,
Mais pourtant, à quoi bon gâter un hémistiche,
Faute de bonne regle, & de juste compas.

* * * * * * * * * * * * * * * *

On doit, lors que l'on veut exercer un métier,
Etre pourvû d'outils, que la critique admire,
Sans cela... je ne l'ose dire,
Si fait, vous ne serez jamais qu'un savetier.

Si vous avez fait d'aussi grands progrès dans l'Ecole de *Bellone*, que vous avez profité des enseignemens de *Minerve*, on ne sauroit douter que le Prince d'Orange, qui de la taille que vous êtes, (car il est constant que vous avez autour de quatre piez de hauteur) n'aura pas manqué de vous remarquer armé de toutes pieces, à la parade de votre foire, d'où vous avoüez vous-même que vous êtes revenu tout foireux,

reux, ne vous mette en état de faire du bien à vos amis. C'est en partie dans cette vûë que je vous écris, & que je vous accorde la paix, que vous me demandez si civilement, après m'avoir pourtant fait un milion de rodomontades, de peur, si je vous la refuse, qu'en suite je ne la puisse moi-même obtenir. J'ai déja fait provision de cottelettes, telles que vous me les demandez: pour la sauce, *aliter jus septembris*, j'ai toûjours des alambics en cave, qui en distilent des goutes qui ne vous seront pas desagréables, à moins que vous ne soyez devenu fort difficile depuis peu: Enfin je vous assure que les articles du traité seront couchez si fort à votre avantage, que vous ne ferez aucune difficulté de la signer.

On sait trop ce que Mars porte dans ses banieres,
Qu'il ne me flate point de l'espoir du butin;
Les combats sont douteux, les armes journalieres:
Vive la paix avec Bertin!

Admirez comment nous sommes tombez insensiblement des sciences sur les armes,

mes : ne semble-t-il pas que notre instinct nous y ait conduits, pour me donner occasion de publier les éloges que vous méritez à l'égard du maniment de celles-ci, comme nous avons déja fait au sujet de celles-là. Tout ce que je puis ajouter à ce que je vous ai dit, c'est que vous me paroissez également versé & expérimenté dans les uns & dans les autres.

Contentez-vous de ce que vous en savez : il n'est pas toujours avantageux de vouloir passer les bornes, que la prudence nous prescrit. Aux effets d'une grande admiration peuvent succéder les suites d'une forte jalousie : les hommes n'aiment pas qu'on les surpasse de tant, & pour ne vous rien cacher, je vous avertis que si vous passez outre dans les premieres, vous êtes en danger d'être bani des Païs-bas, comme *Damon*, Précepteur de *Péricles*, dont parle Plutarque, le fut par les Athéniens, pour avoir été estimé trop sage : & vous rendant excessivement célébre par par les autres, vous courrez risque, à l'exemple de *Vespasien*, d'être forcé par les Légions Bataviennes, à prendre en main les rênes de nôtre Etat, & à changer notre Gouvernement Démo-Aristocratique, où les plus rampans vont du pair avec les plus relevez, en un Monarchique, qui tolere le faste & la grandeur, pendant qu'il foule aux piez la simplicité & la bassesse. La misere de l'un de ces états m'engageroit à vous plaindre; l'excellence de l'autre me contraindroit de vous haïr: Fit si d'un côté, je me sentois porté aux regrets par votre exil; de l'autre, je serois excité au mépris, par l'indifférence avec laquelle l'inégalité de nos conditions vous feroit regarder les gens de ma sorte; mais c'est dequoi nous nous entretiendrons à loisir chez nous; marquez-moi le jour de votre départ de la Haye pour nos quartiers, afin que je ne m'écarte point, lors que je pourrai faire état de vous voir arriver, & de vous dire de bouche, comme ma plume vous en assure presentement, que ma lettre bouffonne est encore infiniment moins badine, que n'est grande, la franchise de mon cœur avec laquelle je suis sans aucune reserve &c.

LETTRE XXXVII.

à Monsieur Bervilé.

MONSIEUR,

JE suis marri de la perte que vous venez de faire du puis-né de vos jumeaux: cet évenement fait voir que le destin triomphe également des vœux de nos amis, & des pronostics des Astrologues: & que nos conjectures ne sont pas moins incertaines, que nos souhaits inutiles. Le pauvre enfant a payé le tribut à trente-huit mois; ç'auroit été trop tôt s'il eût été bien fait de corps & d'esprit, mais comme de votre aveu, il étoit infirme d'un côté, & ne promettoit absolument rien de l'autre, il y a aparence que vous l'oublierez d'autant plus aisément, que son frere, à ce que vous me dites, est un charme à tous égards; & fait l'admiration de votre ville. En effet, si je dois juger, par les indices que nous m'en donnez, de ses différentes qualitez, il n'a guere de semblables.

Un enfant de troeis ans, chanter une chanson,   *Le*

Lever un poids de trente livres,
Et lire couramment toutes fortes de livres!
C'est égaler Orphée, *& surpasser* Samson.

Tout ce que vous me racontez, de ce prodige est singulier & ne sauroit manquer de flater extraordinairement vos espérances; mais ce qui m'a principalement fait rire, & porté même à une sérieuse reflexion, c'est son genie à imposer des noms aux objets qu'il ne connoît pas, comme d'appeller un Elephant, que vous lui avez fait voir à la foire, *Nez de pompette*; une bécasse à votre broche, *un animal à long visage*: un Perroquet chez un Marchand, *Bel emplumé* &c: Si nous en voulons croire le R. Pere *Malebranche*, dans sa recherche de la vérité, c'est tout ce qu'auroit pu faire le premier homme. Belle comparaison, me direz vous, & cela vient bien ici à propos! J'avouë, Monsieur, que ce qui a donné lieu à cette lettre, méritoit bien que je m'y arrêtasse davantage; cela vous auroit fait plaisir, mais je suis Mathématicien, j'aime à tondre, quand ce seroit sur un œuf, & je ne saurois souffrir que l'on fasse passer

ser pour grand personnage l'un des plus simples & des plus ignorans individus de son espece, qu'ait jamais fabriqué la Nature. Car enfin, puisque nous sommes insensiblement tombez sur ce chapitre-là, en quoi *Adam* a-t-il montré qu'il possédoit les grands talens que bien de ses descendans lui attribuent ? Est-ce dans la force & la belle signification des noms, qu'il a donnez aux brutes ? On prétend qu'il y a plus mal réussi que le petit *Jean du Fresne* ? Est-ce dans la culture des sciences, dans l'invention des arts ? Encore moins ; il n'est fait nulle part mention de sa doctrine : il n'étoit ni Philosophe, ni Jurisconsulte, ni Médecin, ni Orateur : & une marque de sa stupidité & de son aveuglement, c'est qu'il falut, pour y supléer, que l'Etre des Etres, aux yeux duquel il tâche de se dérober, fit la fonction de tailleur, & lui causît de ses propres mains des culotes, pour cacher sa nudité. Un seul endroit, où je le trouve spirituel, & si je l'ose dire, trop clair-voyant, c'est lorsque s'éveillant d'un profond sommeil, pendant lequel la providence, au raport de Moïse, lui avoit ouvert le côté, & enlevé une côte, pour lui en faire une compagne, il ne paroît nullement sur-

pris

pris à la vûë de cette incomparable *Vénus*. Il sait d'abord qu'elle a tiré de lui son origine, & en conséquence de ce qu'elle est chair de sa chair, & os de ses os, il lui donne le nom d'*Hommesse*. Il auroit été à souhaiter, Monsieur, qu'il eût ou autant de pénétration, par raport au chatiment, qui lui alloit être imposé & à sa posterité, au moment de sa desobeïssance. S'il en avoit eu le moindre pressentiment, il se seroit jetté à corps perdu sur sa Belle. Ce qui seroit provenu de ces embrassemens, ayant été conçu pendant qu'il étoit encore dans l'innocence, n'auroit point porté la peine de son crime, ni été sujet à la mort. Bien loin de songer à ce salutaire expédient, il lui témoigne de l'indifférence, il s'écarte d'elle, & semblant préférer un parterre de fragiles fleurs, à la solidité d'un bien qui devoit faire toutes ses délices, il abandonne ce précieux bijou aux rigueurs de son malheureux sort. Le serpent, dit le St. Esprit, & non pas le diable, comme Messieurs les Théogiens le prétendent, qui suivant le texte, étoit fin au suprême dégré, profite de son absence: il s'aproche de cette charmante personne, il lui conte fleurette, il l'entretient de son port,

de

de sa taille, & de la rare beauté de chaque partie de son admirable corps, il la releve au dessus de toutes les autres créatures, & prétend que pour la rendre parfaite, il ne lui manque qu'une connoissance un peu plus étenduë, qu'elle pouvoit aquérir en goûtant simplement d'un fruit, qu'on ne lui avoit défendu de manger que pour la tenir, elle & son mari, dans une servile dependance. Ce rusé séducteur n'en demeure pas là: voyant qu'*Eve* ne s'effarouche point à ce discours, sans examiner si sa simplicité lui donne occasion de croire que l'usage de la parole est commun à tous les animaux, ou qu'elle aime à être encensée, il pousse sa pointe, il grimpe sur l'arbre de science, & en ayant arraché une pomme jaune comme un fil d'or, il la lui presente fort civilement de sa patte; oui, de sa patte, ne vous en déplaise, c'est un fait dont il ne tiendra qu'à moi que *Josephe* soit caution, & qui est apuyé de l'Ecriture, puis qu'autrement il auroit été fort inutile de le condamner à ramper pour toûjours; ou vous m'avoüerez qu'il faut entendre ce passage comme celui de l'*Iris*, qui de signe naturel qu'il étoit avant le deluge, est devenu, en vertu de l'alliance, ce, contractée entre Dieu & *Noé*, un signe d'inſtitution; auſſi bien que la ſentence prononcée contre les femmes enceintes, l'arrêt de mort, annoncé à l'homme, la malediction donnée à la terre &c. puis qu'en effet il n'eſt pas vrai-ſemblable que Dieu ait changé notre conſtitution après le péché: toutes les ſemences étoient de même créés: nos champs auroient, ni plus ni moins, porté des épines & des chardons, ſi on n'avoit eu ſoin de les extirper: un boulet de canon de trente-ſix livres auroit percé à jour le plus grand Héros, comme il terraſſe aujourd'hui le plus foible ſoldat de nos armées; & les femelles, de quelque eſpece qu'elles ſoient, n'auroient non plus été exemptes des douleurs de l'enfantement qu'elles le ſont preſentement. Ce ſont des manieres de parler, dont l'Ecrivain s'eſt ſervi, pour ſauver les aparences, rendre l'homme criminel, & lui repréſenter par tout Dieu comme équitable. Dans cette penſée, il ne fait aucune difficulté d'attribuer à une offence, qui, quoi que très legere en elle-même, n'auroit pas laiſſé de mériter un chatiment infini, ſi l'infracteur, rien moins que libre & independant, n'avoit pas été guidé par une puiſſance ſupérieure, re; parce qu'elle avoit été commise contre le souverain Maître de l'Univers, la cause d'une peine, qui est proprement l'effet de la foiblesse de notre complexion, & d'une nature infirme & délicate. S'il avoit été aussi hardi que saint *Paul*, il n'auroit pas tant biaisé: au lieu de nous représenter Dieu comme un Législateur, qui donne des loix, qu'il permet de transgresser lors qu'il le peut empêcher, il l'auroit fait directement l'Auteur du peché originel, puis qu'il n'y a point de différence de l'un à l'autre. & un Pere n'étant pas moins coupable de souffrir que son Enfant se coupe la gorge d'un couteau, quand il peut parer ce dangereux coup, que s'il lui otoit la vie de ses propres mains: sa bonté, qui n'est que bornée, ne le lui permet même pas. Comment dont Dieu, qui en est la source, condamneroit-il à des souffrances éternelles & inexprimables un nombre innombrable de gens, dont le plus intelligent est infiniment plus innocent à son égard, qu'au nôtre l'enfant qui est encore à la mammelle?

Ce grand Docteur auroit soutenu hautement que si Dieu fait miséricorde; ce n'est, ni du *voulant*, ni du *courant*; mais par un effet de sa pure volonté, sans avoir égard qu'à sa gloire: il y auroit ajouté que dès la fondation du monde, non pas en conséquence de la chute d'un malheureux aveugle, qui ne sauroit faire un pas sans être soutenu de sa main, mais de propos délibéré, il avoit fait des vaisseaux, les uns à honneur, les autres à deshonneur, sauvé les uns, damné les autres. Pour confirmer cette vérité, il auroit continué par nous assurer qu'avant que les enfans fussent nez, il avoit aimé *Jacob*, & haï *Esaü*; & qu'il n'avoit pas seulement toleré le mal qu'avoit fait *Pharao*, mais que lui-même avoit endurci son cœur, & l'avoit par conséquent porté à tous les crimes, qu'il avoit commis, dont s'ensuivit néanmoins la perte, & de lui, & de tout son peuple.

Dieu est le Maître de tout, le seul & souverain arbitre de l'Univers, il est impossible qu'il puisse mal faire: ses pensées, ses paroles, ses actions, tout est bon, tout est parfait, tout est juste; mais après tout, ce sont pour nous des Misteres, que nous ne saurions comprendre; des abîmes, où il n'y a ni rives, ni fond, & que j'abandonne à présent de crainte de m'y perdre, pour revenir à notre premier sujet, & vous dire pour conclusion,

que

que je souhaite de tout mon cœur que vous voyiez croître votre Petit fils en toutes sortes de vertus Chrétiennes, afin que vous ayez la consolation de laisser après vous un rejetton digne de la tige, dont il a tiré son origine. A ces vœux j'ajoute les complimens de toute ma famille, & reste, &c.

LETTRE XXXVIII.

Pour Mr. de Wynbergen, alité, à Madame l'Abesse T.

MADAME,

JE ne m'étonne plus si l'on fait des jugemens téméraires des personnes avec lesquelles on n'a que peu ou point d'habitudes, puis que l'on est capable de se tromper si lourdement à l'égard de ceux que l'on croit véritablement connoître à fond.

J'aurois juré sur mon honneur que vous étiez Calviniste, par plusieurs indices, qui me paroissoient incontestables: présentement j'aperçois que votre beau caractere d'Abesse vous a donné des impressions Romaines, que Clement XI. ne sau-

sauroit lui-même desaprouver: c'est une vérité, qui saute aux yeux; cependant il faut que je m'explique, de peur que vous ne prétendiez cause d'ignorance. Vous errez, Madame, & vous péchez, à mon grand regret, contre la maxime la plus forte de l'Evangile: vous le savez, & vous en êtes d'autant plus coupable, qu'un Nazarien est le seul intercesseur que nous adorons. Au lieu de vous borner à cet unique objet de nos espérances, vous vous détournez volontairement de la voie de vos pieux Ancêtres, vous avez recours à des * *Froon*, à des † *Gantois*, à des *Justus*, & à d'autres tels petits Saints du bas ordre, comme si par là vous pouviez plus aisément venir à bout de vos desseins. C'est un abus, Madame, aprenez, si vous ne le savez pas, que je suis jaloux de mon honneur; on n'obtient pas ici grand-chose par cette voie: je veux absolument que ce soit à moi que l'on s'adresse, lors que l'on prétend obtenir des graces. Si vous aviez imploré directement mon secours, je vous assure, que vous auriez été exaucée sur le champ, puis que mon penchant me porte naturellement à ne renvoyer personne

---

* Le Secretaire.
† Sa Demoiselle Françoise.

fonne à vuide; mais préfentement vous n'avez qu'à vous retirer, toutes vos prieres font inutiles, vous infifteriez pendant un fiecle que je ne voudrois pas feulement vous écouter; je fuis en colere contre vous & contre vos intercefleurs, cela eft fait, vous n'aurez rien.

Patience, Madame, s'il vous plaît, il me vient là une penfée qui me fait héfiter dans l'exécution de ma fentence. Il me fouvient heureufement que j'ai eu autrefois de la vénération pour la beau fexe, c'eft une réputation, que toutes les Belles m'ont donnée: il ne faut pas que les foibleffes & les infirmitez de mon corps chancellant portent mon efprit à leur infulter. Si je ne fuis plus capable d'amour, il eft jufte de lui conferver au moins de la tendreffe. Cela étant, je me dédis, j'annule un arrêt, qui feroit ailleurs irrévocable; oui, Madame, je vous fais grace. Les Capitaines n'ont que deux tambours dans une Compagnie de cent hommes, vous en aurez un toute feule dans votre chambre; il faut cela pour empêcher que la fumée ne gâte votre beau teint; faites-le faire tel qu'il vous plaira: Maître *Juftus* a ordre de fuivre ponctuellement le deffein, que vous en donnerez. Cependant ayez,

je

je vous en conjure, les mêmes égards pour ma bourse, que les charges de l'Etat épuisent, que j'en ai pour votre vénérable personne, & vous obligerez sensiblement,

MADAME, &c.

LETTRE XXXIX.

A Mr. Perville.

SI la volonté & l'honneur étoient de concert, je vous ferois une querelle, & peut-être n'aurois-je pas beaucoup de tort. En effet, voyez, je vous prie, s'il tient à vous que toute une année se passe sans que nous nous fassions part d'aucune nouvelle, & si ce n'étoit moi, qui vous fait quelquefois tourner les yeux du côté de l'Over-Yssel, ne nous enseveliriez-vous pas dans un éternel oubli ? Je suis persuadé que vous n'êtes pas assez pointilleux pour observer des regles dans nos entretiens, que même les plus étrangers négligent : mais quand cela seroit, encore le tort, s'il m'est permis de m'exprimer ainsi, se trouveroit-il de votre côté, puisque c'est moi qui ai mis le dernier la main

main à la plume: outre que je vous ai prié plus d'une fois, de n'avoir point d'égard à toutes ces formalitez-là, & vous ai fait comprendre que si vous avez assez de bonté pour me témoigner de l'amitié, vous deviez de même être libéral de vos lettres envers un homme, dont les occupations ne permettent pas qu'il réponde aussi souvent qu'il le voudroit, à ceux qui lui font la grace de lui écrire.

Prenez garde à vous, à la fin je me fâcherai; nous en viendrons aux disputes, nous nous chamaillerons, & Dieu sait l'issuë que notre combat aura.

Vous riez cependant de ces fieres menaces,
Ce ne sont au vrai que des traces
Aussi foibles que mon crédit,
Mais imaginez-vous qu'un si grand froid me pique,
Et qu'après vous l'avoir tant dit,
Vous devez redouter ma fureur poëtique.

Disons plutôt que si vous êtes inexorable, & qu'il faille des réalitez pour vous faire incliner à la justice, ou si vous voulez, à la charité, j'aime mieux passer les nuits à vous satisfaire, que d'être privé si long-tems de deux ou trois mots de votre main.

Vous savez à quel prix vos billets sont taxez,
Je vous ai dit l'état que mon ame en fait faire,
Si daus un an, Monsieur, j'en pouvois dire assez,
De douze mois entiers je ne voudrois me taire.

Mais mettons fin à cette matiere, que ne pourroit que nous échauffer, ou nous refroidir, & disons, pour satisfaire à votre curiosité ordinaire, que ma famille est dans le même état où elle étoit l'année précedente, si ce n'est que le Ciel, ayant disposé de ma derniere fille, m'en a rendu en échange une autre, il y a environ trois mois; de sorte que de sept enfans, il me reste encore deux mâles & une femelle. Voilà, Monsieur, comme le théatre du monde change de scene à tout moment, & que chacun, l'un plutôt, l'autre plus tard, en sort, après avoir joué son personnage. Il y a pourtant cette différence, pour rester dans les termes de la même comparaison, qu'au lieu que les

Acteurs d'une Comédie disparoissent réellement & de fait, & sont pour ainsi dire morts dans la société, du moment que les assistans sont congédiez : dans la vie, ceux que la mort nous ravit, ne laissent pas d'exister encore, & d'être même plus heureux que ceux qui restent parmi nous, puisqu'ils possedent l'éternité, & que pour parler avec le fameux *Boece*; *Æternitas est interminabilis vitæ tota simul & perfecta possessio*. Ainsi ceux qui sont morts, & ceux qui sont vivans, jouissant de la bonté de celui pour qui & par qui sont toutes choses, j'ai tous les sujets imaginables de le bénir: & je le fais avec d'autant plus de zele, que de ce petit résidu, je voi que mon ainé a le jugement bon, & la memoire assez heureuse; ce qui m'a le mieux paru depuis que je me suis mêlé de le dérompre un peu dans la langue Latine, avant que de l'envoyer au Collége; & son cadet, suivant les aparences, n'aura pas de moindres dons que lui.

Après tout, pensons-y, le nouvel an a-
    proche,
Et si je ne me trompe, il est déja chez
    vous;
Gardez bien qu'il ne vous reproche

*Le peu de soin, Monsieur, que vous avez
  de nous.
Il ne faut pas grand équipage,
Pour singler de chez vous, jusque dans
  ma Maison;
Un vaisseau de vieux linge, une rame
  d'Oison,
La moindre ancre suffit, sans voile, ni
  cordage.*

Avant que de finir, souffrez que je vous étrenne d'autant de vœux pour votre conservation, que l'année, dans laquelle le nouveau stile vient de vous introduire, a de momens. J'espere que le Seigneur vous y comblera, de plus en plus, de ses graces, & qu'à mesure que le tems glacera les organes de votre corps, son amour embrasera votre esprit d'un zele ardent pour sa gloire, jusques à ce qu'il change notre foi en vûë, & nous fasse jouir de sa présence : alors nous nous piquerons d'être entierement à lui, comme je me fais maintenant un plaisir de me dire tout à vous,

DE PATOT.

LETTRE XL.

A Mademoiselle d'Ozane.

MADEMOISELLE,

NE prenez pas pour un paradoxe, si je vous dis que pendant votre absence, je me suis tellement abusé dans la division des tems, que j'ai pris les minutes pour des heures, & les heures pour des jours de Josué. Cette méprise me fit entreprendre le voyage de Leeuwenburg quatre jours après le départ de Madame la Générale, dans la pensée que le terme de quatre semaines, qu'elle nous avoit fixé pour son retour, étoit expiré. Ses domestiques me reçûrent à leur ordinaire, avec beaucoup de civilité, mais leur ayant fait comprendre que je desirois de faire la révérence à Madame, qui selon moi devoit être revenuë de *Rossen*, je fus surpris de les voir, pour ainsi dire, me rire au nez, & se moquer de moi, comme si j'avois oublié à conter. La honte & la confusion parurent incontinent sur mon visage, je fus saisi d'un frisson mortel, qui faisoit trembler la terre sous mes piez, & j'étois si fort changé avant que de rentrer chez moi, que ma femme & mes enfans me pouvoient à peine reconnoître. Toute la ville en fut pleine dans le moment; le bruit s'en répandit bien avant dans la campagne; Mr. *du Pol*, en fut sensiblement touché, il eut la charité de se transporter à Deventer, pour me témoigner la part qu'il prenoit à mon desastre; il voulut même, pour dissiper ma mélancolie, que je l'accompagnasse jusque dans sa maison, où j'ai été toute cette semaine. Son agréable compagnie diminuë beaucoup mes ennuis, je l'avouë; mais cela ne me suffit point, votre personne nous manque; partez & vous rendez à Leeuwenburg au plus vite, ou vous courez risque, au lieu du pauvre Compere, de ne trouver ici qu'une veuve & des Orfelins.

Depuis votre départ, d'Ozane,
J'ai, je me donne à Dieu, perdu la tra-
 montane,
Et ne sai plus que devenir.
Si vous souhaitez que je vive,
Alderliefsten Engel, ey lieve,
Dépêchez-vous de revenir.

Si un autre lisoit ce billet, il croiroit que je languis de vous revoir, & peut-être ne se tromperoit-il point; cependant ne vous flatez pas, tout ce que je viens de dire n'est que pour rire.

Les Belles sont toûjours fieres & méchantes, elles méritent toute mon indignation; & n'étoit le caffé, que vous apretez par excellence, & que je regrette présentement, je ne sai si je souhaiterois de vous parler de six mois. J'ai encore sur le cœur le tour que vous me fites en nous venant dire adieu: vous vous jettates à corps perdu sur tous les autres, comme si vous n'aviez jamais dû les revoir; ç'étoit bras dessus, bras dessous, & lors que ce vint à moi, bien loin de me traiter en pere de famille, & me donner la double portion, que j'atendois, on ne daigna qu'à peine me tendre le museau. Tout ce que je pus faire fut de toucher du bout du nez à l'une de vos coëfes. Restez, cruelle, restez là où vous êtes jusques à ce que ma colère soit passée, & ne pensez pas qu'il faille moins de quinze jours pour cela. En attendant, Monsieur de *Wynbergen* fait bien ses complimens à Madame d'*Itersum*, à ses vénérables hôtes, & à son inséparable Compagnie. J'ajoute les offres de mes respects aux mêmes personnes, & reste avec plus de zèle que je ne saurois vous l'exprimer; &c.

LETTRE XLI.

à Mademoiselle du Frêne.

MADEMOISELLE;

J'Ai apris avec autant de chagrin que de surprise, la triste nouvelle du décès de feu Mr. votre cher Epoux. Je n'aurois pas été plus marri que je le suis, si j'en eusse plutôt entendu parler. mais je ne suis point fâché que Mr. *Pervilé* me l'ait caché jusqu'à cette heure. Ces sortes de messagers viennent toûjours assez à tems, outre que la plaie ayant été fort récente, je n'aurois aussi bien pas d'abord osé vous entretenir, de peur que vous en renouvellant les idées, je ne vous en eusse fait apréhender de nouveau les suites. Il n'y a personne de bon sens, qui ne m'avoue qu'il faut accorder quelques momens à l'ame, pour regreter un bien, dont elle se voit privée tout à coup. La Nature veut alors des pleurs, on ne lui en sauroit refuser sans

lui

lui faire violence; on ne gagne absolument rien à la contraindre; & la vouloir renfermer dans des bornes trop étroites, c'est lui offrir un précipice, où le desespoir menace de la jetter.

La perte, que vous venez de faire, est trop considérable pour n'en être pas touché, le Ciel s'en courouceroit; il ne veut pas que nous soyons insensibles à ses chatimens; & pour moi, j'aprouve vos soupirs, & ne blâme point le cours impétueux de vos larmes.

Mais si l'esprit a des prétextes pour rendre ses troubles légitimes, il ne manque pas de raisons pour rentrer dans la tranquilité. Les stupides ne connoissent, ni les uns, ni les autres: au lieu que les ames fortes, qui sont les plus suceptibles des passions, tombent à peine d'un côté, qu'elles se relevent de l'autre; c'est par là qu'elles se distinguent des rampantes & des vulgaires. Les maux ont beau être imprévûs, il n'y en a guere qui n'ayent des exemples, & ausquels on n'ait dû se préparer de longue main; la mort même, qui est le souverain mal, habite dans nos maisons, & fait gloire de ne se cacher à personne.

Vous ne vous étiez pas mariée, ma chere

chere Demoiselle, dans la vûe de vivre éternellement icibas avec votre Epoux. Vous saviez assez que l'effet d'un arrêt éternel vous devoit enfin séparer, & qu'il arrive rarement par les voyes ordinaires, que l'on parte tous deux ensemble. Vous me direz que Mr. du *Frêne* étoit jeune; je l'avouë, si vous apellez jeune celui qui n'a vécu que peu de jours, mais ce n'est pas là sa véritable définition, car suivant cela, il s'ensuivroit que ceux qui ont atteint l'âge de soixante ou quatrevingts ans, seroient généralement vieux, au lieu que l'on peut dire avec plus de certitude que la plûpart sont encore jeunes, si l'on a égard aux progrès qu'ils ont faits dans les voyes, soit des siences ou de la piété, & que si l'on prend la peine d'examiner les choses à la rigueur, il se trouvera de leurs petits enfans, qui sans contredit les surpassent. Cela étant, il me semble qu'il est toûjours plus à propos de demander si un homme a bien vécu, que s'il a vécu long-tems, & de mesurer sa vie par le chemin qu'il a fait, que par les minutes qu'il a passées. Un combat aquiert des couronnes à plusieurs guerriers, que mille ont refusé à un seul; plus la course de l'Athlete est

vite

vite au travers de la carriere, plutôt il en remporte le prix. Votre cher mari étoit parvenu au but, il avoit franchi la Lice en moins de tems que les autres; une vie exemplaire étoit sa course, Jesus-Christ sa fin, & une félicité éternelle le prix, où il tendoit de toute sa force. Dieu l'a voulu récompenser de ses travaux; il ne fait pas la même grace à bien des gens, qui pour être continuellement agitez par les orages de l'adversité, desirent sans cesse de sortir d'un monde, où ils ne trouvent aucune issuë. Si vous l'avez vû bien vivre, n'ayez point de regret de l'avoir vû bien mourir. Ce seroit comme porter envie à son repos que d'en troubler la tranquilité par des murmures, & qui plus est, c'est trouver indirectement à redire aux œuvres admirables du Tout-puissant.

Vous avez à rendre graces à Dieu de ce qu'il vous est si favorable qu'en vous ayant repris un mari, il vous conserve encore votre pere; c'est une marque singuliere de sa bonté envers vous, & une preuve incontestable du soin qu'il prend, & des veuves, & des Orfelins. Consolez-vous donc, je vous en prie, & faites voir par vos actions, que votre âme est
plus

plus mâle que votre corps ; je veux dire plus forte, & moins capable des foiblesses ordinaires des hommes ; & persuadée que la Providence fait toujours tout pour un bien, recevez de sa main adorable ce qu'il a resolu de vous envoyer ; mais que ce soit d'un visage riant, & d'une maniere qui fasse connoître que vous vous resignez entierement à sa volonté. Je vous recommande à ses soins, & finis en vous assurant que je suis fort sincerement, &c.

LETTRE XLII.

A Mr. de Mainon.

MONSIEUR,

JE m'atendois, sans mentir, à recevoir de vous quelque chose de plus qu'une simple demi feuille de papier ; vous avez tort de ne m'avoir pas tenu parole. Alléguez, tant qu'il vous plaira, vos prétenduës occupations, je ne reçois ces excuses que comme des contes de cette vieille, que la charité, à ce que vous me marquez, vous a fait porter pendant deux heures de mauvais chemin, à votre retour ; ce n'est rien de tout cela, qui vous a empêché de revenir, & si vous n'aviez pas plus redouté un second combat, qu'il m'a été doux de vous vaincre, & de vous percer de coups jusqu'à vous en faire perdre le jugement, vous n'auriez pas évité nos Baccanales, & l'on vous auroit vû tâcher de regagner avec courage ce que vous avez perdu si lâchement.

Mais je me trompe assurément,
C'est le trop chétif traitement,
Qu'on vous a fait chez moi, qui vous obli-
   ge à feindre ;
J'y consens, vous avez raison ;
Mais sans sortir de ma maison,
Vous deviez sur le champ le dire, & vous
   en plaindre.
Je ferai mieux à l'avenir,
Dépêchez-vous de revenir,
Si les Rois sont passez, nous avons d'au-
   tres fêtes,
Le vin ne nous manquera pas,
J'aurai pour faire un bon repas,
Une soupe, un Chapon, & des grillades prêtes.

Je ne vous parle point de ces Messieurs, qui se devoient trouver à votre defaite ; je les ai laissez chez eux pour obliger Mlles.

Mlles. N. N. qui voyant que vous ne veniez pas, me prierent de passer avec elles le jour, que je vous avois destiné. Nous avons crié le *Roi-boit* ensemble, & n'avons pas manqué dans nos brindes, de nous ressouvenir de la famille du Capitaine du *Mainon*. Jugez par là, je vous en prie, si je ne suis pas digne de l'amitié d'un honnête homme, & si à la réserve du maigre traitement que je vous ai fait, faute pourtant d'avoir sçu votre arrivé avant que je fusse déja à table, occupé à expédier mon petit ordinaire, je n'ai pas raison de publier que je suis &c.

LETTRE XLIII.

A Monsieur Heup.

JE vous sai bon gré, Monsieur, de me faire quelquefois des questions de Mathématiques, c'est mon métier, il faut que je les sache résoudre, sous peine de passer pour une mazette parmi les savans, mais au nom de Dieu, ne me tentez plus sur les difficultez, que vous trouvez, en parcourant le vieux & le nouveau testament. Qu'ai-je à faire, par exemple, de vous rendre conte où étoit le Paradis terreftre, & pourquoi vous avifez-vous de le chercher? La Géographie m'enfeigne bien les lieux connus, mais elle n'indique pas ceux, dont bien des gens prétendent que le feul nom conftituë l'exiftence. Lifez les auteurs qui traitent de ce lieu enchanté, & vous verrez le peu de fond qu'il y a à faire fur tout ce qu'ils nous en content. Les uns foutiennent que le Paradis terreftre eft dans le concave de la Lune; il y en a qui prétendent que c'eft proprement le Globe, que nous habitons: d'autres le bornent à une petite étenduë de païs, qu'ils placent dans l'Arménie; quelques-uns le veulent dans l'Arabie heureufe; dans la Paleftine; dans l'île de Ceilon; fous la Ligne équinoxiale; fur une certaine Ifle que mille rochers efcarpez nous rendent inacceffible. Plufieurs affurent qu'il eft refté fubmergé après le déluge; Il s'en trouve qui le mettent proche de Babilone, à caufe des eaux courantes, qui s'y rencontrent. Un Coccéen, qui métaphorife tout, jufqu'aux cloux du fouflet, dont Aaron fe fervoit pour alumer le parfum de l'Autel, vous dira que le Paradis terreftre eft l'Eglife, arrofée des quatre Evangeliftes, au lieu des quatre fleuves dont le texte fait mention:

que

que nos bonnes œuvres sont les fruits des plantes, qui le remplissent : que *Jesus-Christ* est l'arbre de Vie ; notre volonté considérée comme libre, l'arbre de science ; notre ame, *Adam* : nos sens, *Eve* : la tentation, le serpent ; la perte de la Grace, le bannissement du premier homme hors du Paradis : la colere Divine, le Chérubin l'épée à la main ; & les vaines excuses de nos premiers parens, les feuilles de figuier, dont ils couvrirent leur nudité. Un Epicurien se moquera, & du jardin, & de tous ceux qui le croyent, dans la pensée où il est que c'est une fixion de l'auteur de Pentateuque, inventée pour en imposer, & pour jetter les fondemens d'un culte, qui lui atiroit la véneration des Juifs, rendoit le grand Sacrificateur considérable, & fournissoit le nécessaire à toute la tribu de Levi, dont il étoit descendu. Si vous consultez un luxurieux, il tachera de vous persuader que la femme est un veritable Paradis terrestre, où il trouve en tems & lieu, tout ce qui est representé dans celui d'Eden ; mais c'est un détail où je ne saurois entrer sans blesser en aparence les oreilles chastes des personnes, ausquelles vous serez vrai-semblablement obligé de lire ma lettre. Un

Un Stoïcien prétend que tous les endroits, où il se rencontre, sont autant de Paradis, parce que ce n'est pas le lieu, mais l'état, où se trouve la conscience, qui fait proprement, ou notre mal, ou notre felicité. Le contentement, vous dira-t-il, est un véritable arbre de vie, qui ne raporte que de beaux fruits: tous les objets, qui se presentent à ses yeux, sont des fleuves d'eaux claires, où il se desaltere avec plaisir: la femme, ce sont ses passions, ausquelles il se laisse quelquefois aller; & sans pousser ce paralelle plus loin, le Chérubin est la mort, qui le chasse pour jamais de ce monde.

Enfin, chacun raisonne de ce charmant endroit à sa fantaisie. Comme ce seroit une impiété de douter qu'il ait été, j'aime mieux le croire que d'être condamné sur peine de la vie, à vous en marquer la situation : cette recherche me donneroit trop d'embarras, je courrois grand risque de n'en pas venir à bout. En récompense je vous aprendrai l'endroit, où le Messie a été attaché à la croix : je suis persuadé que vous l'avez ignoré jusqu'à cette heure : car enfin on a beau prétendre que ce soit le Calvaire; je vous assure que c'est un abus : toutes les ames dévotes, qui
ont

ont été là en pélerinage, se sont trompées lourdement. Ce n'est point à Jerusalem, où l'on doit chercher la montagne des Oliviers, c'est à N. où il faut aller: oui, Monsieur, c'est à N. où vous trouverez la St. sepulcre. Vous ne l'auriez jamais pensé, si je ne vous l'eusse dit, cependant il n'y a rien de plus véritable. Une preuve évidente qu'on ne sauroit s'y tromper, c'est qu'il y exercent encore le même suplice: c'est une maxime parmi eux, ils crucifient tous les étrangers sans exception, & souvent ils se crucifient eux-mêmes. Il n'y a point de gens plus caressans lors qu'il ont besoin de vous, ils vous recherchent, ils vous embrassent, ils vous baisent, & vous font part de tout ce qui est à eux: mais du moment qu'ils croyent se pouvoir passer de votre secours, il n'y a niche qu'ils ne vous fassent: soyez grand, soyez petit; ayez de la naissance, ou n'en ayez pas: le docte, l'ignorant, rien n'est à l'abri de leur fureur. Je connois un homme d'une probité consommée auquel on faisoit un jour une avanie criante, qui après avoir remontré son droit, & poussé sa partie à bout, fut frapé d'étonnemens d'entendre sortir de la bouche d'un Magistrat. ,, Vous pourriez avoir raison
,, dans

dans une autre conjoncture; mais il faut que vous ayez tort. *Nam sic volo, sic jubeo, stat pro ratione voluntas.* Ou si vous voulez, *sic volumus*, car il parloit au nom de tous ses confreres. Vous pouvez juger par cet échantillon, de la valeur de toute la piece.

Mais laissons-là le Calvaire & les Calvairiens: ils sont indignes que je vous en parle davantage; ce que j'en ai dit n'étoit que par forme d'entretien, & pour vous empêcher de bâtir là une chapelle, comme vous & bien d'autres de mes amis, en avez eu envie autrefois: il n'y a plus de saints qui y veuillent habiter, parce qu'il n'y a que des croix à y atendre; si vous avez la curiosité de les voir, vous n'avez qu'à vous porter sur le lieu, & vous adresser à notre ami N. Sans son secours vous auriez de la peine à vous satisfaire, à cause qu'elles ne sont pas visibles à tout le monde: il faut y avoir des habitudes, d'autant qu'elles sont renfermées, & qu'on affecte même de les cacher avec autant de soin que j'en prens à ménager vos interêts, & à chercher les occasions de vous confirmer dans la pensée où vous devez être avec justice, que je suis effectivement &c.

LETTRE LXIV.

à *Mademoiselle D. de R.*

MADEMOISELLE,

JE suis tellement amateur des arts & des sciences, que si j'étois souverain, je donnerois de si grandes récompenses à ceux qui y excellent, qu'ils auroient lieu d'être contens de ma générosité. Cela ne se feroit pourtant pas sans choix & sans distinction; j'aurois des égards pour l'utile, de quelque nature qu'il fût, beaucoup plus que pour l'agréable, & j'aimerois infiniment plus à perfectionner, par exemple, la Mécanique & la Navigation, que la Peinture, & la Musique; de même par raport aux metiers, il est indubitablement vrai que je favoriserois moins un Brodeur qu'un Charpentier. Mais comme il n'y a point de regles sans exceptions, je vous avoue franchement, que si j'avois été de ce tems-là, j'aurois fait donner les etrivieres à celui qui a le premier inventé les gants, puis qu'ils nous privent de la vûe d'une des plus charmantes parties du beau sexe. Il y a des années

nées que j'ai l'honneur de vous connoître assez familierement : j'ai vu mille fois votre visage, votre gorge, & tout ce que la bienseance vous permet d'étaler nud à nos yeux, mais le fatal accord, que vous avez fait avec votre maudit Gantier, par lequel il semble que vous vous soyez engagée de ne paroître jamais en public, sans faire parade de son ouvrage, m'a toûjours empêché de considerer la blancheur de votre main. Le sort voulut hier, contre mon atente, que comme je passois devant votre Maison, votre fille de chambre, ayant sans doute sonné plusieurs fois en vain, parce que vos autres domestiques étoient aparemment sortis, vous poussates le bras droit mouillé, que je croi que vous laviez, hors de la fenêtre, & lui donnâtes la clef de la porte ; ce fut dans cet instant que j'aperçûs ce qui n'avoit point encore paru à mes yeux, Oui, Mademoiselle, je vis votre adorable main, qui avoit un million de fois exité ma curiosité, je la vis, & j'en restai quelque tems extasié. Vous le remarquates incontinent, & de dépit vous vous retirates dans le moment, comme si j'avois été indigne que le Ciel m'eût accordé une telle grace. Cette cruauté meriteroit que je vous en voulusse du mal; mais enfin, je ne saurois me résoudre à rien entreprendre contre un objet que j'ai idolatré toute ma vie; tout ce que j'ai pû gagner sur moi a été de forcer ma Muse, ce matin, de ne réfléchir que sur votre main toute seule, & de composer un sonnet à sa loüange : je ne sai si elle a bien réussi, je vous l'envoye tel qu'il est, dans l'espérance qu'aussi-tôt que votre colere sera passée, vous me permettrez de conférer l'un avec l'autre, afin que j'en puisse rendre un jugement équitable, & tel que mérite un si rare sujet. Je suis en attendant, &c.

LETTRE XLV.

Ecrite de la droite à la gauche, à Mad. D.

MADEMOISELLE,

UN accident, qui m'est arrivé à la main droite, m'oblige à me servir de la gauche pour vous reprocher un silence, qui ne sied bien qu'aux personnes qui ne savent dequoi s'entretenir. Ne pensez pas que ce soit un pretexte pour

pour vous embarasser, & vous empêcher de faire le lecture de ma lettre. Ne vous imaginez pas non plus qu'à cause que vous êtes ma Commere, j'aie tant de defférence pour vous que je ne me veuille plus servir que de la main du cœur, pour vous exprimer mes pensées. C'est bien du meilleur de cette partie la plus noble de l'homme, que je vous parle assurément; mais je ne pense pas pour cela que dans toutes les fonctions de la vie, on soit indispensablement obligé d'employer les organes qui en sont les plus voisins, lors que de plus éloignez y sont plus propres. Cependant, Mademoiselle, je vous donne à deviner quel peut être cet accident: de dire qu'il consiste dans une tumeur, ce seroit me taxer indirectement d'orgueil & de vanité, puis que l'on dit que ces passions enflent, & vous savez que je suis le plus humble de tous les vivans. Penser que ce soit la goute, seroit me croire plus agé & plus débauché que je ne le suis en effet. Vous ne sauriez non plus conjecturer qu'il vienne, ou d'une chute, ou de quelque blessure, que je me sois faite à moi-même: je suis, de votre propre aveu, trop prudent & trop adroit pour cela. Enfin, je vous le donne en

qua-

quatre, & encore ne le devinerez-vous pas: vous êtes curieuse de votre naturel, vous voudriez bien que je vous le disse, mais je ne suis pas si fou: si vous avez soin de ma santé, vous vous en informerez vous-même, & encore faudra-t-il que vous le fassiez de bonne grace, autrement je ne vous en aprendrai rien. Madem. J. de D. est partie avant-hier pour L. Je ne doute pas qu'elle ne vous aille voir: elle a emporté mon traité de la pluralité des mondes, dans le dessein de travailler à en découvrir quelqu'un dans ces climats septentrionaux, que l'auteur n'a point encore remarqué ailleurs. Plût au Ciel qu'elle y en trouvât un, où les pensées se réduisissent d'abord en acte, & où les souhaits fussent immediatement suivis de leurs effets. Je vous jure que je ne penserois qu'à voyager: mais il faudroit pourtant que les païs n'y fussent pas si éloignez les uns des autres, qu'ils le sont en celui-ci, c'est à dire que la Frise ne fût qu'à la portée du canon de cette ville, afin que j'y pusse aller plus souvent. Pour cette Demoiselle, je me trompe si elle ne voudroit bien en trouver un, où elle pût devenir aussi savante qu'elle est spirituelle. Elle a une demangeaison terrible

ble d'écrire depuis qu'elle a apris de Mr. *Huet*, dans son origine des Romans, que Mlle. de *Scuderi* avoit aquis tant de réputation, en composant le grand *Cirus*, l'illustre *Bacha* & *Clélie*. Il n'y a pas long-tems qu'elle me vouloit obliger de lui enseigner la Philosophie Cartésienne; mais ma foi, je ne m'y amuse plus, je sai trop ce qu'il en coute de la vouloir montrer au beau sexe: si elle m'en parle plus, je la réléguerai aux extrémitez du Pole boréal,

Où le froid fait plutôt penser à se chaufer,
Que non pas à philosopher.

Qu'elle se contente d'être Poëte, c'est une assez belle qualité. Je vous dirois bien ce qu'elle & moi souhaiterions de plus, s'il me restoit plus de papier qu'il ne m'en faut justement pour vous assurer que je suis, *Mad.* &c.

LETTRE XLVI.

à Monsieur Perville.

MONSIEUR,

Le bruit, qui court ici d'un fait, qui ne me paroît pas si surprenant qu'il est rare dans nos jours, me fait prendre la liberté de vous prier de prendre la peine de vous en informer, & de m'en aprendre les circonstances. Ce bruit consiste en ce qu'on assure que vous avez des vaches dans votre île de Walkeren, lesquelles, si vous voulez bien que j'ajoute quelque chose du singulier, s'entendent aussi bien à faire des enfans que des veaux, & qui semblant, pour ainsi dire, défier nos plus habiles matrones, leur font voir que moyennant qu'on leur fournisse la matière, la forme ne leur en sera pas plus difficile qu'à celles d'entre nous, qui affectent le plus l'exercice Vénérien, & qui aiment mieux la multiplication des embrassemens que la division des deux sexes. Si cela est, il ne sera pas mauvais de vous donner l'avis, que *Tales* recommandoit autrefois à *Périandre*, de ne se servir plus de jeunes pasteurs à garder ses jumens, ou de les pourvoir de femmes, s'il ne vouloit plus voir de nouveaux genres d'animaux chez lui. J'ai dit que ce fait n'est nullement surprenant, car quelle aparence y a-t il que l'on doute de ce qu'une multitude de célebres auteurs assurent? *Pline*, citant *Darius*, ne dit-il pas que la fréquente copulation des Indiens avec les brutes, aportoit tous les jours au monde quelque nouvelle espece de bêtes, dont on n'avoit jamais oui parler auparavant? Il déclare en un autre en endroit, qu'une *Alcipe* acoucha d'un éléphant, une esclave d'un serpent, & que l'Empereur *Claudius* fit aporter un hipocentaure enbaumé à Rome, où lui-même l'a vû de ses yeux. Chacun sait que l'histoire de Dennemark tire l'origine de ses premiers Rois d'une chienne. Et que les Péguins, aussi bien que les Chinois, se vantent d'être venus d'un barbet & d'une femme, que le débris d'un vaisseau, après le Naufrage, exposa dans leur païs. Vous me direz que ces relations sont suspectes, parce que les anciens, & sur tout les Orientaux, ont été fort adonnez aux fixions, je l'avouë; mais on ne sauroit nier que la nature, qui n'est pas plus éficacé qu'elle a été de leur tems, n'ait en partie confirmé dans des siecles plus récens, ce que ces gens-là nous ont laissé par écrit. Lisez *Cornanrus* & *Eusebe Nieremberg*, & vous verrez, entre autres exemples, comme ils afirment également qu'un homme ayant abusé d'une vache, en Flandre, en eut un fils, qui devint très vertueux; ce qui prouve évidemment que c'est une maxime fausse de dire que les effets suivent toujours la plus imparfaite de leurs causes. Néanmoins elle sert de fondement à ceux qui nient qu'il puisse rien venir de raisonnable, ni d'humain, de semblables acouplemens. Après tout, quand au préjudice de nos nouvelles découvertes, par raport à la semence, qui ne souffre, à mon sens, aucune contestation, on en admettroit la négative, encore ne pourroit-on pas révoquer en doute ce que vous avez vû vous-même parmi les Sauvages de l'Amérique, & que j'aime mieux atribuer à de tels accidens, que d'entrer dans les sentimens de *Lucrece*, de *Platon*, d'*Aristote*, d'*Archélaus*, de *Zénon Eclate*, d'*Epicure*, d'*Avicenne*, & de quantité d'autres, qui ont soutenu hautement que la Terre avoit produit les hommes d'elle même, aussi bien que

que les autres animaux, quelque extraordinaires qu'ils nous paroissent. On auroit beau m'acabler de citations, je ne croirai jamais que Dieu ait formé dès le commencement, les Féfes, dont font mention plusieurs Itinéraires des Indes, qui sont entierement semblables à nous, hormis qu'ils sont mūets, & qu'ils nous dévorent en nous faisant des caresses; les Gatomamonas de la Cochinchine, qui ne different des Européens qu'en ce qu'ils ont de petites cornes au front, & les paupieres comme celles des des poules, couchées de bas en haut; les Micons, que nous décrit *Joseph Acosta*, qui se voyent dans l'Affrique, sans aucune difference des Negres, si ce n'est qu'ils ont les intestins comme les bêtes, avec lesquelles ils broutent les herbes des champs; les Manichez de l'Orient, ausquels la nature a donné de grands cheveux, & un visage agréable de pucelle, avec une queuë de dragon: à quoi l'on pourroit ajouter ceux qu'*Aulugelle* dit avoir du poil & des plumes, comme les oiseaux; les Stéganopodes, qui dorment à l'ombre de leurs piez; les Himantopodes, qui se trainene comme le serpent; les Hégipoges, aux piez de chevre; les Opistodactiles,

qui ont le devant derriere ; les Monoſ-
celes, qui n'ayant qu'une jambe, ſont
forcez de ſauter, pour peu qu'ils veüillent
changer de lieu, & que *Pline*, *Strabon*
& *Arian* ne laiſſent pourtant pas d'apeller
hommes, auſſi bien que les Calogues,
qui ont les jambes comme celles d'un
bœuf; les Enotocetes, qui ſe ſervent
de leurs énormes oreilles comme de couvertures & de lit; les Aſtomes qui, faute de bouche, ne peuvent ſe repaître que
d'odeurs; les Onocéphales, qui n'ont
point de tête, ſoutenus tels par divers écrivains, & vûs de notre tems par des perſonnes dignes de foi, leur exiſtence n'é-
tant pas moins vraye que celle des Ari-
maſpes des Scites, qui n'avoient qu'un
œil au viſage, ce qui ſe peut confirmer
par le cadavre d'un jeune enfant que Mr.
Borrelli a fait conſidérer parmi les curio-
ſitez de ſon cabinet, qu'il avoit dreſſé à
Aix en Provence. Je ne croirai jamais
dis-je, ſupoſé que tout ce que nous venons de dire ne ſoit pas ſujet à caution,
que Dieu ait créé dès le commencement
ces diverſes eſpeces d'hommes, que nous
pouvons apeller des monſtres à notre égard,
& qui ne manqueroient pas de ſe multi-
plier tous les jours, ſi l'on n'avoit preſentement

tement soin de les extirper dès leur naissance, puis que ce seroit, ce me semble, lui atribuer un acte indigne de lui, & qu'il vaut mieux l'imputer à la corruption & à la perversité des humains, qu'à sa bonté infinie, & à sa divine sagesse, qui veut de l'ordre & de la perfection dans tous les êtres, de quelque nature qu'ils soient.

Je voudrois bien, pour salaire de ce que je vous demande, vous aprendre qu'il se voit à cette heure dans notre Province, un enfant, qui a le corps tout couvert d'écailles, ni plus, ni moins qu'un poisson. Mais je pense qu'il a déja été promené par vos quartiers, outre qu'il n'est pas vrai-semblable que vous ignoriez que nous ne sommes couverts que de la même façon, & que toute la différence qu'il y a, gît dans la grandeur des écailles, qui sont incomparablement plus petites sur nous qu'elles ne sont sur cette jeune fille; mais elles ne laissent pas d'être aussi égales, & aussi proprement arrangées que celles de la plus belle carpe, que vous ayez dans vos étangs, comme il est aisé de s'en assurer par un bon microscope. C'est le destin, qui veut que je vous sois éternellement redevable, & que jamais je ne trou-

trouve l'occasion de m'aquiter de la moindre partie de mes detes. Je me console de ce que vous êtes persuadé de ma bonne volonté, & que je suis prêt à toute heure de vous témoigner que je suis fort sincerement &c.

LETTRE XLVII.

à Mademoiselle D. de R.

JE ne sai quel démon m'a embarqué avec vous ; je fais tout ce que je puis au monde pour vous plaire, & après tout, il n'est rien que vous n'inventiez pour me faire effectivement endéver. Comment ! vous faites l'étonnée, Mademoiselle, comme si vous ignoriez la cause de mon mécontentement. Pensez-vous que je sois aveugle, & que je n'aperçoive pas les stratagêmes, que vous employez à dessein pour me mortifier ? Je vous écris en prose, je compose des vers à votre loüange, dans la vuë de conttibuer à vos divertissemens ; je vous sers, je vous honore, & ne néglige rien pour vous rendre mes hommages & mes devoirs ; cependant vous restez fiere & dedaigneuse, & si ce n'est pas toûjours en tout, c'est du moins dans de certains cas en partie. Une

Une preuve convaincante de ce que je dis c'est que j'ai fait un sonnet sur vos belles mains, dont vous ne vous plaignez point; mais comme s'il y avoit de la division entre vos membres, il semble que vos Tetons en enragent. Je m'en aperçus aussi tôt, & j'y ai exprès pris garde tous les jours que j'ai eu l'honneur de vous aller voir, pendant mon dernier voyage en vos quartiers. Dès que je vous aprochois de dix pas, on eût dit qu'ils changeoient de couleur, ils tremblotoient, & se boufissoient d'orgueil & de dépit, comme si j'avois été indigne de les regarder en face. J'avouë qu'il y a peu d'endroits en vous, dont j'aye moins à me plaindre, & que vous exposiez plus à la vûë de vos adorateurs; mais faloit-il pour cela, par un principe de jalousie, s'en gendarmer incontinent contre un homme, qui ne les a jamais considérez qu'avec respect & admiration; & me traiter tacitement d'ingrat & de téméraire? Que faire néanmoins dans cette fâcheuse conjonêture? Faudra-t-il avoir recours à quelque satire envenimée, écrire à tors & à travers, soutenir que le blanc est noir, & mentir impunément pour me venger de cet outrage? Non, graces à Jupiter, vous

m'am'avez apris à souffrir, il y a vingt ans que vous exercez ma patience : j'aime encore mieux avoir tort pour ce coup, que de les aigrir davantage, de peur qu'une autrefois ils ne s'avisent de se cacher sous quelque voile importun, au moment que je m'aprocherai de vous, & me priver de la satisfaction de les plus voir de ma vie. Oui, Mademoiselle, je les veux satisfaire, ces deux orgueilleux jumeaux : vous trouverez au bas de ma lettre ce que j'ai tracé en leur faveur, en forme d'énigme ; c'est en poësie l'une des pieces qui vous plaisent peut-être le plus : ainsi comme j'ai lieu de croire qu'il regne entre vous moins de mesintelligence que de collusion, j'espere que vous aurez la charité de vous constituer arbitre & juge de notre différend, afin que par là je puisse rentrer de de nouveau dans le droit, que vous m'avez donné, de me dire, & à tout ce qui est de votre dépendance, *

MADEMOISELLE, &c.

* Toutes les pieces de poësie dont il est fait mention dans ces Lettres, & qui n'y sont pas, sont dans les œuvres poëtiques de l'Auteur.

LETTRE LXVIII.

A Mr. Pervilé.

MONSIEUR,

Il y a sans doute bien des sortes de questions: la plupart des hommes sont capables d'en faire de différentes, & néanmoins je m'imagine qu'on les pourroit toutes réduire à trois genres: en préjudiciables au salut, en indifférentes, & en salutaires. En préjudiciables, comme étoit celle, que fit cet Arrien à St. *Augustin*, touchant la divinité, lors qu'il desiroit qu'il lui dît pourquoi Dieu ne s'étoit pas plutôt avisé de créer le monde visible, & à quoi il s'amusoit auparavant; sur quoi ce sage homme lui répondit que comme il prevoyoit bien que parmi les créatures humaines il s'en trouveroit, qui feroient dignes de quelque punition, il s'étoit occupé à faire un enfer, pour y reléguer tous ceux qui, comme lui, voudroient s'ériger en curieux ricicules. En questions indifférentes, telles que fut celle que firent les Apôtres à *Jesus-Christ*, pour savoir quel seroit le plus grand au Roy-

Royaume des Cieux. Et en salutaires, semblables à celle du Geolier à Paul & à Silas, lors qu'ils étoient détenus à Philipes, & qui consistoit en ces paroles ; Messieurs, que faut-il que je fasse pour être sauvé ?

Celles qui sont de la premiere classe, sont sans contredit insuportables : les dernieres sont utiles ; mais les autres étant mixtes, & participantes des unes & des autres, elles doivent être tolérées sans difficulté. Or que les questions que je vous ai proposées soient profitables à salut, c'est ce que je n'avance pas, mais j'ose aussi dire qu'elles n'y sont point préjudiciables ; chacun sait qu'elles sont permises dans les Colléges publics, & que les Théologiens mêmes en font des tèses toutes entieres : pourquoi des amis ne s'en oseront-ils entretenir en secret, sur tout lors que cela ne se fait que pour s'en instruire à fond, & afin de se rendre capables de répondre dans l'occasion à toutes sortes de personnes. Pour moi, j'ai toûjours cru que cela se pouvoit, & je vous assure que je ne l'ai point fait à d'autre intention, que pour aprendre par vos réponses ce que je n'oserois me flater de savoir aussi parfaitement que vous, quoi qu'en effet, je ne pense pas, comme je croi vous l'avoir

voir dit, vous avoir rien objecté, dont je ne me sente capable de donner une explication juste & satisfaisante.

Mais ce n'est plus dequoi il s'agit, il suffit que vous ne trouviez aucun goût en de telles viandes, & que j'ai resolu de ne vous en plus parler, à moins que vous ne me l'ordonniez. Tout ce qui me fâche, c'est qu'il semble que vous ayez de mauvais sentimens de ceux qui s'engagent dans la recherche de semblables difficultez, & qu'après avoir déclamé contre la Philosophie Cartésienne, comme contre des dogmes nouveaux & extrêmement dangereux, vous tirez une conséquence de vos antecédens, que tous ceux qui s'y enfoncent, vont le grand chemin de l'athéisme; mais c'est un argument si dur pour mon estomac, que je ne le puis digérer. Car outre que la Philosophie de Mr. *des Cartes*, étant la plus simple, & par conséquent la plus ancienne, & sa Métaphisique en particulier, celle qui prouve le mieux l'existence de Dieu, & la réelle distinction de l'ame d'avec le corps, quoi qu'à vous parler franchement elle ne me satisfasse pas en toutes manieres, j'ai lieu de douter qu'un homme puisse jamais devenir docte sans l'aide de

cette

cette Philosophie, ou si vous voulez de cette véritable sapience.

Le moyen, je vous prie, de bien connoître le blanc, si ce n'est par oposition au noir ? Et comment voulez-vous que j'admire autrement que les aveugles, la sagesse & la bonté du Tout puissant, si ce n'est par une connoissance claire & distincte de ses ouvrages ? Est-il rien de plus juste & de plus fort que ce que grand homme nous en dit ? En fut-il jamais un, entre tous ceux, qui sont nez de femme, qui ait pénétré comme il a fait, dans les plus merveilleux secrets que la nature nous cachât auparavant. Sur tout, que l'on voie sa subtilité dans les Mathématiques, & je m'assure qu'on la trouvera sans exemple.

Enfin, vous concluez par soutenir que tous les déréglemens tirent leur origine de cette source : en quoi je suis d'une toute contraire opinion, & je ne sai s'il ne seroit pas plus aisé de prouver que l'ignorance est plutôt cause du mal que le savoir ; & que la Théologie est autant odeur de mort à mort, pour ceux qui périssent, que la Philosophie, *Gladium ancipitem in manu stulti.*

Les suites que vous donnez à cette précieuse étude, n'ont-elles pas été connuës.

nuës, avant qu'on eût oui parler de son auteur? Caïn savoit-il ce que c'étoit que de *des Cartes*, ni peut-être de Philosophie, lors qu'il repandit son propre sang en la personne de son frere? Cette connoissance est-elle cause d'un déluge universel; de la destruction de Sodome & de Gomore; des captivitez, des rebellions, & de la perte des Juifs; eux qu'on peut dire avoir été en général aussi ignorans qu'ils sont à present misérables? Est-ce cette Philosophie, qui a fait dire au Prophete David qu'il n'y avoit plus ni foi, ni loi, parmi les hommes de son tems? Assurez-vous que les plaintes, que nous faisons maintenant, n'ont pas commencé de nos jours. Qu'on fasse une recherche exacte des histoires, qu'on lise ceux qui ont écrit des mœurs & de la Religion, & l'on trouvera, entre autres, que le sage Salomon ne voit rien faire sous le soleil, qui n'ait été fait, & qui ne doive continuer de même jusqu'à la consommation des siecles. St. *Paul* même, & Séneque son contemporain, n'ont pas été moins exprès sur ce chapitre-là que les autres: prenez la peine d'y faire réflexion, & vous verrez qu'à l'égard des Grecs & des Romains, aussi bien que de leurs voisins,

on

on peut dire que le luxe, la vanité, les débauches & la molesse, quoi que fort en vogue parmi nous, sont pour ainsi dire, des vices banis de nos bienheureuses Provinces. Cependant si vous consultez de certaines gens, & sur tout ceux qui sont parvenus jusqu'à un âge décrépit, vous leur entendrez protester unanimement, que l'on vivoit sans comparaison mieux de leur tems qu'à cette heure, au lieu que s'ils prenoient la peine de se bien examiner eux-mêmes, ils verroient que leurs organes, ayant été aussi neufs que leur esprit, & leurs connoissances proportionnées à leurs années, leur ignorance, & l'atachement qu'ils avoient peut-être pour un seul objet, ont été cause qu'ils n'ont point fait de réflexion sur la vanité des choses du monde, que lors qu'ils n'y prenoient plus de plaisir.

Après cela il faut que je vous dise que j'ai bien reçû celle de vos lettres, que vous avez cru perduë, & que j'ai été assez nonchalant pour n'y pas répondre. Je trouve sans mentir tant de douceur dans la culture des Mathématiques, & le desir, que j'ai d'y exceller, m'occupe si fort l'esprit, qu'à peine me puis-je souvenr accorder le tems de faire mes plus

pres-

preſſantes néceſſitez: de ſorte qu'il eſt à craindre, ſi cela dure, que les ongles ne me deviennent auſſi longs qu'à *Carnéades*, qui ne ſe donnoit pas le loiſir de les rogner. C'auroit été une nouvelle fort agréable que celle que vous nous y marquiez, ſi la proximité alloit du pair avec le nom: un héritage de cent mille écus m'a bien fait chercher les moyens d'en pouvoir prétendre une partie, mais il m'a été impoſſible d'y réuſſir. Le malheur veut que ce Mr. le Chevalier *Tyſſot*, & Gouverneur de Suriname, a laiſſé deux ou trois neveux, au préjudice deſquels vous ſavez qu'un Couſin aſſez éloigné ne peut rien tirer; & ſe vouloir mettre ſur le même pié qu'eux, la tromperie ſeroit manifeſte, & l'action indigne d'un homme comme moi; car quoi que ce ſoient de jeunes gens, & qui viennent de plus de deux cents lieuës d'ici ſe montrer dans un pays où ils n'ont aucunes habitudet, ceux qui connoiſſent notre famille ſavent aſſez que de vingt-huit enfans qu'a eus mon grand pere, Mr. *Antoine Tyſſot*, il y a autour de quinze années que mon pere eſt reſté le dernier, les autres étant la plupart morts en bas âge, & le reſte ſans héritiers, deſcendus d'eux en
droit

droite ligne & par un legitime canal, de sorte qu'il n'y a rien là a prétendre pour nous. Nous ne laissons pas pourtant de vous en avoir toutes les obligations imaginables. Nous vous remercions aussi très humblement des vœux, que vous faites pour la conservation & le bien de notre maison dans l'année, où nous venons d'entrer. Ce sont des étrennes dont je fais beaucoup plus de cas que des régals que l'on a coutume de se faire au nouvel an. Nous prions Dieu, qu'il vous comble aussi de ses plus précieuses benédictions, qu'il vous donne, & à ceux qui vous apartiennent, ce qu'il sait vous être nécessaire: & qu'en un mot, il se montre autant votre bon Pere, que je suis votre très affectionné serviteur,

DE PATOT.

LETTRE XLIX.

à Madame Lochorst de Schoonouwen.

MADAME,

IL est juste, après toutes les honnêtetez que j'ai reçûës de vous pendant mon dernier séjour dans votre maison, que vous me fîtes l'honneur de m'offrir de si bonne grace, que je vous en témoigne mes ressentimens. Je meriterois de passer pour le plus ingrat de tous les hommes, si j'en différois l'exécution d'un moment. Il est vrai que ce ne sauroit être d'une maniere proportionnée à votre traitement & à mon devoir, parce que je n'en suis pas capable. Vous fermez la porte aux actions de graces par le nombre de vos bien-faits, & votre trop de générosité, fait qu'on ne peut pas vous en marquer assez de reconnoissance. En effet, quand je réfléchis sur la maniere obligeante avec laquelle vous traitez vos conviez, il est sûr que j'en demeure interdit ; ce n'est, ni avec les marques d'une ame basse, ni avec une affectation préméditée.

Tome I. L *Tout*

*Tout y sent la grandeur d'un Pere & d'un E-
   poux,
Dignes du noble sang, qui vous donna naissance:
Leurs belles actions rejaillissent sur vous.
Mais pourquoi ce discours, si cela vous offence?
Ma plume, sa pudeur vous impose un silence,
Qui rendra ses vertus plus célebres que vous.*

Vous pouvez me forcer de m'en taire, mais vous ne m'empêcherez jamais de les admirer, & de vous dire, Madame, que je les regarde avec tant d'envie, que si le Ciel n'avoit pas été inexorable à mes vœux, il y a long-tems qu'il m'auroit suggéré les moyens de vous imiter. Vous voyez assez, quand j'ai l'honneur d'être auprès de vous, que j'en suis saisi d'étonnement: ceux qui vous aprochent alors, ne me paroissent qu'autant de petites clartez, qui s'éclipsent en votre presence. Mesdemoiselles de L. me seront témoins que ce sujet seul fait la matiere de la plûpart de nos entretiens, toutes les fois que nous nous trouvons ensemble, & que je ne joins mes accens aux leurs, que pour étaler vos rares mérites, & avoir lieu de les imprimer de plus en plus dans mon esprit.

Pardonnez-moi, Madame, si je suis
ja-

jaloux de la gloire que vous remportez sur ceux qui ont la réputation d'être des plus polis de notre siecle, c'est une marque de mon émulation, & du desir que j'ai de me rendre digne de l'amitié, que vous me portez. Je voudrois de tout mon cœur pouvoir reconnoître ce bien par des services, qui en fussent dignes: non seulement j'agirois avec plaisir, mais encore avec un empressement, qui vous feroit assez connoître que ce n'est pas sans sujet que je prens la liberté de me qualifier &c.

LETTRE L.

A Monsieur Bertin.

JE ne comprens pas, Monsieur, comment un Marchand, comme vous êtes, intrigué dans les affaires, & qui fréquente avec tant de gens, se scandalise des foiblesses des Ecclésiastiques, puis qu'il n'est rien de plus ordinaire que de voir ces Messieurs commettre des extravagances, & donner à corps perdu dans les mêmes vices, qu'ils affectent de reprendre si aigremeent dans leurs auditeurs. Ce que vous m'en dites, n'est pourtant au fond qu'une bagatelle, il y a bien d'autres exemples de leurs extravagances, mais il seroit impossible de vous en faire le dénombrement. Vous savez l'histoire de ce Ministre de Héteren, que l'on fut enfin forcé de déposer sur ses vieux jours, pour son insatiable ivrognerie : sa prédication de congé, boufonne & puérile tout ensemble, ne marquoit pas moins sa simplicité. Nous avons eu un Réfugié du même caractere, qui nonobstant ses escapades, lesquelles obligerent la Régence de le reléguer à Kampen, où il n'a pas eu meilleure réputation qu'ici, me paroissoit néanmoins assez sincere pour m'engager à ajouter foi au conte qu'il m'a fait d'un Ministre de son païs, qui voyant le Curé de village, où il demeuroit décédé, fit tant qu'il disposa ceux du parti Catholique à le choisir pour leur Pasteur, à condition qu'il continueroit de prêcher aussi tous les dimanches pour les Réformez. Il auroit joué infailliblement ce double personnage le reste de ses jours, si le Sinode, qui en fut averti, n'y avoit mis ordre. Les petits gages qu'il avoit, furent vrai-semblablement cause de cette bévûe ; il en étoit moins criminel, cependant l'action en elle-même n'étoit point du tout pardonnable.

Celui

Celui qui s'enfuit ces jours passez avec une paysanne, quoi qu'il eût femme & enfans, ne l'est pas plus. Et je ne pense pas que l'on puisse disculper celui que vous avez vû dernierement chez moi, qui après avoir engrossé sa servante, jura sur les Evangiles qu'il ne l'avoit jamais connuë : enfin ayant été saisi d'un remors de conscience, il avoüa son peché, & épousa cette créature, après quoi il fut apellé à Doesburg, & de là ici. J'aurois honte moi-même de vous nommer, comme je le pourrois aisément, plusieurs Sacriléges, Adulteres, Gourmands, Avares, Impies & autres semblables monstres, que l'on croyoit les plus honnêtes gens du monde.

C'est une vérité de fait qu'il n'y a point d'Etudiants dans les Accadémies plus déterminez, & adonnez à leurs apétits déréglez que ceux que l'on destine au Ministere. On diroit qu'ils devroient alors se décharger de tout leur venin, renaître, pour ainsi dire, en prenant le petit colet, & ne pas moins abonder en œuvres de piété, de charité & de vertus Chrétiennes, qu'ils s'étoient distinguez par leurs actions criminelles & scandaleuses ; mais non, pour un qui revient de ses saillies,

lies, il y en a deux qui perseverent dans leurs méchancetez, qui sont fiers, orgueilleux, hautains, qui enragent, quoi qu'issus de gens de rien, & parvenus à leur emploi aux dépens de quelque bourse publique, s'ils n'occupent les premieres places, dans toutes les compagnies, où ils se trouvent, & qui ne sont tout au plus honnêtes gens qu'en aparence, ce qui les rend haïssables & méprisables, aux grands & aux petits, jusque là que pour peu qu'un homme soit distingué dans la société, il prend à deshonneur d'avoir un Ministre dans sa famille.

Je pourrois de même vous entretenir des déreglemens de ceux du parti contraire, puis que j'en sai assez pour remplir un livre plus gros que le Martirologe Chrétien, cela seroit inutile. Mais quoi que vous n'ignoriez pas non plus l'innocence & l'entêtement de bien des membres de cette communion, je ne saurois m'empêcher de vous faire part d'un conte borgne, que nous fit un jour le Prêtre de Wye, nommé *Pater Smit*. J'étois alors chez Mr. de *Dinxhof*, que j'en apelle à temoin. le service divin étant fait, ce Gentilhomme, qui y avoit assisté, pria le Jésuite de diner avec nous;

on

on le plaça à table à côté de moi. Dans la conversation on tomba insensiblement sur les moyens que la Providence employe pour punir le mal, & récompenser le bien: me croyant Catholique comme les autres, quoi que je n'eusse point mis le pié dans son Eglise, je m'en vai, nous dit-il, vous prouver cette verité par une avanture, qui est tout à fait miraculeuse. Deux Capucins de Cologne, travestis, suivant la coutume, continua-t-il, étant allez à la quête en Hollande, repasserent par Emmerik, & allerent leger au Paon, si je ne me trompe, où ils se firent traiter résolument. L'hôte, qui étoit de leur religion, ne les connoissant pas, leur fit beaucoup de caresses, & leur donna avec plaisir tout ce qu'ils demanderent, dans l'espérance d'en être payé largement. La lendemain au matin il fut fort étonné de voir que ces deux Messieurs le vinrent remercier du bon traitement qu'il leur avoit fait, en l'assurant que Dieu ne manqueroit pas de le lui rendre cent fois au double. A ce discours, qui ne lui plaisoit point du tout, il se mit à les quereller, & prétendoit qu'au lieu de se cacher, il étoit de leur devoir de demander civilement le couvert, & une aumone proportionnée

portionnée à leur genre de vie, & à ses facultez : enfin, il en vint jusqu'à leur protester qu'il ne les laisseroit point aller qu'ils ne l'eussent satisfait. Là-dessus il y eut bien des contestations, des reproches & des remontrances faites de part & d'autre, dont le résultat fut que puisqu'il n'avoit point de charité pour de pauvres Religieux, auxquels il étoit défendu de porter de l'argent, ils lui feroient un billet de leur dépense, qui étoit, suivant sa déclaration, de huit francs douze sous, à prendre sur Mr. N. Commis de leur Couvent, & qui ne demeuroit pas loin de là, à condition pourtant que si ce petit morceau de papier écrit de leur main, pesoit plus que la dete, en argent monnoyé, il renonceroit à sa prétention, au lieu que s'il étoit plus leger, ils s'engageroient à lui faire conter le double. L'hôte consentit à cette proposition avec joye ; on aporte un trebucher, & ayant mis la somme en question dans l'un des plats de la balance, & l'assignation dans l'autre, on vit avec surprise, monter l'argent d'un côté, avec précipitation, & l'écrit descendre de l'autre, jusque sur la table. *Est vera historia, profecto*, me dit alors le fou de Prêtre, en se tournant de mon côté : puis reprenant le fil de son discours, j'avouë, dit l'Hôte, poursuivit il, que j'ai péché contre le Ciel & contre vous, mes reverens Peres; j'en demande pardon à Dieu, & pour montrer le sensible regret, que j'en ai, non seulement je ne veux rien de vous; mais je fais aujourd'hui serment de ne prendre de ma vie un sou d'aucun Ecclesiastique, de quelque ordre qu'il soit, qui me fera l'honneur de venir loger chez moi. Cet engagement parut beau aux autres, ils l'en loüerent hautement, & prirent congé de lui avec toute la satisfaction possible.

Environ deux ans après, un grand personnage, suivi d'un train magnifique, arriva à Emmerik, & vint loger chez notre homme, il en parut d'abord charmé; mais il fut bien mortifié lors qu'il aprit de ses domestiques que c'étoit un Prince à chapeau rouge. Sa famille en fut extrémement alarmée, la femme sur tout apréhendoit que ce coup ne les ruinât. Cependant le vœu, que le bon homme avoit fait, lui imposoit la nécessité d'avaller cette facheuse pilule; son salut y étoit intéressé, il n'y avoit pas moyen de reculer. Le troisieme jour de l'arrivée du Cardinal, son Maître d'Hôtel eut ordre de s'informer de la dépense qu'il avoit faite, parce qu'il vouloit partir. Il reçut pour réponse, que tout étoit payé. Ce Prince ne sachant ce que cela signifioit, fit venir l'hôte, & après l'avoir bien questionné inutilement, il le força de lui dire qui étoient donc ceux qui le défrayoient, afin qu'il leur en marquât sa reconnoissance. Il le lui avoüa, & s'étendit sur la cause du dessein qu'il avoit formé de traiter gratis tous les gens d'Eglise, qui entreroient jamais dans son hôtelerie. Cela est fort bien, dit le Cardinal, vous témoignez en cela que vous avez de la piété, & ayant sçû que ce que lui & ses gens avoient dépensé alloit à près de quinze cents francs, il fit présent de cette somme à l'hôtesse, afin que son mari ne fût point parjure. Ensuite il fit venir entre autres, son fils ainé qui étudioit sous les Jésuites, il prit son nom par écrit, & peu de tems se passa qu'il ne lui eût procuré à Rome un Evêché de vingt mille livre de rente & au pere une pension de mille ducats tous les ans. *Est vera historia, profecto*, dit pour la vingtieme fois le Prêtre; & haussant sa voix: oui, Messieurs, y ajouta-t-il, voilà comme Dieu recompense les bonnes actions de ses enfans. Monsieur *Keppel* enrageoit de la crédulité de cet ignorant vieillard,

& moi, je ne pus m'empêcher d'en rire à gorge ouverte, comme il le meritoit asurément. En tout cas cela ne nous doit point surprendre, car outre que ces gens-là sont élevez dans la bigotterie & dans la superstition, il n'est point de communions, où il ne s'en soit vû de semblables, & même de pires que ceux qui viennent de faire le sujet de cette lettre. Il y a eu de faux, aussi bien que de véritables Prophêtes. De douze Apôtres, l'un a été assez méchant pour trahir son Maître, l'autre assez imprudent pour le renier, & deux encore assez simples pour vouloir être assis à ses côtez, dans son Royaume.

La Religion ne laisse pas d'être bonne, quoi que ceux qui nous en enseignent les dogmes, ayent de grandes imperfections. Tachons seulement à bien faire, suivons nos directeurs lors qu'ils nous conduisent par les sentiers de la vertu, & écartons nous d'eux quand nous remarquons qu'ils fourvoient, sans nous mettre en peine de ce qu'eux mêmes deviendront. Chacun y est ici pour son conte, il n'est point de Chrétien que la nécessité n'oblige en particulier à s'apliquer au bien, & à faire son devoir, s'il veut être heureux. C'auroit

roit été le mien de vous imiter dans la briéveté de votre lettre ; mais c'est mon foible d'être toûjours prolixe dans mes discours ; je vai pourtant imposer silence à ma plume, & me bornerai pour ce coup à vous assurer que je veux être constamment &c.

LETTRE LI.

à Mademoiselle J. de L.

MADEMOISELLE,

Vous avez beau faire des excuses, & prétendre m'en devoir beaucoup de reste, fussiez-vous plus puissante que le Mogol, vous ne m'empêcherez jamais de publier par tout vos honnêtetez, & de vous remercier toute ma vie des soins particuliers, que vous avez pris de votre serviteur, durant le dernier séjour que j'ai eu l'honneur de faire dans votre Maison. Je vous le dis franchement, je suis dans la derniere surprise de ce que votre ville n'abonde en toute sorte d'étrangers, puisque vous les recevez si agréablement, & les traitez avec tant de magnificence : Car enfin, pour ne parler que de moi en particulier

ticulier, n'étoit-ce pas quelque chose de bien glorieux pour ma petite figure, de me voir incessamment environné de vous & de vos charmantes sœurs, comme de quatre Nimphes immortelles ? Cesserai-je jamais de me ressouvenir de cet agréable soir que vous eutes la charité avec Mad. M. A. de me conduire jusque dans ma chambre, de la même maniere que les Anges conduisent les bien aimez de Mahomet dans le paradis des Musulmans ? Non, Mademoiselle, c'est un bonheur que je ne saurois oublier qu'en perdant la vie, & dont je tirerai vanité toutes les fois que j'en aurai l'occasion.

Mais tout bien consideré, ne pourrois-je pas, sans trop me flâter, donner en quelque façon dans votre sens, & attribuer la cause de cet obligeant traitement à mon éloquence, & à ma bonne mine ? Vous ne sauriez nier que vous admiriez les beaux discours que je vous tenois alors, du moins vous en faisiez le semblant, & je me trompe, si vous n'aviez de la peine à me quitter.

Disons-le franchement, ne nous déguisons rien
Or ça, n'est-il pas vrai qu'on en veut à ma
trogne,

Et qu'un habile peintre auroit de la besogne,
A former un museau, qui nous revint si bien ?
Cela paroît au moins, du biais qu'on me re-
 touche,
 Et votre cœur en est si plein,
 Qu'entre nous, votre belle bouche
S'en explique souvent sans qu'il en soit besoin.
 Ce sentiment est réciproque,
 Ne pensez pas que je me moque,
C'est par vous aujourd'hui que j'en fais le ser-
 ment,
 Jamais Cibele adroite & sage,
 Ne fit de ses mains un visage,
 Où je trouve plus d'agrément.
Votre teint me ravit, dans vos yeux je me mi-
 re,
Le front, le nez, la bouche aux levres de co-
 ral;
Tout me rit, tout me plaît, mais si je l'ose
 dire,
 Mon pauvre cœur s'en trouve mal.

 Il faut pourtant que je m'en taise; sur tout je me garderai bien d'en faire aucun semblant devant Madame Tyssot, cela exciteroit sa jalousie, j'en suis sûr, & je le suis d'autant plus que ces jours passez, lui ayant inopinément parlé de mes étu-

études dans la science Cosienne, sous le Professeur *Julien* à U. elle ne m'eut pas compris, qu'elle ne me dit fort bien que Mademoiselle *Juliane* se seroit bien passée de m'aprendre à boire de telles drogues, & jura qu'elle ne me permettroit plus d'aller seul en vos quartiers. Jugez, au nom de Dieu, de ce qu'il seroit arrivé si je lui avois fait mention du reste, il y auroit eu une belle vie chez moi. Il faut avoüer après tout, que les affaires ont bien changé de face depuis quelques mois : combien de fois l'amitié, qu'elle vous portoit, m'a-t-elle fait entrer dans des doutes hiperboliques, si vous n'étiez pas d'un autre genre que vous ne me le paroissiez : & si vous vous en souvenez, il n'y a pas long-tems qu'après vous en avoir témoigné mon inquiétude, je vous récitai ces vers, d'un air à vous faire comprendre que je n'étois pas dans une situation fort tranquille.

Ma foi, si vous étiez garçon,
  Que ma Compagne fut plus belle,
Et qu'on ne me dit pas que j'ai bonne façon,
  Vous m'embrouilleriez la cervelle.
Il ne faut pas mentir, j'aurois peur d'un a-
    front,

Je donnerois souvent de facheuses alarmes ;
Et tacherois enfin d'éviter par ces armes,
Que d'un bois incommode on me chargeat le
front.

Mais j'en suis revenu présentement, qu'elle souffre à son tour ce que j'ai enduré autrefois : je ne m'en mets pas beaucoup en peine : elle a beau faire, votre Caffé m'a semblé si bon, & vous le servez de si bonne grace, que j'ai bien la mine d'en aller friponner avec vous. Je vous jure, si cela arrive, que je vous ferai repentir plus d'un coup de m'avoir forcé à en prendre, & à m'y acoutumer. Je regrette à cette heure ces rinçûres, que je ne regardois alors qu'avec horreur, & je veux beaucoup de mal à Mr. M. de s'être pensé rompre le cou pour vous casser trois de vos plus grandes tasses, puisque celles qui vous restent sont trop petites pour un grand amateur de ce Nectar, comme je le suis devenu. Mais reprenons notre sérieux, & concluons par vous protester sincerement que je vous ai toutes les obligations imaginables de vos bienfaits, que je les aurai toûjours presens dans ma mémoire, & que la mort me saisira plutôt que je cesse d'être &c.

LET.

LETTRE LII.

à Mademoiselle C. de L.

MADEMOISELLE,

IL ne me fût jamais venu dans l'esprit que vous êtes si changeante ; car enfin, n'est ce pas être changeante au suprême degré, je vous en prie, que de prendre la résolution de m'écrire une lettre en François, d'en commencer même la premiere ligne avec la même pensée, & après avoir à peine marqué que l'Amour est aveugle, en venir d'abord à votre fichu Flaman, & encore tout cela par des expressions qui ne se trouvent, ni dans les énigmes les plus obscures, ni dans les Dictionnaires les plus parfaits, de sorte qu'une seule m'a tenu autour de six heures d'horloges à la chercher inutilement. Savez-vous bien, Mademoiselle, que j'ai de semblables armes pour me défendre, & que si je veux vous embarasser de même, je saurai bien vous obliger à me demander l'explication de tout ce que je vous tracerai sur le papier ? Mais bons Dieux ! à quoi pensé-je ? Je reve assurément, &
je

je ne songe pas à qui je parle. Quelle aparence y a-t-il que vous ignoriez aucun terme de notre langue, vous qui êtes si éclairée que vous pouvez juger définitivement des yeux de l'Amour, & nous aprendre qu'il est aveugle? J'avouë que vous pourriez bien n'en rien savoir que par tradition, & que vous n'en parlez que de la même maniere que le vulgaire fait des taupes, quoi qu'il n'y ait rien de plus mal fondé. Ce qui me confirme dans cette pensée, c'est que la condition de dévote, que vous avez embrassée, ne permet pas que vous vous alambiquiez l'esprit d'un être, qui ne subsiste qu'en idée. Cependant d'un autre côté, quand je réfléchis sur tout ce que vous m'avez dit depuis que je vous ai fait comprendre, qu'une parfaite amie ne doit avoir rien de caché ni de secret pour celui qu'elle honore du titre d'ami, j'hésite, & j'apréhende qu'il n'y ait de l'alteration dans vos vœux, aussi bien que dans votre derniere lettre. On ne parle pas tant de l'Amour sans y être porté par lui-même, & ce petit Garçon, vigoureux, bien fait, vermeil, que les Anciens dépeignoient, avec un brandon à la main, tout environné d'atraits, de jeux, de ris & de mignardises, un car-
quois

& un arc à ſes côtez, dont il ſe ſert ſi adroitement, quoi qu'il ait les yeux bandez, pour toucher les cœurs les plus inſenſibles, & des ailes pour montrer ſon agilité & ſa promtitude, à venir ſurprendre ceux qui l'atendent quelquefois le moins; cet aimable petit enfant, dis-je, a de la peine à tant faire cauſer de lui, qu'on ne prenne part dans ſes intérêts, & qu'on ne ſonge à travailler à l'accroiſſement de ſon Empire. Souvenez-vous que vous m'avez dit plus d'une fois avec *Diogene* que l'Amour étoit l'affaire des fainéants, & que vous ne vouliez pas ſouffrir que Zénon vous répondît par ma bouche, qu'au contraire, l'Amour, ce Tiran des vieillards, & Roi légitime de tous les jeunes gens, n'admet point de foux ni de fainéants au nombre de ſes créatures, ce qui n'étoit pourtant pas avancé ſans ſujet; puis que s'il en étoit autrement, les Belles, comme vous êtes, courroient autant de riſque que les autres d'en être aimées, & de ſe voir par conſequent les plus malheureuſes du monde. La matiere eſt abondante, il y auroit ici bien des choſes à vous dire, mais je n'oſe prendre aucun parti, à cauſe que je ne ſai pas bonnement celui que vous tenez,

&

& que me parlant tantôt de l'Amour, tantôt de l'amitié, entre lesquels il y a prodigieusement de différence, je trouve que je ne ferai pas mal de différer encore quelques jours à me déterminer.

Cependant puis que vous voulez que je vous déclare à quoi l'on peut distinguer un véritable ami d'avec un faux, il est juste de vous contenter. On pourroit sans contredit, vous indiquer plusieurs moyens pour le reconnoître; mais je n'en sai point de meilleur que l'adversité, c'est là le plus assuré, & le plus ordinaire. Au besoin on connoît l'ami, c'est là, où il est aisé de le découvrir : s'il est fardé il leve le masque, il vous abandonne lâchement dans la nécessité. S'il est sincére il confirme la moindre de ses protestations, aux dépens de ce qu'il a de plus précieux, & au lieu que l'intérêt seul mene le premier, il n'y a que l'amitié qui fait agir le second. Enfin si vous voulez savoir au vrai ce que c'est qu'un ami, il faut consulter *Aristote*: je suis persuadé qu'il vous dira que c'est une ame, qui anime deux corps. Elles sont rares, ces belles ames, on en trouve néanmoins quelques unes. En voici un exemple qui doit servir de modele au reste du genre-humain.

Da-

Damon étoit condamné à la mort dans Siracuse, par *Denis*, qui en étoit le souverain: il étoit en prison depuis long-tems; des affaires de conséquence le demandoient chez lui pour quelques jours; il tache d'obtenir la permission d'y aller mettre ordre; le juge n'y veut point consentir. Son Ami *Phitias*, qui n'en avoit rien sçu en aprend tout d'un coup la nouvelle, il s'offre de se mettre en sa place, il le plege corps pour corps; on l'accepte. Le jour de l'exécution vient; plusieurs commençoient à douter du retour de *Damon*, & craignoient pour *Phitias*: cependant, au grand étonnement de tout le monde, comme on étoit prêt d'oter la vie à celui-ci, on voit arriver celui-là. Le premier vouloit mourir. L'autre ne le vouloit point permettre: une amitié si extraordinaire touche vivement le Tiran, il les delivre l'un & l'autre, & marque de son étonnement, c'est que ne regardant, ni à leur crédit, ni à leur naissance, il les suplie instamment de le vouloir accepter pour troisième dans l'indissoluble lien de leur inaltérable amitié. C'est ainsi qu'on doit aimer, & qu'on doit être aimé pour avoir lieu de s'en vanter avec justice. Mais il ne faut pas faire comme
Tar-

Tarquin le superbe faisoit dans le tems de sa prosperité : il s'étoit rendu si odieux à son peuple, qu'il fut surpris pendant son exil, de trouver des gens, qui lui témoignoient de l'amitié. Je n'eusse jamais cru, dit il alors, d'avoir des amis, j'apelle le Ciel à témoin que je suis sensible au moindre de leurs bien-faits, mais j'ai de la confusion de ce que je ne les connois que lors que je suis hors d'état de les reconnoître. Je n'espere pas, Mademoiselle, que vous tombiez un jour dans une infortune pareille à celle de ce Siracusain, ou de ce superbe Romain, pour vous montrer l'amitié que je porte à votre Maison ; mais vous pouvez être assurée que si jamais le tems vous trahissoit jusque là que vous eussiez besoin de tout ce qui est en ma puissance, vous connoîtriez que ce n'est pas inutilement que je me qualifie &c.

LETTRE LIII.

A Mademoiselle D. de R.

VOus n'avez que faire d'en jurer, Mademoiselle, je suis persuadé que vous avez trouvé excellent le sonnet, que j'ai fait

fait fur vos agréables Tetons, le fujet en valoit la peine.

Je n'examine point fi l'eftime, que vous en faites, eft un effet de votre prévention pour tout ce qui fort de mon Cabinet, ou d'une politique intéreffée, qui voudroit peut-être bien payer le fruit de mes veilles de la fumée d'un grain d'encens; mais je fai bien que c'eft le velitable moyen de m'exciter à travailler de nouveau fur quelque autre charmante partie de votre incomparable corps, fuivant la Maxime qui dit qu'il faut loüer les gens, dont on veut tirer quelque chofe de bon. Je ne prétens, pour tout ce que je vous écris, que votre fimple aprobation : j'efpere que vous ne la refuferez pas à la piece, que je viens de compofer fur vos beaux yeux, & que ce petit billet renferme : c'eft l'unique récompenfe qu'en atend,

MADEMOISELLE, &c.

LETTRE LIV.

Ecrite à la maniere des Hébreux, de la droite à la gauche, à Mad. D. de R.

MADEMOISELLE,

Si j'étois de meilleure humeur je vous rendrois très-humbles graces de l'honneur que vous me fites en partant, de vous engager à me faire savoir votre arrivée à Leeuwaerden, aussi tôt que vous y auriez mis le pié: je vous dirois que j'ai fait mille vœux à *Jupiter* pour le bon succès de votre voyage, & je vous souhaiterois autant de plaisir dans l'agréable séjour, dont vous venez de faire choix pour vous divertir, que le premier tourbillon, que vous examinez avec la Marquise de Mr. de *Fontenelle*, contient de matiere dans ses fioles; mais ma foi, je suis trop en colere contre vous: oui, Mademoiselle, vous êtes cause que je suis presentement *Lam*, & encore ne le croirez-vous pas, parce que vous ne trouvez point cela dans vos mondes imaginaires: vous vous trompez pourtant si vous croyez qu'il n'y ait

rien

rien de vrai que ce que vous voyez dans ce traité. Ne pensez pas non plus que par *Lam*, j'entende l'un de ces pauvres petits animaux, que souvent un quartier du Lune voit naître & envoyer à la boucherie : non, je veux dire perclus d'un bras, ce terme est équivoque en Flamand. Mais à l'exemple de nos Orateurs modernes, qui disent indifféremment *Marcheren* & *gaan*, ou *assiegeren* & *belageren* &c. je m'en suis servi pour donner de l'exercice à ma plume, qui ne s'arrête pas volontiers dans l'expédition d'une lettre ; & parce que ma memoire ne m'en fournissoit pas un pour m'exprimer assez vite en François. Vous me surprîtes tellement à notre derniere vûë, & je mis la main au chapeau avec tant de précipitation, pour vous faire dans les formes une profonde révérence, que je me démis le poignet ; & si vous y prîtes garde, je fus obligé de tenir la main dans le sein tout le tems que vous restâtes chez nous, sans pourtant que vous daignassiez demander si j'y avois quelque incommodité. Je ne vous ressemble pas, ingrate, je suis bien plus sensible que vous aux douleurs d'autrui ; dans l'apréhention, où je suis, qu'il ne vous soit arrivé quelque desastre en chemin vous voyez comment je me sers de la main gauche, pour m'informer de l'état de votre santé, aussi bien que du détail de vos affaires. Ne soyez pourtant pas surprise de cette nouveauté; il n'est rien de difficile lors qu'il s'agit de vos intérêts, & je m'assure que si les mains me manquoient, il me seroit aisé de me servir des piez pour vous écrire, ce que je ne sache point qui se pratique dans aucun monde. Après cela jugez si je suis capable de rancune, & si je n'oublie pas facilement le mal que vous me causez: mais enfin, vous m'y avez accoutumé, il faut que je vous pardonne souvent, ou nous serions éternellement en guerre.

Je viens, au reste, de recevoir le plus joli de tous les livres, intitulé, *L'harmonie des tourbillons, & la nouvelle découverte des terres aëriennes.* Il y a aparence que c'est une suite de celui que vous lisez; je ne puis pourtant pas vous en assurer positivement, à cause que je n'en ai encore vû que le titre. Quoi qu'il en soit, Dieu sait s'il ne faudra pas être Philosophe pour l'entendre, & si l'on n'aura pas besoin de mon secours: il y a quasi aparence, car mon Libraire, qui le trouve inimitable, proteste qu'il n'en comprend

prend rien du tout. Foin, que cette lettre me paroît longue! Je veux mourir si la plume ne m'échape des doigts, je ne saurois vous en écrire davantage, & si vous avez plus de charité pour ma main fatiguée, que vous n'en avez témoigné pour un bras estropié, permettez-lui, je vous prie, de borner ce discours par un je suis,

MADAME, &c.

LETTRE LV.

à Monsieur Perville.

MONSIEUR,

Tout autre que vous m'offenseroit assurément, en me pressant de la maniere que vous le faites, sur les points, dont nous nous sommes entretenus quelquefois. Je vous ai avoüé ingénument que je ne vous les ai proposez que dans la vûë de m'en mieux instruire par les réponses que j'avois esperé que vous y feriez; cependant vous ne faites que m'accabler de reproches, & au lieu de vous en tenir à la these, de montrer, & prouver la nullité de ce que vous n'en aprouvez pas, vous n'en voulez qu'à la curiosité de ceux qui s'amusent à les rechercher, sans rien raporter qui les détruise; & qui pis est, comme si vous doutiez que j'eusse rien à y répondre, vous m'accusez de plus étudier à les soutenir qu'à les éluder. Votre âge, que je respecte, & l'amitié que vous m'avez portée depuis que je me connois, me font passer par dessus bien des choses; sans cela je vous déclare franchement que je donnerois une étrange explication au défi que vous me faites de paroître sur les bancs aussi habile à défendre qu'à attaquer. Mais j'aime mieux croire qu'à l'exemple des Maîtres d'armes, qui pour rendre leurs écoliers plus adroits & plus hardis, usent quelquefois de feintes, reculent, s'ouvrent, s'écartent, & leur donnent lieu de pousser diverses botes, ausquelles ils n'auroient pas pensé sans cela; ou bien que comme un grand Capitaine, qui fuit souvent de devant ses ennemis pour les attirer dans des embuscades, où il ne manque jamais de les maltraiter, vous faites semblant de mettre les armes bas, pour voir si je me prévaudrai de l'avantage, & de quel biais je m'y prendrai pour terrasser fer un ennemi, qui fe relevera quand il voudra. Quoi qu'il en foit, je tacherai de vous fatisfaire, en répondant briévement aux principales difficultez, qui font le fujet de notre difpute, ou fi vous l'aimez mieux de notre entretien, dans la penfée que c'eft vous qui me les avez propofées, fuivant l'ordre precédent, (de la 3°. lettre.) où nous commençames par la Lumiere.

La premiere chofe que j'ai à dire là-deffus, eft qu'il n'y a rien de contradictoire; il ne faut que lire votre grand ennemi *des Cartes* pour en être incontinent convaincu. Car fupofé qu'il y ait un Dieu, de l'exiftence duquel nous ne doutons, ni l'un, ni l'autre, je dis qu'il n'a pû fe difpenfer, en créant la matiere premiere, de lui donner d'abord, ou par fucceffion de tems, la figure qui étoit requife pour la conftruction des corps, que ce grand ouvrier en vouloit produire. Cela étant, il eft aifé de voir que comme un Orfevre n'apelle pas des vafes d'or ou d'argent, le metal fin & épuré, qu'il a mis à part, pour en fabriquer, lors que l'envie lui en prend ; il n'étoit pas néceffaire que Dieu impofât des noms à des êtres, qui étoient encore envelopez dans la mafse confuse de l'Univers. Quand la matiere, qui constituë la terre, est mise à part, on la nomme un masse sans forme & vuide, cependant elle ne laisse pas d'être terre, quoi que le sec & l'humide n'y paroissent pas dans l'ordre, où ils sont mis puis après. De même, les parcelles, qui constituent la lumiere, soit réellement ou par accident, sont bien à la vérité créées comme les autres; mais tandis qu'elles sont encore mêlées sans distinction parmi celles qui font l'Etenduë, on ne les distingue point d'avec les Cieux, car Dieu fit au commencement le Ciel & la Terre. Cependant comme notre Artisan sait fort bien débrouiller par la fonte ou autrement, les métaux qui sont propres à de certains ouvrages, d'avec ceux qui ne le sont pas: cet expert Artiste, qui, témoin l'Apôtre, a de toute éternité fait des vases à honneur & d'autres à deshonneur, sépare tout ce qui pouvoit composer un tourbillon de lumiere, d'avec ce qui n'y convenoit pas, c'est-à-dire qu'il donne à de certains corps, d'une certaine figure, un certain mouvement composé, capable d'agir d'une certaine maniere sur l'organe de la vûë, qu'elle lui rend present & visible, tout ce qui s'étend jus-

qu'à

qu'à une certaine distance, lorsqu'il n'y a rien d'opaque entre deux. Vous voyez bien, Monsieur, que cette matiere ainsi separée de l'autre, peut à bon titre porter le nom des effets qu'elle produit, & que la Providence est en droit, sans choquer aucunement la raison, de l'apeller lumiere. Cela étant bien compris, il n'y a plus de difficulté au reste: car soit que cette matiere ait été absolument sans mélange, ramassée en un tas, ce qui auroit sans doute causé une grande clarté, ou que comme une mer pleine d'écueils, d'îles & de rochers, qui ne laisse pas d'être une mer pour cela, sa rapidité ait été interrompuë par d'autres parties moins propres au mouvement, ce grand tourbillon pouvoit être si éloigné de la terre, qu'il n'y avoit qu'une partie de Globe, qui en pût être éclairée à la fois, d'où il suit qu'à parler justement, il y avoit déja à son égard, un jour & une nuit, ou un tems de lumiere, & un autre de tenebres, dont la révolution devoit être la même qu'à present, puis qu'il est sûr que Dieu ayant déja imprimé une certaine quantité de mouvement à la Terre, à quelque distance qu'on imagine cette mer de feu, elle

elle devoit toûjours lui paroître faire un tour en un même tems.

Or la multitude & la diversité des flambeaux celestes contribuant autant à la gloire du Tout-puissant, que les fontaines & les rivieres, qui tirent leur origine de l'Ocean, à l'ornement du Globe terrestre, il fut aisé à cet inéfable Créateur de diviser ce prodigieux tourbillon en un nombre innombrable de plus petits, qui étant situez comme nous les voyons, enrichissent si merveilleusement bien le marchepié de son illustre trône.

Il s'en faut bien que l'explication des deux grands luminaires renferme la difficulté, que semble renfermer celle que nous venons de mettre dans un si beau jour. On ne sauroit nier qu'à l'égard de Dieu, les objets, qui nous paroissent les plus magnifiques, ne soient comme un pur néant : chacun sait que penser & faire sont en lui la même chose, & que bien loin de considérer les substances en elles-mêmes, & d'en tirer quelque utilité, il ne peut les regarder que comme de simples effets de sa toute-puissance, que comme des dépendances de son essence Divine, & que comme un certain composé qui ne peut subsister un moment que par son

son concours éternel. D'où il suit que quand il a la bonté de se communiquer à l'homme, qui ne fait qu'une très petite partie de ce grand tout & qu'il l'entretient de ses ouvrages, il ne peut pas lui en parler comme il s'en parle à lui même; la moindre expression, qu'il employeroit, seroit hors de la portée des plus savans. Ce ne peut donc être que par raport aux organes & aux facultez, qu'il lui a données; & puis que la Lune, quoi que d'autre nature que le soleil, ne laisse pas de paroître lumineuse à nos yeux, & que sans les lumieres, que l'on aquiert par l'étude de l'Astronomie, que Dieu ne fait point profession de nous enseigner par ses serviteurs, non plus que les autres sciences lesquelles ne sont proprement que pour la spéculation, & pour l'utilité de cette vie, au lieu qu'il ne nous a rien caché de tout ce que nous devons savoir pour travailler à notre salut; ces deux Astres sont sans contredit, considérables, & les plus nécessaires à l'homme, ce n'est pas merveille qu'au préjudice des autres, l'Ecriture les nomme grands.

Pour ce qui est du déluge, j'aurois bien des choses à dire pour sauver les aparences

parences; mais cela ne se pourroit faire qu'en trahissant mes sentimens: ainsi il vaut mieux que je vous avouë d'abord que je suis d'opinion qu'il n'a été que particulier, & alors la question ne renferme aucune difficulté, qui puisse faire la moindre peine. En effet, qu'étoit-il besoin que tout le Globe, que nous habitons fût couvert d'eau, si le but du Créateur étoit d'exterminer les hommes, à un petit nombre près, comme il n'en faut point douter, ne sufisoit-il pas que cette innondation s'étendît jusqu'aux extrémitez des pays, où ils s'étoient retirez, qui n'étoient vrai-semblablement pas alors, d'une fort grande étenduë? Et ne pourroit-on pas encore dire à cet égard, qu'il étoit universel? Sans doute; cela est même tellement vrai que si nous n'étions en tout qu'une centaine de personnes renfermées dans un vaisseau, auquel une tempête impreveüe fit faire naufrage, de sorte qu'il ne s'en sauvât qu'une seulement, elle pourroit soutenir avec justice, que l'orage a été universel, & qu'il a fait périr toutes les créatures humaines à la fois. Mais outre cela, qui ne sait qu'il est ordinaire aux Auteurs sacrez de se servir d'une figure de rétorique

que nommée *sinecdoche*, par laquelle on prend une partie pour le tout, comme il paroît du chapitre 4. de saint *Mathieu*, par exemple, où le diable ayant transporté *Jesus-Christ* sur une haute montagne, il est dit qu'il lui montra tous les Royaumes du monde &c. ce qui est impossible, puis que la Terre étant ronde, pour haut que l'on soit élevé au dessus de sa superficie, & que l'on ait la vûë subtile, on n'en sauroit absolument découvrir que la moitié : Ou du chapitre 2 de saint *Luc*, qui porte expressément qu'un édit fut publié de la part de César Auguste, que tout le monde fut enrolé : car il est indubitablement vrai que cela ne pouvoit regarder que les peuples, qui étoient sous la domination des Romains, & qui, par raport à tous les autres, n'en faisoient que la moindre partie. De maniere que cette expression ne doit faire aucune peine à Messieurs les Théologiens, & ne sauroit les empêcher de suivre mon opinion, qui est sans doute la plus saine, & qui ne préjudicie en rien à la parole de Dieu, au lieu que l'autre donne occasion à bien des gens de douter de la sainteté, & de la pureté qu'on lui atribuë.

De là je passe à l'aveuglement de ces na-

nations barbarres qui ne font aucune difficulté de découvrir devant tout le monde les parties, que la bien-séance nous empêche de nommer. J'avoüe que suivant le texte, il semble que ce soit la chute qui soit cause qu'*Adam* aperçoive sa nudité, mais je croi qu'on n'y trouvera rien moins que cela, si l'on prend la peine d'examiner la chose à fond. Pour vous en convaincre par un exemple fort familier, imaginez-vous, s'il vous plaît, un homme, qui de quelque maniere que l'on voudra, soit parvenu à un âge mûr & raisonnable, sans s'être encore servi d'aucun de ses sens, ni usé d'aucunes viandes : il a les yeux formez, & les oreilles bouchées ; mais comme il ouvre quelquefois la bouche, trouvez le moyen d'y verser quelques goutes d'une liqueur forte, & capable de lui chatouiller la langue, je m'assure qu'il s'apercevra d'abord de son effet, & s'en formera une idée, soit claire ou confuse, qu'il n'oubliera jamais ; mais qui lui fera conclure qu'il y a quelque chose d'étranger & hors de lui, puis que toutes les fois qu'on lui verse de cette liqueur dans la bouche, il ne manque point de la sentir, qu'il le veuille ou qu'il ne le veuille pas, & que pareillement

lement si on ne lui en verse point, il a beau de nouveau la vouloir gouter, il n'en peut venir à bout, quoi qu'il fasse. Après cela, representez-vous-en un autre, dont les muscles & les fibres de la langue, du gosier & du palais soient construits, ou couverts de quelque glaire ou membrane, de maniere que les particules de cette même liqueur soient trop délicates & trop moles pour en ébranler la moindre partie : il est encore clair qu'un tel homme ne pourra s'en representer les qualitez, qu'il ne la dedaignera, ni ne la desirera point, & qu'elle lui sera aussi indifférente qu'elle le seroit à une pierre sur laquelle on l'auroit répandue.

De même figurez-vous *Adam* dans l'état d'innocence, auquel Dieu l'avoit créé, & vous verrez que n'ayant commis aucun péché, dont il ignore même le nom, il n'est pas possible, tant qu'il reste dans la même situation, qu'il en connoisse non plus la laideur. Bien loin de voir en lui aucun membre sale & deshonnête, ses actions les plus brutales lui paroissent les plus naturelles & les plus simples ; mais d'abord que le crime de desobéissance a succedé à sa justice, l'ignorance du péché a pris fin, les yeux de son entendement ont été ouverts, & sa propre conscience l'accusant, lui a donné une idée distincte du bien & du mal. Mais comme tous les objets étrangers font une bien plus grande impression sur les sens, la premiere fois qu'ils les touchent, que dans la suite, ce que les mains des Artisans expérimentent tous les jours au travail, en ce que d'abord le moindre exercice les entame, au lieu qu'avec le tems, elles s'endurcissent tellement, qu'à peine sentent-elles les outils, qui leur servent dans leurs operations; il est arrivé, ou par l'infirmité de sa nature altérée, ou par l'exercice de mille crimes réïterez, que son entendement s'est émoussé, & que son cœur de chair a pris enfin tellement la forme, non seulement de calus, mais de pierre, qu'il est devenu comme insensible, & a bû le péché comme le poisson fait l'eau sans s'en apercevoir. D'où je conclus avec raison, que la brutalité des Sauvages vient de ce que leur esprit est dépravé, au lieu que les actions de nos premiers parens étoient un pur effet de leur simplicité, ou de leur innocence.

La peine imposée à la femme est qu'elle enfanteroit avec douleur. Comme c'est ma croyance qu'encore que jamais l'homme me n'eût enfreint les commandemens de Dieu, il n'eût pas laissé de mourir pour cela, je me persuade aussi fortement que la femme n'auroit pas laissé non plus d'acoucher avec les mêmes douleurs qu'elle sent à l'heure qu'il est. Il y a divers exemples, qui nous en convainquent, dont l'un des plus sensibles est celui de l'Arc en Ciel. C'est presentement une vérité reconnue de tous les savans, que l'Iris n'a rien de réel, qu'il ne subsiste que dans l'œil du spectateur, qui se trouve situé entre le soleil & une nüée, qui fond en pluye, & que sa cause n'est autre que la réfraction des rayons de ce même Astre au travers de chaque goute d'eau : d'où il suit qu'au cas qu'il ait plu avant le déluge, comme il n'en faut nullement douter, on n'aura pas manqué d'apercevoir ce Meteore, & qu'ainsi ce qui étoit naturel, a été changé en un signe d'institution, pour la consolation des peuples avec lesquels Dieu a bien daigné traiter aliance. C'est la même chose des sacremens : les Juifs faisoient, avant Christ, une espece de communion, les Païens une sorte de batême, & s'ils ont presentement plus de force, c'est parce qu'au lieu qu'ils ne marquoient parmi eux que

la

la delivrance de la captivité d'Egipte, & le purgation de quelques legeres offenses, ils nous désignent maintenant la grace, le salut & la vie. Il en est de même de l'enfantement : ce qui étoit un signe de la foiblesse de la nature, comme nous le voyons encore aux bêtes, a été changé en un signe de desobéïssance envers Dieu, & bien que cette sentence ait été prononcée à *Eve*, & ainsi à toute sa posterité, il ne s'ensuit pas qu'elles en doivent toutes subir la peine. Une preuve de cela est qu'il est ordonné à tout homme de mourir une fois ; cependant nous voyons un *Enoch* & un *Elie* faire une exception à cette regle. Dieu promet souvent dans sa parole de donner à ceux qui le craignent, la pluye, pour la fertilité de leurs champs ; néanmoins tout le monde sait qu'il y a quantité d'endroits, où l'on ignore ce que c'est que pleuvoir. La Providence ne s'opose guere aux loix, qu'elle a elles-même prescrites a la nature : tout le sent de l'ordre qu'elle y a établi, & il est certain qu'encore que les pays chauds, où les habitans ayant les pores plus ouverts, sont plus dégagez, & ont les membres plus flexibles, que n'ont ceux qui demeurent vers les cercles polaires, contri-

buent

buent beaucoup au foulagement des femmes pendant l'enfantement, il eft conftant qu'elles fentent pourtant quelque douleur, qui, quoi qu'elle ne foit pas égale à celle qu'endurent les autres, ne laiffe pas de fatisfaire à la peine.

Je paffe à la difficulté fuivante, & je dis que quand ce que Mr. *Leeuwenhoek* affure de la femme feroit vrai, comme je le croi, quoi que plufieurs habiles gens ne le lui accordent pas, il ne s'enfuivroit nullement pour cela que tous les paffages, qui en parlent, euffent rien de contradictoire, & de répugnant. Perfonne ne doute que par la loi de procurer femence à fon frere, il ne faille entendre la néceffité indifpenfable, qui engageoit les cadets à prendre la femme de leur ainé, lors qu'elle reftoit veuve fans enfans, pour lui procurer lignée : il ne faut que le fens commun pour comprendre cela; cependant il eft fûr que de ce feul principe influë l'entiere explication de la queftion propofée. Car fi par la femme il faut entendre les enfans, comme il paroît encore par le texte au fujet duquel nous fommes en différend avec les Anabatiftes : la femence de la femme brifera la tête du ferpent : puis qu'il eft certain que de quelque

que biais qu'on le tourne, on ne sauroit entendre autre chose par semence, que ce qui naitra de la femme, soit que, selon ces Messieurs, on veuille que la particule relative se raporte à inimitié, ou qu'elle regarde à semence, comme nous le prétendons, cela ne diminuë point la force de mon argument, parce qu'au même endroit il est fait mention de la semence de la femme, & de la semence du serpent, entre lesquels Dieu mettra inimitié, & que comme nous l'avons montré, ce qui naît de la femme, est principalement attribué à l'homme, il est évident que l'on peut aisément conclure qu'un fils n'est dit apartenir à sa mere qu'à cause qu'elle l'a porté dans ses flancs, & qu'elle l'a nourri de sa propre substance: au lieu qu'il est dit proceder du pere par la génération. C'est ainsi que le langage des hommes veut que l'on nomme les petits d'une poule, les poussins, qu'elle a couvez, quoi que les œufs, dont ils sont sortis, aient été pondus par d'autres. Ajoutez à cela que le Saint Esprit, qui est un Esprit de consolation, & non pas de desespoir, se voïoit forcé, après la faute que la femme venoit de commettre, & la peine qui alloit lui être im-

imposée, de relever ses espérances par quelque promesse avantageuse, & qu'ainsi la raison & la coutume autorisent également un fait, qui ne semble embarrassant qu'à ceux qui n'ont pas pris la peine de l'examiner.

La question du vaisseau d'airain de *Salomon* se résoud, à mon sens, par un raisonnement semblable à celui que nous avons employé au sujet des deux grands luminaires. Ce n'a point été l'intention du Créateur, de nous instruire directement de tous les misteres des Mathématiques ; c'est assez qu'il donne à l'homme l'esprit & la capacité d'y trouver les choses nécessaires pour le bien de la Société. La sentence de gagner son pain à la sueur de son front, doit avoir son cours, c'en est ici une suite : & d'autant que celui qui desire de manger, doit travailler, ceux qui veulent trouver la quadrature du cercle, doivent la chercher dans leur cerveau, ou dans les livres qui en traitent, & non pas dans les sacrez cayers, qui n'ont rien moins pour but que de satisfaire à leur vanité. Outre qu'il auroit semblé ridicule à bien des gens, si le Saint Esprit en eût agi dans cette occasion, suivant les lumieres ou les regles des Géo-
metres,

metres, puis qu'alors les libertins auroient pû lui reprocher, avec plus de vrai-semblance, qu'il n'en savoit pas plus qu'eux : au lieu que négligeant de se servir de leurs termes, il est clair qu'il étoit plus avantageux pour tout le monde en général, qu'il en parlât suivant la commune opinion des hommes, d'autant plus que c'étoit une chose, qui n'étoit nullement essentielle à notre salut, & qui étant, de plus, impénétrable, ne se découvrira jamais, non plus que la transmutation des métaux, où personne ne travaille qu'il ne courre risque de vuider sa bourse, & de perdre l'esprit. Il y a des gens, qui ont d'autres méthodes pour lever cette difficulté, en ce que les uns veulent que ce vase ait été en forme de rose; les autres qu'il ait eu la figure d'un lis entre-ouvert, dont les extremitez des feuilles sont renversées, & d'autres encore autrement : mais tout cela est absurde, & si puérile, qu'il ne mérite pas qu'on y réponde. Voici le lieu, où il faudroit, suivant l'ordre de ma lettre, dire un mot de l'interruption du cours des astres, causé par la priere de *Josué*, mais je ne vois pas, après ce que nous avons allégué à ce sujet, & par raport à la mer d'airain, qu'il qu'il y reste plus rien à éclaircir, parce que ce sont des questions paralleles. J'y ajouterai seulement que quand *Josué* auroit sçu que c'est la Terre, & non pas le Ciel, qui tourne, ce qui pourroit bien n'être pas sans que la mémoire de ce grand homme en fût pourtant moins glorieuse, comme en effet, il n'est nulement aparent que les Prophetes, les Apôtres, & généralement tous les Saints Personnages, nommez tels dans le Vieux & dans le Nouveau Testament, ayent eu une parfaite connoissance des arts, il n'auroit rien dit que *Copernic* lui-même, & moi, qui suis peut-être plus fortement persuadé du mouvement de cette masse qu'il ne l'a jamais été, n'eussions dit dans une telle occasion, parce qu'encore que l'on sache le contraire, on doit, dans les affaires qui ne sont d'aucune conséquence, c'est-à-dire, ni préjudiciables aux hommes, ni desagréables à Dieu, se conformer aux maximes établies, & aux aparences.

Enfin que tout ait été créé de rien, cela est manifeste : il est clair aux yeux mêmes des plus grands profanes que jamais le libertinage ait produit, qu'il faut nécessairement qu'il y ait un Dieu, c'est-à-dire un être souverain, tout puissant, tout

con-

connoissant &c. Ce siecle a fourni des Philosophes, qui, outre tout ce qu'on en avoit dit, & ce que nous en savions, l'ont démontré avec tant d'évidence, qu'il n'est pas possible de le révoquer en doute. Qu'on rejette tant que l'on voudra cent autres véritez qui sautent aux yeux, la foiblesse de la chair rend en quelque façon de si grandes fautes pardonnables; mais il n'y a rien, qui nous mette à couvert du chatiment, que mérite le crime de douter d'un être, qui ne cesse de se manifester à nous; sans mentir, il me semble qu'il faut être extrêmement opiniâtre, & avoir bien peu de jugement, pour aimer mieux poser la matiere éternelle, ou du moins capable de s'être tirée elle-même du néant, d'où il s'ensuivroit que l'intelligence lui seroit essentielle, ce qui est absurde, ridicule, & contraire à l'expérience, que d'établir l'existence d'une Divinité, de laquelle il paroît, par tout ce qui se passe dans la Nature, que la sagesse est sans bornes, puis qu'il est infiniment plus dificile de se représenter le premier que le dernier. Mais je puis dire qu'encore que j'aïe parlé à de grands libertins, je n'en ai point trouvé jusqu'à présent, qui fussent assez

dépour-

dépourvûs de bon sens, pour nier que Dieu est le seul être, auquel on doit a-tribuer, au suprême degré, toutes les plus hautes perfections. Et d'autant qu'il répugne, suivant l'idée que nous en avons, qu'il soit sujet à aucun changement, & que la longueur, la largeur, la profondeur & la figure, sont des qualitez sujettes à mille révolutions différentes, il apert que Dieu, pour en être exemt, doit nécessairement être spirituel ou immatériel, c'est-à-dire sans étenduë aucune, quoi que par sa puissance infinie, il remplisse les Cieux & la Terre. Cela étant, quelle difficulté trouve-t-on à concevoir Dieu, j'entens d'une maniere proportionnée aux facultez d'une créature finie, avant que la matiere fut créée? Certe', je ne croi pas qu'il y en ait plus qu'à le concevoir à présent, puisqu'il est sûr, comme nous l'avons déja remarqué, que la nature du corps étant constituée par l'étenduë, au lieu qu'il ne faut que la pensée pour constituer la nature de l'esprit, il est évident qu'il n'occupe non plus de place dans l'univers, qu'il y en occupoit avant la fondation du monde. Voilà, Monsieur, ce que je répondrois succintement à ceux qui me proposeroient

roient les difficultez, que je vous avois communiquées. Car pour le mot de créer, dont je faisois mention en même tems, chacun sait qu'il n'y a point de langues, où il ne se trouve des termes qui ont plusieurs significations, & qu'ainsi cela ne nous doit faire aucune peine. Au reste, on pourroit, comme vous le voyez, s'étendre infiniment sur chacun de ces points en particulier; mais supposé que j'aye à faire à un Chrétien, dont les lumieres sont fort étenduës, j'ai cru que cela devoit sufire pour satisfaire la curiosité que vous aviez de savoir comment je m'en tirerois avec honneur. Si vous trouvez néanmoins que les comparaisons, dont je me sers, ne soient, ni justes, ni assez fortes, ou qu'il reste encore quelque chose à éclaircir, vous m'obligerez de m'en avertir, puis que je suis &c.

LET-

LETTRE LVI.

à Mademoiselle M. A. de L.

MADEMOISELLE,

J'Etois en balance si je devois vous écrire ou non, ne sachant pas le moyen de faire adresser ma Lettre à une personne, qui est éternellement en campagne, & qui n'arrête chez elle que par la force du mauvais tems, ou lorsque quelque importun comme moi, l'y retient ; mais voyant renouveller l'année, je me suis imaginé qu'il faloit hasarder de nouvelles offres de services pour renouveller la connoissance, & vous assurer de mes respects, si je voulois vous engager à me continuer votre amitié. Comment ! vous vous vous fâchez, & vous vous mettez en colere de ce que je dis que vous n'arrêtez jamais en un lieu ! Vous avez beau tempêter, cela n'empêche pourtant pas que ce ne soit là la réputation que l'on vous donne ; je ne reçois point de Lettres de chez vous qu'elles ne soient remplies de vos entrées & de vos sorties. Tantôt on me dit que vous avez pris la poste pour Aix,

Aix, & tantôt la barque pour Brusselle: un jour j'aprends que vous venez de partir en carosse pour Amsterdam, une autre fois que vous ne faites que d'arriver en litiere de la Haye: enfin, il n'y a sorte de voiture, dont vous n'affectiez de vous servir dans l'occasion, & que de nouvelles promenades ne vous fassent mettre en usage. Le bruit même a couru que vous aviez fait faire un palanquin, à la mode des Grecs, & que vous en aviez inventé un d'une autre sorte, qui ressembloit assez au char de triomphe de *Tamerlan*.

Après cela, jugez, je vous prie, de mon étonnement. De bonne foi, n'est-il pas vrai que vous croyez que de semblables nouvelles me surprenent? Sans doute que vous le croyez: cependant vous ne vous en trompez pas moins pour cela. Non, non, imaginez-vous hardiment que je n'en ignore point la cause: vous voudriez peut être bien que je vous le disse, mais je m'en garderai comme de tomber au feu: la vérité ne veut pas toûjours être dite; il ne faudroit que cela pour me brouiller avec vous. Ne me le commandez pourtant pas, je vous en suplie, j'aurois de la peine à vous rien refuser, & mon

mon récit ne vous contenteroit pas. Cependant si mes conjectures sont bien fondées, vous persévérez dans la résolution de le vouloir savoir à quelque prix que ce soit; hé bien, n'insistez pas davantage, puis que vous le desirez, je vous le dirai. C'est votre fierté, Mademoiselle, qui en est la cause, & ce plaisir, que vous prenez à rendre votre Empire plus glorieux que ne fut autrefois celui des Romains. Est-il possible que vous n'aperceviez pas qu'il y a de l'inhumanité à en agir de la sorte, & qu'après avoir captivé dans U. tout ce qu'il y avoit de sensible, c'est être absolument injuste de vouloir pousser vos conquêtes jusques au delà des frontieres des Pays-Bas? Sérieusement vous devriez avoir plus de considération, & user plutôt de vos charmes & de vos enchantemens sur nos ennemis, pour leur faire perdre l'esprit, que de les mettre en usage au milieu de notre Patrie.

Mais après tout, j'ai peur que je ne me trompe, & que les esprits fins ne manquant point de Politique, vous ne fassiez tous ces voyages pour remplir votre ville d'Adonis, & contraindre tout ce qu'il y a de susceptible aux inévitables traits de votre aimable fils *Cupidon*, de la venir rendre plus célebre, afin que ses habitans puissent dire qu'un Ange incarné a été l'unique cause de leur bonheur.

Pour moi, je vous avoüe que la beauté à tant d'ascendant sur mes sens, que j'aurois le bien d'y être vû, dans cet agréable séjour, si le vent m'avoit été favorable, & que le port, qui en est grand & magnifique, fût accessible à ceux qui métaphoriquement ne sont que de la race des Spitamiens. Je vous flate, Mademoiselle; ce n'est point la grandeur du port qui m'en exclut, c'est votre indifférence, ou votre propre grandeur, qui ne vous permet pas de vous abaisser jusqu'à aller faire une révérence aux Pilotes, sans la direction desquels il est impossible d'y être introduit, de sorte qu'il ne tient qu'à vous de lever cet obstacle: il ne vous en coutera que trois paroles à Mr. *Dykfelt*, votre parent : le passage, qui m'étoit interdit, me deviendra d'abord accessible, & au lieu que je me voi forcé de ne vous parler que rarement, ou par le ministere de ma plume, j'aurai lieu de vous aller rendre mes devoirs en personne, & vous assurer tous les

jours

jours que je suis fort dévotement, &c.

LETTRE LVII.

à Monsieur Kepel de Dinx-Hof.

MONSIEUR,

IL y a bien des gens qui croyent que la langue Hebraique est riche en expressions extrêmement significatives, qu'elle ne nous paroît sterile qu'à cause que ce que nous en avons est renfermé dans les Saintes écritures, & que quoi qu'elle ait eu vraisemblablement des Grammairiens, & des Auteurs profanes, leurs écrits ont entierement disparu, & ne sont point parvenus jusqu'à nous. Je ne suis point du tout de ce sentiment, je m'imagine que sa grande disette vient principalement de ce que dans les premiers siecles, les arts & les métiers, étant pour la plûpart inconnus, les hommes n'ont été que bien tard dans la nécessité d'inventer des mots pour en marquer les proprietez & les usages.

Ce qui me confirme dans cette pensée, c'est que les Grecs, qui ont été savans

& induftrieux, ont eu un langage fort étendu, & qu'il y a aparence qu'ils l'ont enrichi à proportion des découvertes qu'ils faifoient dans les fiences, afin de s'en pouvoir entretenir à fond, & en donner une idée claire & diftincte à la pofterité par des écrits, où les paroles & les regles fuffent également intelligibles. Et cela leur a été fi particulier dans l'Europe, que les Romains leurs voifins, autrefois fort ignorans, en recevant leurs maximes & leurs préceptes, ont été forcez d'emprunter en même tems d'eux les termes, dont ils fe fervoient pour les leur inculquer, & leur aprendre la fignification de mille chofes, dont ils n'avoient jamais oüi parler auparavant. Delà vient que le Latin, en lui-même, eft effectivement pauvre, & que fi l'on n'avoit recours au Grec, on ne fauroit s'en fervir pour traiter fur tout des Mathématiques, de la Philofophie & de la Médecine, qu'avec beaucoup de circonlocutions, & d'une maniere fort imparfaite.

Quelque abondante, après tout, que foit une Langue, il eft humainement parlant impoffible qu'elle foit complette à tous égards; la raifon en eft que ce que certains peuples favent, les autres l'ignorent,

rent, & que ce qui est commun dans un païs, ne se rencontre point du tout dans un autre. Cela étant, il n'est pas surprenant qu'un Indien sache ce que c'est qu'une certaine feuille, qu'il fait infuser dans ce qui lui sert de breuvage, puis qu'elle croît dans ses terres, & que moi, qui n'en avois point vû avant qu'elle nous vint du Levant, ne la distingue, comme lui, des autres simples, que par le nom de Thé, que lui même lui a imposé. Il faut pourtant avouër que ce n'est pas toûjours faute d'expressions que l'on tire d'ailleurs des couleurs pour representer au naturel les images de sespensées. Je connois quantité de François, qui quoiqu'ils entendent leur langue, négligent de s'en servir à la rigueur dans une conversation familiere en différentes occasions, & ne font nulle difficulté de dire, par exemple, qu'ils aiment les *pannekoeken* à la folie, qu'ils ont mangé du *schelvis* ou du *cabeliauw* à midi, qu'ils ne sauroient se faire à la *dicke bier* &c.

Je ne suis pas plus exemt de ces foiblesses que les autres, j'y tombe fort aisément, & souvent je ne fais aucun scrupule de m'exprimer en François, au sujet de certains faits, qui ne sont pas même connus en France. Pour vous en donner une preuve évidente, Monsieur, c'est qu'encore que je n'aïe point entendu parler de Noce d'or ou d'argent, dans les lieux où j'ai été élevé, la coutume voulant dans ces Provinces que l'on célebre ces jours-là comme nous fêtons parmi nous les Rois & le Mardi-gras, ce qui, au contraire, n'est presque point du tout praticable ici, j'ai bien voulu pour la satisfaction de ma chere Compagne & de mes enfans, leur faire un joli régal après vingt-cinq ans de mariage, mais qui selon eux auroit été défectueux, s'il n'eut été accompagné d'un de mes petits ouvrages Poëtiques. Monsieur *le Jeune*, que vous connoissez pour un beau génie, l'a trouvé assez de son goût: je vous en envoye une copie, dans l'esperance qu'il sera aussi du vôtre. Si nous passons encore autant de tems ensemble, ma pauvre cacochime de femme & moi, j'en composerai un autre sur la Noce d'or, dont je vous promets, Monsieur, de vous faire part des premiers.

Voilà qui va très bien, me direz-vous, vos vers sont beaux & bons, mais je m'accommoderois sans comparaison mieux du repas. Je n'en sai rien, vous êtes accoutumé

tumé à faire bonne chere ; l'extraordinaire chez moi, n'est que le simple ordinaire chez vous : si vous n'avez dix ou douze plats à votre soupé, vous demandez si c'est jour de jeûne. De semblables hôtes épouvantent ceux qui s'imaginent qu'il est Dimanche, quand ils se voyent servir une méchante soupe & un médiocre roti. On auroit pourtant passé par dessus cette difficulté, mais comme il ne s'y est rien servi qu'en étain, & que j'apréhende bien, au train que les affaires prennent, qu'à la prochaine cérémonie il ne paroisse que des vaisseaux de terre, je ne pense pas devoir admettre à ma table, dans de semblables conjonctures, où tout doit être dans l'ordre, & avoir un juste raport à ce qui se passe, des *gastes*, qui abondent en toutes sortes de pieces d'orfèverie, de peur qu'ils n'insultent à ma pauvreté, & ne m'en estiment moins. Plaisante défaite ! continuërez-vous, comme si je ne savois pas par expérience de quel air tout va dans votre maison. Je l'avouë, vous avez raison : le prétexte, dont je me sers, n'a aucun lieu à l'égard d'une personne comme vous, qui préférez la simplicité d'un cœur ouvert & bien intentionné, à la magnificence d'une ame boufie & plâ-

trée,

trée. Je vous aurois sans contredit invité, mais ayant d'autres amis en grand nombre, je n'ai pas osé prendre l'un, de peur de formaliser les autres : je me suis borné à ma famille, c'est la pure vérité, comme il est incontestable que rien ne m'empêchera d'être éternellement &c.

LETTRE LVIII.

à Monsieur Smittegelt.

MONSIEUR,

JE ne donne point mes sentimens pour des véritez incontestables ; j'avouë franchement, sur tout lors qu'il s'agit de philosopher, que ce ne sont bien souvent que des conjectures; cependant, pour vous avoir dit par occasion, que la Terre, ou cette croute qui couvre le Globe que nous habitons, ne peut avoir au plus, que huit ou dix milles d'Italie d'épaisseur, vous en voulez d'abord tirer une conséquence, qui ne va pas moins qu'à saper les fondemens du Christianisme, donner martel en tête aux simples, & ébranler la foi des dévots & des personnes bien intentionnées, par raport à la bienheureuse résurection,

surection, comme si ce volume de matiere ne sufisoit pas pour revêtir d'un nouveau corps toutes les ames raisonnables qui ont été depuis le commencement, & celles qui viendront jusqu'à la fin : c'est aller bien vite en besogne; vous raisonnez pourtant.

En effet, on ne sauroit nier qu'encore que contre le sentiment de presque toutes les Nations, il n'y ait qu'autour de six mille ans que Dieu forma le premier homme, le nombre de ses descendants ne soit si prodigieux que leur volume n'égale ou ne surpasse même la pesanteur de la Masse de la Terre.

Pour rendre cette proposition évidente, il ne faut qu'examiner les itineraires de la Chine, ou le Dictionaire de Mr. *Moréri*, ou verra que les chefs des maisons y étant obligez, sous peine de punition, d'avoir un écriteau pendu devant leur porte, où est marqué le nombre des personnes qui composent leur famille, ce qui facilite le moïen au Souverain de savoir combien d'habitans il y a dans ce vaste païs, on y a trouvé une fois cinquante-huit millions neuf cents quatorze mille deux cents quatre vints quatre hommes, âgez de vingt ans & au-dessus, capables de

por-

portes les armes, sans conter la famille Royale, les Magistrats, les Ennuques, les Soldats, les sacrificateurs, les femmes & les Enfans; ce qui étant, il est indubitable que la quantité des créatures raisonnables en tout, devoit aller à trois ou quatre cents millions au moins. Ces gens là, l'un portant l'autre, ne sauroient manquer de se renouveller tous les cinquante ans ou environ, parce que nous mourons la plûpart jeunes.

Ces peuples, suivant les mêmes Auteurs, prétendent avoir subsisté de tout tems; les Chrétiens qui ont examiné leurs monumens & leur Chronologie, avoüent franchement qu'on ne peut pas nier qu'ils ont été, près de cinq mille ans consécutifs, gouvernez par des têtes couronnées, dont les noms, la vie & les actions sont exactement marquées. Les principes de notre Religion ne leur permettant pas de leur en accorder davantage, ils mettent le reste au rang des fables. La Chine au reste ne fait pas la dixieme partie des païs habitez. Tout cela étant bien calculé, comme il est aisé à faire, on trouvera qu'il doit déja avoir passé une multitude prodigieuse de créatures humaines.

Il n'est pas moins facile de trouver en piez cubiques, la quantité de matiere que la Terre contient. Ajoutons à cela qu'un pié cubique de sable pese cent trente-deux livres, au lieu qu'un d'eau ne va qu'à septante-deux; & d'autant que nous sommes composez de l'un & de l'autre, il est sûr que devant ressusciter de belle taille, c'est-à-dire de cinq à six piez de haut, bien-faits, & en bon point, on ne sauroit nous donner moins à chacun de cent cinquante-deux livres de pesanteur, ce qui fait, moitié un, moitié autre, un pié cubique & demi de matiere; il s'ensuit, comme vous l'avez remarqué, qu'il n'y en a point assez pour cela, & qu'à plus forte raison, il doit s'y en manquer beaucoup, si le monde est plus ancien que nous ne le croyons, & qu'il dure encore quelques mille années.

On me dira qu'au lieu que je m'imagine avec Mr. *des Cartes*, que la Terre est creuse, on le persuade au contraire, qu'elle est solide & contiguë de toutes parts; ce qui étant, elle ne sauroit manquer de sufire à revêtir de chair plus de personnes qu'il n'y en a aparemment jamais eu ; mais c'est un abus: Je confesse qu'il est impossible de déterminer au juste la profondeur

fondeur de cette masse terrestre; ce qu'on en peut dire d'assuré, c'est qu'elle ne sauroit être que fort médiocre.

Il n'y a point d'Astronome bien sensé, qui n'admette à l'heure qu'il est, le sistême que l'on attribuë à *Copernic*, & qui ne sache, pour peu qu'il soit versé dans la Phisique, qu'il faut nécessairement que ce soit la Terre qui tourne autour du Soleil, & non le Soleil à l'entour de la Terre: cette vérité étant incontestable, il paroît clair comme le jour, par les taches que l'on aperçoit continuellement, par le moyen des Telescopes, sur la surface de ce grand Astre, qu'il n'est pas besoin qu'elles soient extrêmement épaisses, pour faire obstacle à ses rayons, & le rendre un corps opaque, comme cela a manqué de lui arriver bien des fois, lequel doit nécessairement conserver assez de force ou d'agitation dans la matiere subtile qu'il renferme, pour le faire continuer à tourner autour de son propre centre, comme font toutes les planettes sans exception. Or il est certain que notre Globe est une des Etoiles errantes la moins épaisse en solide, qui se trouve dans notre Tourbillon: la raison en est évidente par les loix de la nature & les regles de la Mécanique.

que, qui nous aprennent que tous les corps qui tournent en rond, s'éloignent du milieu du cercle qu'ils décrivent, à proportion de leur solidité & de leur agitation. La matiere subtile, qui est restée dans la Terre, la fait tourner toutes les vingt-quatre heures, autour d'elle-même : il faut qu'elle soit extrêmement étenduë pour cela, & que la croute qui l'a couvre ne soit pas fort considérable.

La Lune, au contraire, ne tourne autour de son centre que tous les mois une fois, marque de sa grande solidité.

Il faut remarquer de plus, que la Terre, après *Mercure* & *Vénus*, est la plus proche Planette du Soleil ; *Mars* en est plus éloigné, & *Jupiter* avec *Saturne* le sont tant, qu'il faut que leurs croutes soient d'une épaisseur incroyable ; & il est constant que les cometes le doivent être tellement, que c'est proprement leur pesanteur qui a été cause qu'elles ont été poussées hors de leurs Tourbillons, à l'extrémité desquels, après de certaines révolutions, elles nous deviennent quelquefois visibles. Quelque solides que soient d'ailleurs toutes ces Planettes, il est nécessaire qu'elles soient creuses en dedans, autrement elles resteroient sans mouvement

ment propre, attachées à la circonférence concave du Ciel, qui les environne, comme cela est aisé à demontrer; d'où il paroît, ainsi qu'il a été dit, que la Terre, qui est placée extrêmement bas, doit être d'une grande legéreté: cependant quelque déliée qu'on la puisse imaginer, cela ne doit nullement alarmer les Fideles: celui qui a fait toutes choses, a des ressources de reste pour suplér au défaut du marchepié de ses piez; s'il n'y a pas assez de terre pour en revêtir tous les hommes, il peut en créer de nouvelle, & reculer les bornes de l'Univers, afin qu'il la puisse contenir. Si non, il ne tiendra qu'à lui de prendre de la matiere de l'une des autres Planettes, & si les partisans de Mr. de *Fontenelle*, qui soutient dans sa pluralité des mondes, que tous ces Globes sont peuplez, prétendent qu'on en aura autant à faire là qu'ici, on pourra, avec la permission de Messieurs les Théologiens, expliquer à la lettre, le passage du chapitre quinzieme de la premiere épitre aux Corintiens, où l'Apotre déclare que le corps sensuel ressuscitera corps spirituel, c'est-à-dire aërien, suivant le langage des Auteurs du vieux Testament; puis qu'alors il ne sera besoin que d'une d'une quantité convenable de la matiere que nous respirons, prise dans les espaces imaginaires, ou dans la vaste étenduë du grand tout, & dont un pié cubique ne péle que les ⅔ parties d'une once, ce qui n'auroit aucune difficulté, & rendroit notre nature beaucoup plus conforme au séjour où doivent habiter les Elus.

Enfin, je conclus par une espece de répétition, que de quelque maniere que cette promesse, qui nous a été révélée, s'accomplisse, cela nous doit être indifférent: le souverain Etre, dont les voyes sont incompréhensibles, saura bien choisir le moyen le plus convenable pour l'exécution d'un si grand dessein; nous devons nous en reposer sur la parole qu'il nous en a donnée, & n'en douter non plus que si nous en avions déja vû la fin.

Vivons cependant en repos, & d'une maniere qui soit en édification à notre prochain, sans nous alambiquer l'esprit, & vouloir aprofondir des misteres, qui sont infiniment au-dessus de notre portée; c'est tout ce que je vous puis dire sur ce sujet.

Quand vous me ferez des questions de mathématiques, je m'expliquerai d'une maniere

niere plus intelligible, & vous ferai voir à l'œil, que les lumieres que j'ai aquises dans cette sience, égalent le zele avec lequel vous savez que je fais profession d'être véritablement,

MONSIEUR &c.

LETTRE LIX.

à Madame la Baronne de G.

MADAME,

Vous voulez bien, après vous avoir importunée personnellement l'espace de quinze jours, que je vous occupe aujourd'hui un moment par la lecture de cette Lettre. Ce sont deux actes, dont l'exécution étoit absolument nécessaire : vos commandemens tenoient lieu de raison au premier ; la justice autorise le second : on peut vous obéir par respect, mais on doit s'aquiter de son devoir par les regles de la bienséance. Ne pensez pourtant pas que je le fasse avec toute l'exactitude qu'un si grand sujet le requiert ; il me faudroit plus de tems que je ne vous en viens de demander, ou plus d'adresse que

que n'en a le commun des hommes : je ne veux vous tracer de ma plume que ce que j'aurois bien defiré de vous dire en vous quitant; il me fut alors impossible de m'exprimer de la maniere que je l'aurois fouhaité. C'eſt le foible de mes organes de m'abandonner au befoin: mon imagination me fournit affez de matiere, mes penſées fe prefentent même en foule pour fortir, mais la langue, qui comme un pinceau fin & fubtil, voudroit bien les repréfenter avec leurs plus vives couleurs, ne fait fouvent par où commencer. Je crois qu'il feroit expédient, dans ces fortes de rencontres, d'avoir un maître de cérémonies, pour leur donner à chacune le rang qu'elles prétendent mériter. J'avouë néanmoins que la confufion n'en auroit pas alors été moins confidérable : toutes mes conceptions n'étoient pleines que de ce qui vous concerne uniquement, elles euffent toutes voulu paroître à la fois, & quelle préférence, je vous prie, auroit-on été en état de leur donner? Oui, Madame, je ne penfois qu'à l'acueil, que vous aviez eu la bonté de me faire, à l'honneur, que j'ai reçû dans votre Maifon, aux careffes, que l'on m'y a faites, aux foins, que vous avez pris

pris que j'y fusse bien traité, au desir, que vous témoigniez de m'y voir rester davantage, aux actions de graces, que je vous devois pour tant d'honnétetez, & à la reconnoissance, où ce nombre de bienfaits m'engagent indispensablement. Croyez-vous que ce soit peu de chose, Madame, que d'avoir l'esprit rempli de tant de différens sujets à la fois ? Le Ciel vous garde de l'embaras, où des obligations si importantes sont capables de jetter l'ame la plus forte ! Qui sait, toute éloquente que vous êtes, si vous ne seriez pas aussi interdite que moi ? Il est d'une homme obligé comme d'un homme coupable : celui-ci ne parle point, de crainte d'en dire trop, celui-là n'ose rien dire, de peur de n'en dire pas assez ; l'un est müet par les sentimens de son crime, l'autre a la bouche close à cause de son insolvabilité. Cependant quoi que je sois du nombre des derniers, je ne prétens pas qu'il me soit reproché d'avoir observé trop de silence, là où les longs discours étoient de saison : non seulement on a inventé des mots pour s'exprimer, on y a ajouté des signes & des caracteres ; ma plume peut aisément supléer au défaut des deux autres.

Et

Et profitant de vos Leçons,
Vous rendre grace en cent façons,
Mettre son adresse en pratique,
Loüer, priser en Prose, inventer de beaux
    vers,
Et déployer aux yeux de ce vaste Univers
Ce que vos actions ont de plus héroïque.
Mais, je l'ai déja dit, il faudroit trop de tems,
    Tous les hivers & les printems,
Qu'un siecle nous fournit n'y pourroient pas
    sufire,
    Non, pour agir en gens sensez,
    Je croi qu'il vaut mieux n'en rien dire,
    Que de n'en dire pas assez.

Voilà, Madame, comme on se tire d'affaire; au lieu d'un compliment fort étendu, que je vous ai fait espérer, & que vous étiez sans doute dans l'attente de trouver ici couché dans toutes les formes, vous n'aurez que des excuses de mon insufisance à trouver le secret de m'y bien prendre.

Contentez-vous de l'aveu sincere, que je vous fais, d'être toûjours votre redevable, & de l'être d'une maniere à ne me pouvoir jamais aquiter ; mais soyez aussi persuadée que la reconnoissance, que j'en ai, ai, a moins de bornes que l'éternité. Je périrai plutôt que de permettre au tems d'effacer de ma mémoire le moindre des vestiges, que vous y avez gravez par tant de témoignages d'amitié, & je m'en ressouviendrai si bien, qu'il ne me manquera que les occasions pour vous donner des preuves indubitables que je suis véritablement, &c.

LETTRE LX.

à Mademoiselle D: de R,

MADEMOISELLE,

NOn, je vous le dis tout franc, Mademoiselle, je n'eusse jamais cru que vos caracteres eussent tant de vertu, & que vos charmans Billets fussent des contrepoisons à vos détestables magies. Je n'eus pas plutôt reçu celui que le Messager m'aporta Mécredi au soir, de votre part, que voulant faire un effort pour l'empoigner de la main droite, à dessein d'en faire la lecture, tandis que de la gauche je tenois la chandelle, qui auroit été trop pesante pour un pauvre bras enchanté, qu'une je ne sai quelle vertu,

que

que vos expressions ont de pénétrer l'épiderme, & traverser les nerfs, qui aboutissent au centre du siege de l'ame, m'en ota la douleur dans un instant; de roide qu'il étoit comme une barre, il devint plus souple qu'un gant; de sorte que je m'en sers presentement comme auparavant. Se peut-il, vrai Dieu, que vous ayez ignoré ce remede? Et s'il vous a été connu, je vous prie, ne craignez-vous pas que les foudres du Vatican vous fracassent, de ce que vous laissez souffrir un misérable, qu'il ne tient qu'à vous de guérir dans le moment?

Sachez qu'un péché volontaire
Irrite la Terre & les Cieux,
Et que lors que l'on peut guérir un malheureux,
C'est un crime mortel que de ne le pas faire.

Quand vous n'auriez commis que cette faute, depuis que vous avez l'âge de discrétion, je vous déclare la plus criminelle de toutes les Nimphes, & je ne sache point de victime que vous même, capable de l'expier par son sang: qui lit l'entende: mais qu'il en soit, ou qu'il n'en soit pas, il est sûr que je me porte bien
pre-

presentement, & qu'il me prend quasi envie de vous avoir de l'obligation de vos remedes, d'autant plus, quand j'y pense, que j'ai lieu de me croire assez bien vengé, puis que vous avouëz vous-même que ma lettre écrite à rebours, vous a fait suër à grosses goutes, & tenuë quelques jours avant que d'avoir trouvé par hasard, que vous étiez plantée devant un miroir, le moyen de la déchiffrer. Vous avez là un merveilleux secret ; j'avouë que si vous étiez aussi mal en ordre que je l'ai été depuis votre départ, je n'aurois garde de vous soulager de si loin, je n'ai ma foi point de recettes assez éficaces pour cela, & je doute fort que celle de Mr. *Digbi*, ce célébre partisan de la simpatie, ait de semblables propriétez.

Mais à propos de maladies & de guérisons, le bruit court qu'il y a ici & aux environs, une quantité de Demoiselles bourgeoises, car enfin, cela est au dessous des personnes de qualité, qui à peu près dans ce même tems, & par le même principe de dévotion, qui porte le Roi de *Congo* à guerir des écrouëlles, se sont aussi voulu mêler de guerir quelques pauvres garçons à demi brûlez, pour s'être trop exposez aux ardeurs violentes

du

du feu St. *Elme*, dans leur fatale navigation vers l'île de *Calipso*, qui n'avoient peut-être pas dequoi aller chez l'Apoticaire *Fleuran*: mais comme je doute qu'elles eussent jamais lu *Glaser*, & qu'elles sçussent tous les surprenants effets de la distilation, il est arrivé par malheur, en presence de ces fortunez patiens qu'elles avoient introduits dans leur Laboratoire, (car remarquez, par parentese, que rejettant la précaution, dont vous vous servez, elles ont cru avec raison, que la charité ne défendoit pas d'aprocher les personnes afligées ausquelles on veut faire du bien ;) il est arrivé, dis-je, qu'après avoir soufflé à un Instrument de Chimie, en forme de Chalumeau, pour préparer sans doute leurs drogues, à la maniere de ceux qui soufflent l'Antimoine, ou des *Vénitiens*, lorsqu'ils séparent le cuivre d'avec l'or, que le corps leur a enflé peu à peu, & est devenu comme une tonne. Vous ne sauriez croire combien de gens ces tristes accidents mettent en peine : on prétend que l'obligeante *Van S.* & la pieuse A. sont du nombre de ces intéressées ; il est toûjours vrai qu'elles sont sorties d'ici, pour aller faire leur quarantaine ailleurs, & respirer l'air libre des champs, comme font

Tome I.   O   les

les pestiferez, mais je ne pense pas que cette sorte de contagion ait beaucoup de raport à celle que le Psalmiste avoit préférée à la famine. Il y a des naturalistes, qui voulant philosopher sur la cause de ces enflures, ont prétendu que cela étoit arrivé par la fermentation de quelque matiere visqueuse, dont ces chalumeaux, que l'on avoit aparemment négligez, & laissez dans quelque lieu humide, s'étoient insensiblement remplis, & de laquelle elles ont été pénétrées, en reprenant leur haleine, sans les avoir retirez de leur bouche. Quelques Astrologues, qui ont recours aux influences des Astres, ont voulu expliquer la nature de cette matiere, en disant qu'il faloit nécessairement, suposé que cela fût arrivé pendant le croissant de la Lune, que ce fût de la semence d'huitres, de moules, ou de semblables animaux, amis de la coquille, parce que, disent-ils, suivant qu'elle est nouvelle ou vieille, ces poissons sont pleins ou décharnez.

Enfin, un Jurisconsulte, ne trouvant plus rien à dire que sur l'Instrument, le reste étant d'ordinaire un peu abstrus pour ces Messieurs, a soutenu, soutient & soutiendra devant toutes les Cours souveraines

veraines de l'Europe, qu'il faloit de nécessité nécessitante, par la raison des contraires, qu'il fût tôrs, puis qu'il est absolument impossible que le droit soit cause de si grands malheurs, & traine après soi de si dangereuses conséquences. Il apuye son argument sur un passage formel du *Corpus Juris*, qu'il ne me convient pas de citer dans cette lettre, puis qu'il est en une langue, que vous n'entendez pas; mais le pauvre homme se trompe lourdement, puis que ma grand Mere, à qui la même chose est arrivée plus d'une fois, témoigne tout le contraire. Je n'entends rien à ces illustres siences, mais s'il m'étoit permis d'en dire mon sentiment, je me rangerois du côté de l'opinion la plus commune, qui veut que ces Tuyaux fussent remplis de la quintessence du plus bel ouvrage qui sortît jamais des mains de *Rhée*, laquelle étant extrêmement couruë en France, dont nous affectons de suivre exactement les modes, a été portée par un doux *Zephir*, jusque dans la Province de Frise, & delà, par réflexion, en nos quartiers, où elle est presentement en plus grande estime que jamais. Après tout, puis que vous ne m'avez fait aucune mention de cette ma-

maladie, il est à presumer qu'on ne la croit pas là où vous êtes, si dangereuse qu'étoit celle qu'avoient nos vaches, il y a cinq ou six ans : & qui sait même si vous ne vous en moquez pas; de l'humeur que je vous connois, vous en êtes tout à fait capable; pour moi, qui suis aussi sensible aux maux qu'endure mon prochain qu'aux miens propres, je vous jure que si je savois le moyen de les soulager, je le ferois de tout mon cœur. Graces aux nuës, j'entens dire de mon cabinet, à de bonnes vieilles, qui passent devant mes fenêtres, que le mal n'est pas en effet si dangereux ni si extraordinaire qu'on se l'étoit imaginé, & que ces cheres filles, Dieu aidant, en seront quites pour souflèr encore une bonne fois, après quoi l'enflure disparoitra infailliblement, mais j'aime mieux que ce soit *Moer-Elsie* que moi, qui leur tienne alors le.... front, pour empecher pendant les efforts qu'elles feront, d'atraper le mal de tête.

Hé bien! Mademoiselle, que dites-vous de cette souflerie? Si vous aviez un souflet, qui souflât de cette maniere-là, ne le trouveriez-vous pas joli pour soufler votre feu? Sans doute. — Mais je ne m'aperçois pas que je vous soufle tant aux oreil-

oreilles que cela pourroit bien vous causer quelque catare. Il ne faudroit pas que j'emplifiasse mes réponses sur toutes les périodes de votre lettre, comme j'ai fait ma premiere proposition sur le seul mot de vertu, que je lui ai attribué à l'entrée de la mienne, à moins que je ne vous voulusse jetter dans un labirinte, d'où vous auriez plus de peine à sortir, que vous ne trouvez de difficulté à voler avec *Astolfe* dans le monde Lunaire.

Mais laissons là ces mondes imaginaires: peut-être aussi bien n'y pensez-vous plus, ne m'en disant pas un mot: il y a aparence qu'éloignée de votre solitude, où vous n'aimiez qu'à rever, le plaisir, que vous prenez dans les parties de divertissement des plus honnêtes gens de *Leeuwaerden*, vous les a fait entierement oublier: patience, je m'en consolerai avec le tems, quoi que ce fût l'un des plus beaux sujets de nos conférences, moyennant que vous vous souveniez tous les Dimanches une fois de celui qui dans le monde present & dans celui qui est à venir, fera gloire de se dire, &c.

LETTRE LXI.

A Mademoiselle J. de L.

Vous avez beau fermer la bourse, Mademoiselle, c'est en vain que vous ayez résolu de ne point faire d'autre dépense qu'en Café, il faut qu'il vous en coute aujourd'hui trois sous en port de lettre : c'est bien le moindre mal que je vous puisse faire, après celui que vous m'avez causé à dessein. Il me souviendra plus de quatre jours du fatal voyage de S. Je ne suis pas assez fou pour y retourner avec vous, je me moque de vos carosses à ce prix-là, & j'aimerois mieux aller à pié toute ma vie, qu'un jour dans une voiture si commode, pour y souffrir, comme j'ai fait à votre dangereux côté. Je ne voulus pas vous dire alors que vous étiez la cause de mon desastre.

Autant que je le pûs, je cachai ma langueur,
    Et pour faire votre vigueur,
Vous savez comment j'eus recours aux artifices ;
    Je n'en voulois qu'aux Apollons,

Et chacun m'avoüa qu'aller à reculons
Ne convenoit qu'aux écrevices.

Ce n'étoit pourtant rien moins que cela : mon naturel n'y pouvoit pas contribuer ; un homme enjoué & de mon âge, est ordinairement trop robuste, pour ne pouvoir pas suporter les mouvemens d'une machine branlante. Le soleil ne dardoit pas ses rayons si à plomb, qu'ils ne fussent suportables à une tête qui en a renvoyé de plus perçants dans des climats moins froids que n'est celui, que vous habitez. C'est quelque autre chose, Mademoiselle, qui cause toutes ces défaillances à mon pauvre cœur. Cette Clef, cette Clef des cœurs (c'est le nom d'un petit livre), dont vous méditez toutes les regles avec tant d'exactitude, est capable de faire de terribles fracas dans les ames, sur tout quand elle est conduite par une main comme la vôtre.

Avec un tel Passe-par-tout,
Quel cœur pourroit jamais vous refuser
l'entrée ?
Le plus dur de cette contrée,
Si vous voulez l'ouvrir, vous en viendrez à
bout.

Le mien, helas! qui est le plus tendre du monde, n'avoit garde de résister un moment; le premier coup de poignet, que vous lui donnâtes, soutenu par la force de ce que la Nature a de plus charmant, en fit jouër les ressorts les plus cachez: vous l'ouvrites incontinent, & Dieu sait dans quel desordre vous le jettates. Jamais il n'avoit été si ému; vous en ébranlâtes tellement toutes les parties, que je crus plus d'une fois, dans l'état où je me sentois, que je l'allois perdre par la transpiration. Que vous avoit-il fait, ce pauvre cœur, Mademoiselle, pour le traiter si rigoureusement? Etiez-vous en doute des sentimens avantageux qu'il a généralement pour le beau sexe? Ne vous avois-je pas dit souvent que j'ai toute la déference possible pour lui; & que je préfere la moindre de ses faveurs au plus précieux tresor, dont un cerveau blessé soit capable de flater un visionnaire? Vous vouliez savoir si j'étois assez lâche pour feindre, vous êtes présentement convaincuë du contraire; vous avez vû que je ne profere rien, qui ne soit véritablement conforme à mes sentimens. Mais que voulez-vous savoir de plus? Vous ne me le direz pas assurément; sachez qu'il

n'a

n'a tenu qu'à moi de l'aprendre. Le secret de tout ouvrir, & de pénétrer jusqu'aux plus secretes pensées, est à cette heure autant en ma puissance, qu'il est en votre pouvoir : vous avez vû vous-même ma Clef, elle n'est en rien différente de la vôtre. C'est un grand avantage que d'avoir les mêmes armes pour se défendre, que sont celles dont notre ennemi se sert pour nous attaquer : je pourrai à notre premiere vûë, user de l'alternative ; je suis sûr, si cela arrive, que je découvrirai d'étranges choses. Donnez-vous de garde que j'en vienne à de telles extrémitez, vous ferez bien de ne m'en donner aucun sujet : car enfin, qui sait si vous seriez bien aise que j'y découvrisse des inclinations, des desseins & des faits, que vous affectez de tenir cachez, & que personne autre que vous ne sait ; je ne le pense pas. Il est naturel à une Dame de faire même mistere d'une bagatelle, & de vouloir persuader aux hommes, qu'elle ignore ce que tout le monde croit qu'elle est capable d'enseigner.

Elle met tout en montre, & feint de la cacher,
 Vous ne la sauriez plus fâcher
Que de faire semblant de connoître ses feintes ;

La sote étale ses apas,
Cependant elle ne veut pas
Qu'on pense que ce soit pour donner des at-
teintes.

Je vous avertis de tout cela, Mademoiselle, afin que l'envie ne vous prenne plus de forcer les avenues de mon cœur.

Ne soyez plus si curieuse,
Contentez-vous plûtôt de ce que vous savez;
La curiosité peut-être dangereuse,
Qui bute à découvrir plus que vous ne devez.

Encore si vous vous étiez contentée de cette violence, passe; mais se moquer ensuite de moi, à mon nez, c'est ce qui est désolant, & que j'aurois desormais bien de la peine à souffrir. Après cela ne vous étonnez pas, si je vous laissois brûler au Soleil, pendant que Mr. G. couvroit agréablement de son chapeau, comme d'un parasol, la tête de Mademoiselle *Marie Anne.* J'étois alors bien éloigné d'avoir pour vous des sentimens aussi favorables, qu'étoient galants ceux de ce charitable *Domine* pour votre sœur. Je n'étois guere moins faché contre Madame B. qui inclinoit de votre côté pour le divertir,

vertir à mes dépens : jamais Amsterdam ne me verra que je ne lui en porte mes plaintes, & que je ne l'instruise à fond des véritables causes du trouble, où vous aviez fait gloire de me jetter. Je suis trompé quand elle les saura, si elle ne prend mon parti, & n'abandonne le vôtre, dans le dessein, comme votre parente, de vous reprocher les rufes dont vous vous servez pour abuser de la simplicité des gens. Après tout, savez-vous bien avec votre Clef, pourquoi je m'étens si fort sur cette matiere ? Ce n'est rien que par maniere de vengeance : je voudrois pouvoir faire le paquet si gros que l'on vous en fît payer double port. Madame de S. s'en tiendroit les côtez de rire, & je serois en partie récompensé du tort que vous m'avez fait. Mais je ne remarque pas que je fais aussi beaucoup de dépense à vous écrire.

J'ai déja consumé près d'une aile d'oison,
De l'encre, du papier, un grand bout de
  chandelle,
Deux heures de mon tems ; jugez, Mademoi-
  selle,
 Si ce n'est rien dans ma maison.
 Il faudroit bien de ces pratiques

Pour remplir ma bourse d'écus ;
Si vos vendeurs de Clefs ne gagnoient jamais
plus ,
Ils n'auroient , par ma foi , qu'à fermer leurs
boutiques.

Il y a pourtant encore une petite consolation pour moi , elle consiste en ce que la poste arrivant chez vous vers le soir , vous ne sauriez faire la lecture de ma Lettre, qu'il ne vous en coute de la lumiere. J'endeve de ce que votre âge ne vous engage pas à porter des besicles : j'aurois fait un vœu à Proserpine, pour la porter à vous envoyer un de ses Lutins, qui n'auroit pas manqué de vous en casser trois ou quatre paires sur le nez, pendant que vous vous seriez éborgnée à débrouiller le sens de mes expressions, & à en examiner les caracteres, que j'ai formez exprès aussi mal que je l'ai pû : c'est alors que j'aurois cru avoir lieu d'être entierement satisfait.

De là vous pourez conclure jusqu'où un Anglois est capable de pousser ses ressentimens, sa haine n'est pas moins à craindre , que son amitié à desirer.

Des

Des animaux de ma structure,
L'Anglois, sans contredit, est un des plus con-
stans :
Jeune, vieux, grand, petit, en tous lieux,
en tous tems,
Il aime avec excès ; mais il hait sans mesure.

Il est de difficile reconciliation ; cependant ne négligez pas les moyens de me mettre en état d'oublier tout ce qui s'est passé entre nous. Quoi que je sois de ces Insulaires, pour y avoir été planté en passant, vous trouverez des dispositions en moi, qui se rencontrent rarement dans les autres. Je suis extrêmement pacifique, je ne demande point de guerre qu'avec ceux qui ne veulent point de paix: en un mot, il ne tiendra qu'à vous que nous vivions dans une parfaite intelligence. La premiere preuve, que vous me pourrez donner de vôtre plein consentement pour une œuvre de cette importance, sera d'employer votre fatale Clef à refermer celui que vous avez si témérairement ouvert. Vous n'aviez point de droit de le traiter de cette maniere, vous en avez encore moins de le tenir en cet état.

Ces traitemens seroient permis
A d'impitoyables Commis,
Qui, quoi que l'on n'eût rien commis,
Agiroient en fiers ennemis.
Mais entre deux parfaits amis,
Jamais ils ne seront admis.
Puis donc que je vous suis soumis,
Vous seriez aux yeux par l'hemis,
Plus fiere que Semiramis,
Si quand j'y pense j'en fremis,
Vous ne tirez ce cœur démis,
De l'état où vous l'avez mis.

Rendez-lui la premiere tranquilité, je vous en suplie; il vit dans de continuelles alarmes, depuis l'ouverture, que vous y avez faite avec votre Clef. Il est plus digne de votre pitié que de votre haine. Vous pourrez, après son rétablissement faire fond sur son intégrité : point de cœur n'aura été plus à vous, & celui qui le possede en sera si reconnoissant, qu'il se fera gloire de le publier par toute la terre. Le tems, qui ne me permet pas de vous en dire davantage, me défend aussi d'écrire presentement à Mademoiselle votre sœur, à laquelle vous aurez la bonté, s'il vous plaît, de rendre le paquet

quet de vers, que j'ai renfermé dans le vôtre. Assurément je la trouve admirable de vouloir féliciter les gens sur les progrès qu'ils font dans la carriere de la vie, au moment qu'elle se croit à deux doigts du tombeau! Je remettrai à l'en railler jusques à ce qu'elle se porte un peu mieux: en attendant faites lui bien mes complimens, & soyez persuadée que je serai éternellement &c.

LETTRE LXII.

à Mademoiselle D. de R.

POur ce coup, Mademoiselle, il s'en est peu falu que vous n'ayez perdu le plus fidele de vos Serviteurs. J'avois tellement rempli mes veines du meilleur vin de la Cave de Mr. *de Schoonouwen*, pendant mon dernier voyage en ses quartiers, & le séjour, que j'ai fait dans sa maison, qu'elles ne le pouvoient plus contenir; son agitation avoit sensiblement augmenté celle de la matiere fumante, que j'y entretiens depuis long-tems: il lui a servi comme de levain; il en a fait
gros

grossir la masse, & en a tellement agité toutes les parties, qui l'étoient déja naturellement, qu'ils ont commencé à bouillir ensemble de toute leur force. Enfin, j'ai été surpris, dans un tems que je n'attendois rien moins qu'une ébulition de sang, que le mien a donné des marques évidentes de son courroux sur toute ma peau. Dans l'espace de vingt-quatre heures, j'avois le corps dans le plus plaisant équipage du monde : on y voyoit toutes les couleurs de l'Arc-en-Ciel.

Jamais l'Iris ne fut d'un si charmant aspect,
J'en fais Juge Zoïle & la noire Critique ;
Il est vrai, s'il en faut parler avec respect,
Qu'à l'égard de la forme, il est plus magnifique ;
Mais le soleil eût-il redoublé ses chaleurs,
Seché nos Lacs, formé mille Arcs à grandes voutes,
Je l'aurois emporté, n'en faites point de doute,
Par la diversité de mes vives couleurs.

En effet, je ne pense point qu'il y en ait aucune, qui ne fut dépeinte sur le cuir de ma pauvre carcasse, avec toutes ses nuances: le rouge, le feu, la rose, l'incarnat, & les autres de cette espece, y étoient au naturel. Il y avoit des endroits, où l'on voyoit un fond cramoisi, bordé & enrichi d'un cercle violet & jaune: le bleu & le cendré n'y manquoient pas: en un mot, je défie *Apelles*, *Zeuxis* & *Parasius*, avec leurs palettes & leurs pinceaux, de rien inventer de plus mêlé.

Et ce qui étoit le plus rare, & que je donne en quatre au meilleur peintre Italien, c'est que ce bel aspect n'étoit pas toûjours le même : il changeoit de fois à autre à une même distance du point de vûë, toutes les diversitez des enfoncemens de la Perspective y paroissoient : de sorte qu'il y avoit de quoi recréer tout le monde, hormis moi, qui n'en étois à la vérité pas des plus contens. Les humeurs peccantes, que j'avois entre chair & peau, joint au feu prodigieux, dont j'étois couvert, comme les poissons le sont de leurs écailles, ne me permettoient pas de fermer les yeux ; je fus sept jours entiers sans dormir.

Bons Dieux ! que je trouvois alors longues les nuits !

Accablé

Accablé de chagrin de douleurs & d'ennuis,
Je souffrois une peine extrême:
Je hais la mort, son nom augmente mon souci.
Cependant s'il falloit vivre toujours de même,
J'aimerois mieux mourir que de languir ainsi.

Mettez-vous en ma place, Mademoiselle, voyez s'il est suportable de perdre entièrement le repos. Quand on seroit le plus sain du monde, on courroit risque, par de trop longues veilles, de voir altérer sa santé: la douceur du sommeil est un restaurant, dont il est impossible de se passer. Graces à mon bon Ange, ces mauvaises heures ont pris fin, je dors comme un loir, à l'heure qu'il est, & n'étoit que la nature demande quelquefois ses petites nécessitez, je croi qu'il ne me seroit pas difficile d'imiter les sept dormans de l'Eglise Romaine, qui firent un somme de quelques centaines d'années sans s'éveiller. Si je dors bien, je ne mange pas plus mal: il est vrai que je ne fais que quatre repas par jour, mais en récompense, je les fais longs, & de peur que les morceaux ne me demeurent au gosier, j'ai soin de les coigner, l'un après l'autre, à grands coups de verre de vin.

A table, au lit, je fais trophée,
Le présent de Cérès ne m'est pas défendu,
  Bachus me plaît, je sais plaire à Morphée,
Et reparer par là le tems que j'ai perdu.

Ne pensez pas que je me donne tout ce bon tems pour l'amour de moi; vous seule en êtes la véritable cause : je demande à vivre dans l'espérance de vous être un jour de quelque utilité : cette considération m'anime, elle seule m'empêche de mourir : cependant vous êtes toûjours méchante, toûjours sévere. Chacun estime le moindre de mes services; il n'y a que vous qui les méprisez; mais ne vous y trompez pas, Mademoiselle, ce qui a un commencement a une fin. Les effets ressemblent ordinairement à leurs causes: à la décadence de celles-ci, succede infailliblement la ruine de ceux-là. Patience, patience, après avoir monté, nous descendrons; le changement est le partage du Genre-humain.

Au refus bien souvent succedent les prieres,
  L'air afable au plus arrogant;
J'ai vû mille Vénus, dédaigneuses & fieres,
  Devenir souples comme un gant.

Vous

Vous ne serez pas toûjours jeune, pas toûjours jeune & belle, pas toûjours jeune, belle & bien faite, pas toûjours jeune, belle, bien faite & adorée de tout le monde : vous serez un jour vieille, on vous verra vieille & ridée, vous deviendrez vieille, ridée & courbée, le temps vous rendra vieille, ridée, courbée & indifférente à vos plus assidus amans. Les jeunes & les vieux ne feront pas incessamment servir leurs chapeaux de parasol, pour vous garantir des traits que l'Astre du jour lance sur nos têtes : vos genoux ne seront pas éternellement l'objet des vœux de mille soupirans : entre-ci & un demi siecle on verra bien du changement dans nos affaires. J'aurai mon tour, s'il plaît à Dieu, & au lieu que l'on ne daigne pas m'honorer des moindres ordres, on n'aura plus recours qu'à moi seul pour tout ce qu'il faudra exécuter. Ne craignez pas pourtant que je me venge alors pas un insuportable refus : la constance est mon partage, je suis le même sans interruption, il n'y a rien, qui soit capable de produire aucun changement en ma personne.

Toûjours humble, toûjours courtois,

Tot-

Toûjours au service des Dames,
Toûjours prêt à passer des Occéans de flammes,
S'il s'agit d'accomplir leurs loix.

Cependant n'abusez pas de ma simplicité & de mon bon naturel: puis que le Ciel m'a rendu la vie à votre sujet, vous en devez être reconnoissante avec nous: servez-vous des moyens qu'il vous offre, donnez de l'exercice à celui, qui ne cherche qu'à vous servir, j'obéïrai avec autant d'empressement que la langueur est grande avec laquelle vous commandez, puis que je serois au desespoir de violer le serment, que j'ai fait d'être jusques au tombeau, &c.

LETTRE LXIII.

à Mademoiselle J. D.

MADEMOISELLE,

JE vous envoye les vers, que vous m'avez demandez pour Madame la Comtesse de *Solms*, mais non pas avec les qualitez convenables à un sujet de cette importance: je m'assure que vous auriez eu
plus

plus de plaisir à me les voir composer que vous n'en prendrez à les lire. A peine pouvois-je achever une ligne de ce fâcheux ouvrage, que je ne me visse accroché en plusieurs endroits : ce n'étoit rien qu'il me vint de belles pensées, il faloit qu'elles eussent du raport au caractere qui en devoit commencer le premier mot, aussi bien qu'à ce qui avoit précédé, & à ce qui devoit suivre, & c'est par malheur, ce qui ne m'arrivoit guere. Je souhaitai cent fois aux galeres le premier inventeur des Acrostiches, & d'autre part, quand je venois à considérer que le nom, qu'il leur a donné, a tant de convenance avec les effets, que ces pieces produisent en les bâtissant, n'en déplaise à bien des gens, je ne pouvois m'empêcher de l'estimer infiniment plus que je ne fais le bon pere *Adam*, au sujet de l'imposition des noms des brutes, puisque malgré tout ce que Messieurs les Théologiens nous en disent, celui-là a fait paroître qu'il avoit plus de pénétration d'esprit, & plus de jugement, à cet égard, que celui-ci, au sujet du Pourceau, qu'il a nommé petits yeux, du Bouc, qu'il a appellé velu, de l'Ane, auquel il a donné le nom de rouge, à cause que ce bêtes sont la plupart de cette couleur dans l'Orient

rient, & ainsi des autres, attendu qu'il ne faut que le sens de la vûë, pour voir que l'un de ces Animaux n'a pas l'œil d'une grandeur considérable, que l'autre a une barbe & beaucoup de poil sur le corps, & que le dernier est d'une telle ou telle couleur : au lieu qu'il faut savoir faire des vers pour s'apercevoir qu'il y en a d'une sorte plus difficile que les autres, & qui mérite d'être nommée Acrostiche, par ce que l'on est souvent accroché en y travaillant. Cependant après bien des acrochemens, j'ai pourtant, bien ou mal, achevé votre Acrostiche.

Ce qui me dépite le plus, c'est que j'en ai eu la peine, & que vous en remporterez l'honneur & le profit : car enfin, l'Ouvrier est digne de son salaire, & puis que vous passerez infailliblement pour en être l'Auteur, il ne faut pas douter qu'après les aplaudissemens qu'attirent les Ouvrages de l'esprit, on ne vous garnisse votre bufet d'un régiment de boëtes de confitures. Si vous êtes pourtant équitable, nous partagerons le butin : je ne veux que peu de chose pour ma part ; vous pouvez hardiment tirer toutes les loüanges : non seulement vous les méritez, mais vous êtes aussi accoutumée à en re-

recevoir, & pour moi, je me contenterai du reste, c'est-à-dire de quelques petites douceurs matérielles, avec lesquelles ma nature a beaucoup plus de raport. Je croi dans le fond que c'est le moins que vous me pouvez accorder, après toutes les faveurs, que vous prétendez que je vous ai faites, & la sincérité avec laquelle je vous ai protesté plus d'une fois, que je suis véritablement, &c.

LETTRE LXIV.

à Monsieur Lemker.

MONSIEUR,

Votre promt départ m'a causé autant de chagrin, que j'avois pris de plaisir en votre agréable compagnie, pendant le dernier séjour, que vous avez fait parmi nous. Je n'eus pas plutôt reçu le *Diploma*, que vous avez eu la bonté de me procurer, & de m'accorder en même tems, en qualité d'un des membres de notre vénérable Magistrat, que je fus à votre Logis pour vous en rendre mes actions de graces: on me dit que vous étiez allé à Kampen avec Mr. votre frere ainé. Vous

Vous revintes quelques jours après, mais ayant apris votre sortie aussi-tôt que votre entrée, vous ne trouverez pas étrange qu'au défaut de ma langue, que votre absence empêche d'agir, je me serve de ma plume, pour vous donner des marques de ma juste reconnoissance : c'est un devoir, dont vous devez permettre que je m'aquite sans aucun délai : si j'en différois l'exécution, je meriterois à l'avenir que vous me traitassiez avec la derniere indifference, puis que ce seroit sembler vouloir payer d'une noire ingratitude la plus généreuse de toutes les honnêtetez. Oui, Monsieur, vous m'avez fait une grace, que je n'oublierai jamais : je n'en envisage point ici la cause, je ne prétens pas en examiner les principes, il me sufit que j'en aie ressenti les effets par votre moyen. Je vous en remercie du plus profond de mon cœur, & prétens vous en avoir une obligation infinie. Ce sont là mes véritables sentimens : si jamais l'occasion favorable de vous en persuader se presente, je vous ferai connoître que je suis fort sincerement, &c.

LETTRE LXV.

à *Monsieur Hibelet.*

ENfin, Monsieur, me voici heureusement de retour dans ma petite cabane, mais non pas avec les sentimens des Lingarites.

Quos aliena juvant, propriis habitare molestum.

Je me ressens encore tellement des fatigues de mon voyage, & je me souviens si bien des incartades que l'on m'y a faites, que de plus de quatre jours je n'en ferai un pareil. De bonne foi, vous imaginez-vous que je sois aussi fou que Don Quixote, qui croyoit que le bernement de son Ecuyer Sancho Pança, ne fut qu'une vision? Et pensez-vous que je ne puisse pas discerner une véritablement franche réception, d'avec une feinte & aparente? Quelle aparence y a-t-il, je vous prie, de se loüer du traitement que vous m'avez fait chez vous, après m'y avoir invité

invité de si bonne grace? Je ne suis pas plutôt arrivé que l'on se saisit de mon manteau avec autant d'empressement, que s'il devoit incontinent être jetté à l'encan pour une vieille dette. On me commande de poser l'épée, comme si j'avois commis quelque crime, qui me rendît indigne de la porter. On m'arrête, on me prive de ma liberté, on ne veut pas me permettre de faire choix d'un Logis à ma fantaisie, & au lieu de me laisser jouir d'un peu de repos, après avoir franchi plus de vingt lieuës d'une haleine, & passé par des chemins plus épineux que n'est celui, que l'on enfile à main droite dans *Francisco de Quevedo*, on me force de me crever de différents mets, en présence de certaines Dames, qui, quoi qu'elles soient assez simples; les unes, pour se laisser gouverner par un homme de votre taille; les autres pour chercher leur masque lors même qu'il leur couvre si bien le visage, qu'à peine se peuvent-elles servir de leurs yeux pour se guider, ne laissent pas de si bien enchanter les gens, que quelque mal que l'on souffre en leur compagnie, on enrage encore d'y demeurer. Après m'avoir chargé l'estomac d'une quantité prodigieuse viandes, & m'avoir rempli de certains vins si violens, que s'il en étoit tombé une goute sur la tête d'un chien, dont le cuir eut été à l'épreuve du canon, elle lui auroit ouvert le crane, & fait sauter la cervelle sans ressouce; je fus conduit dans une sale, qui étoit à la vérité tenduë fort proprement, mais où je me vis contraint de me tenir toute la nuit, étendu jusqu'au lendemain au matin à huit heures, dans un lit, où sans hiperbole, on enfonçoit si avant dans le duvet, que lorsque je me voulus lever, il me falut presque autant de tems pour m'en débarasser, que j'en aurois eu besoin pour venir en ligne droite des antipodes. Ce n'est pas tout, pendant que d'un côté, je sue des goutes grosses comme des chiques, on se travaille de l'autre à inventer de nouveaux moyens pour me dessécher. Je ne suis pas plutôt debout, que l'on recommence à me charger d'importance; on me mene chez des personnes apostées, qui me baignent d'un breuvage, qu'ils ont l'impudence d'apeller sec, sans y ajouter le terme d'humide, ce qu'*Aristote* lui-même n'auroit pas pû s'empêcher de faire, s'il se fût avisé de le prendre pour l'un de ses élémens. La procession est-elle achevée,

achevée, on est surpris d'entendre sonner pour aller à table : j'avois beau crier à mes repas, que je ne fais pas volontiers sans poisson, que ceux, que l'on me servoit, étoient trop gros dans leur espece, que je courois risque de m'en étrangler, on ne laissoit pas de me donner *des Carpes* & des perches, où je trouvois des arrêtes de la longueur d'une demi-aune. Au contraire, on faisoit un carnage épouvantable de pauvres petits animaux à deux piez, qui auroient pû devenir quatre fois plus grands, & dont les os ensevelis dans la chair, & sous la graisse, étoient si menus, qu'ils ne valoient pas la peine de les casser, pour en secouer la moële. Avec tout cela on ne cessoit pas un moment de me presser à boire & à manger : je n'avois pas plutôt nétoyé mon assiette, & vuidé mon verre, que je ne visse un régiment de mains occupées à me les remplir. Je remontre en vain que je n'en puis plus, que le droit des gens veut que l'on me fasse quartier, la chambre retentit de voix, qui me reprochent que je suis un lâche, que je m'aquite mal de mon devoir, & que si l'on me traitoit selon la rigueur des loix des Chevaliers de la table ronde, on agiroit a-

vec

vec moi de toute une autre maniere. En un mot, chacun se cabre contre moi, tout le monde me contredit, & l'on m'accable tellement de ce que le vulgaire ignorant appelle civilitez, que, forcé de rêver avec aplication sur les moyens de m'en venger, j'oublie que j'ai un frere, auquel il faut aller fermer les yeux, de peur qu'il ne s'éblouisse en traversant les grands espaces, qui nous séparent de Royaume des trépassez. Au milieu de toutes ces disgraces, vous me fîtes pourtant la faveur de m'en faire ressouvenir, en prenant la peine de vous charger de la clef de votre cabinet où il y avoit des Lieux, & que vous aviez mise à la porte, mais que par abus, selon vous, vous en aviez aussi retirée : je sai seul, ce que cette bevûe me couta, il me souvient fort bien que ne sachant où aller ailleurs, je fus forcé de me tenir trois heures d'arrache-pié à une fenêtre, afin que la fraîcheur de Saturne, qui tempere beaucoup l'insuportable chaleur de *Procion*, contribuât à me tenir les plus gros pores fermez, en attendant que quelque honnête domestique s'étant levé, me montrât où l'on pouvoit aller suer plus commodément que sous une contrepointe. Ce fut alors

que

que me sentant de fois à autre agoniser, il me vint dans l'esprit que c'étoit là sans doute l'état où se trouvoit mon parent.

Je parlai dès le lendemain de l'aller trouver: on s'y opposa sur le champ, & je commençois même à hésiter sur le parti, que je devois prendre ; mais ce qui acheva de me déterminer, fut l'affront sanglant, que vous me fîtes, en presence d'une compagnie de beau monde, en m'enlevant par surprise une tasse de *chocolate*, qu'une charmante fille m'avoit fort proprement servie, ce qui sous prétexte d'un jeu, où vous vouliez m'avoir attrapé, ne venoit que de la jalousie, qui vous dominoit, de voir le beau sexe s'empresser à me faire mille honnêtetez, pendant que personne ne faisoit pas seulement semblant de vous regarder.

Je partis un peu après, comme vous le savez, plus dans la vûë de me bien divertir à *Heusden*, que d'aller soupirer à *Utrecht*; mais une lettre, que je trouvai chez Mr. *Vedelius*, m'aprit malheureusement que si je voulois voir l'enfant de ma mere en vie, il n'y avoit point de tems à perdre ; que ses Médecins l'avoient abandonné, qu'il avoit reçû son *viaticum* du Prêtre de la Paroisse, que le râle,

râle, qu'il avoit déja à la gorge, étoit une marque certaine qu'il alloit être expedié, & que de quelque maniere que tout tournât, ma présence étoit absolument nécessaire.

Comme graces à la nature, je ne suis pas d'un tempérament fort aisé à ébranler, cela ne m'empêcha pas de colationner de plein fond, & d'aller ensuite visiter quelques-uns de mes anciens amis, moins pour l'amitié que je leur porte, que par le desir de me faire voir. Quoi qu'il y eût bien du tems que nous ne nous fussions embrassez, ils trouverent néanmoins sans contredit, plus de changement en mon caractere, qu'en ma personne: il n'y en eut pas un qui n'aprouvât l'échange que j'avois fait, & qui n'employât toute sa rétorique, pour me marquer la part qu'il prenoit à mon avancement, qui, quoi qu'ancien, étoit considéré là comme nouveau, parce que nous ne nous étions pas trouvez depuis ensemble.

Deux heures après, je montai dans un carosse que Monsr. *Grafwinkel* avoit envoyé de sa maison de campagne, pour me prendre avec mon fils ainé, qui étoit filleul de Madame son Epouse. Il fut fort surpris quand il me vit, d'aprendre, nonobstant

obstant les grands préparatifs qu'ils avoient faits pour nous régaler, qu'un même instant devoit borner chez lui, & mon entrée & ma sortie : il fit tout ce qu'il put, pour m'arrêter, mais voyant bien que cela étoit impossible, il me fit offre d'une nouvelle voiture, qui me mena la nuit à *Workum*, où je passai la riviere, & pris une commodité, qui me porta jusque chez mon cadet. Le pauvre homme étoit extrêmement mal, cependant comme il avoit été pire, j'en conçûs d'abord de bonnes espérances, qui en effet ont été suivies d'un heureux succès; puisqu'il est presque entierement rétabli.

Il ne faut pas mentir, je me serois volontiers réjoui avec lui après l'avoir veillé autour de trois semaines, mais je m'impatientois de voir ma femme : son enflure, que je ne cessois de me representer d'une grosseur prodigieuse, & comme ayant peut-être besoin de quelques coups de lancette, avant que de vouloir disparoître, me fit prendre la résolution de l'aller joindre, quelques instances que l'on fit pour me retenir. De quelque biais que je lui aye representé votre maniere de recevoir les gens, cela étoit toûjours admirable : elle veut même, malgré moi, vous avoir de l'obligation du traitement, que vous m'avez fait; elle vous en remercie, & suplie Mademoiselles *Hibelet* & *Groen*, de la croire passionnée pour leur service. Pour moi, à vous parler ingénument, je ne sai, dans la colere où je suis, si je dois être de la partie, car il me semble que je les devrois plutôt assurer de mon indignation que de mon amitié : cependant je veux bien pour des raisons d'Etat, & de crainte de passer pour partial, faire un effort sur moi-même, & croire que toutes les démarches qu'elles ont faites pour me perdre, n'étoit qu'un effet du zele avec lequel elles prennent plaisir à régaler leurs amis. J'oublierai même, s'il en faut venir jusque là, cette horrible prise de Thé, qui me mit pour leur plaire, à quatre doigts du sepulcre. Enfin, je ferai tout ce qu'elles desireront de moi, jusqu'à leur rendre la pareille, si cela étoit possible; car après tout, raillerie à part, je leur suis infiniment obligé de toutes leurs honnêtetez, & je desire de tout mon cœur de leur pouvoir témoigner par des marques convaincantes, que j'en serai reconnoissant toute ma vie. Je vous ferois bien le même compliment, mais je suis persuadé que

vous

vous ne le recevriez qu'avec chagrin : c'est pourquoi je me contenterai de vous dire pour conclusion, que vous pouvez disposer de tout ce qui est à moi, comme de ce qui qui vous apartient en propre, puis que je suis plus que jamais, &c.

LETTRE LXVI.

à Monsieur Pervilé.

MONSIEUR,

Vous ne me persuaderez jamais que l'explication, que j'ai donnée des difficultez, lesquelles je vous avois proposées autrefois, soient de votre aprobation, sur tout pour ce qui regarde le deluge, pour l'universalité duquel je sai que vous vous seriez toûjours fait crucifier : je me garderai pourtant bien de vous faire apliquer à la torture pour en savoir la vérité ; j'aurois peur de m'atirer de nouvelles affaires sur les bras. Ainsi me contentant de l'honneur que vous me faites de me dire que jamais homme ne fit en cela mieux que moi, & qu'en récompense de mon travail, vous m'aprêtez une guirlande des plus belles fleurs de votre jardin ;

pour

pour me couronner à notre premiere vûë, j'en viendrai d'abord à la question, que vous me faites, savoir pourquoi c'est que la somme des caracteres provenant de la multiplication d'un neuf par quelque nombre que ce soit, est de même toûjours une ou plusieurs fois neuf. Premierement je pourrois vous dire qu'il y a des choses, où il se rencontre de certaines proprietez, au-dessus des quelles il est impossible de remonter. Par exemple, un Géometre, qui sera tant soit peu versé dans son art, vous dira que la diagonale d'un quarré est incommensurable à l'un de ses côtez : il passera outre, il vous démontrera cette propriété aussi aisément qu'il vous fera voir que tout angle au demi cercle est droit, ou que les trois angles d'un triangle sont égaux à deux droits; mais qu'il vous montre la cause de cette propriété, c'est ce qu'il ne sera jamais d'une maniere, qui se puisse concevoir; je nie même qu'il soit en sa puissance d'en avoir aucune idée. Je démontre moi-même cette proposition, qui est la 117. du 10. livre d'*Euclide*; j'en indique les utilitez, & avec tout cela, convaincu que je suis de son évidence, je ne saurois m'empêcher de me demander à moi-même me comment il est possible que deux lignes droites bornées n'ayent aucune commune mesure dans l'univers: mais je veux vous contenter d'une autre façon.

Pour le faire en peu de mots, vous devez savoir que la Multiplication est proprement une Addition, par laquelle on fait voir la somme d'une racine positive autant de fois répétée, qu'il se rencontre d'unitez dans une autre racine proposée. Cela étant, posons que 10. & 2. soient ces deux racines, alors 2. fois 10. feront ou égaleront 20. mais suivant la proposition, l'une des racines doit être 9. donc 2. fois 10. ∻ 2. ∞ 18. ∞ 10. + 8. qui font ensemble la somme de 9. en contant seulement les caracteres positifs. De même 7. fois 10. ∞ 70. Or de 70. il en faut soustraire autant d'unitez que le multiplieur en contient, selon l'hipotese: ce nombre sera donc 7. ainsi l'on aura 70. ∻ 7. 60. ∞ 63 ∞ 3. ou 6 + 3 + 9. puis que le zéro n'entre point ici en conte.

Pour plus grand éclaircissement, je viens à une répétition, & je dis sans me servir des caracteres d'égal ∞ de plus + & de minus ∻, que puis que la Multiplication n'est au fond, qu'une Adition réité-

réitérée, il paroît que depuis 9. au-dessus, à mesure que les dizaines augmentent, les unitez diminuent d'un nombre égal, d'où il suit qu'elles doivent nécessairement faire neuf ensemble, cela est évident. Par exemple, au-dessus de 9. comme il vient 1 dans la premiere colomne, qui fait une dizaine, le caractere de la seconde colomne diminuë d'un, & devient 8. parce qu'il a falu en ôter 1. du second 9. pour l'ajouter au premier, afin qu'il devint une dizaine.

Pareillement vous voyez que si la premiere colomne devient un 2. la seconde colomne doit par la même raison, être réduite à un 7. ce qui fait ensemble neuf en nombre, à cause que ce ne sont pas des dixaines, mais des neuvaines, ou si vous voulez, la somme d'une ou de plusieurs fois neuf, que l'on ajoute à la somme proposée.

Si ce que je viens de dire, n'est pas encore assez clair à votre fantaisie, faites-le moi savoir, s'il vous plaît, & je vous ferai une table, qui commencera par neuf, & ira jusqu'à cent, ou à mille, à quoi j'ajouterai une nouvelle explication, & cela jusques à ce que vous m'entendiez ; car quoi que ce téoréme ne soit d'aucune ne utilité dans les fiences, & que vous ne me l'ayez sans doute proposé que par un principe de curiosité, je prétens que vous soyez satisfait.

Mon frere l'Officier, qui en qualité d'Enseigne, avoit passé en 1638. avec Guillaume le grand, aux iles Britaniques, comme je vous l'ai fait savoir, en est revenu Lieutenant aux Gardes, ce qui lui donne rang de Capitaine, de sorte qu'il n'a pas tout à fait perdu sa peine, dans cette fameuse expédition. Comme il joue fort, & qu'il est homme à gagner ou à perdre trois ou quatre mille écus dans une soirée, il est d'une magnificence, qui le fait aller du pair avec bien des Colonels, il m'est venu voir suivi de deux laquais à livrée, & tout couvert d'or & d'argent : il m'a fort chargé de vous faire bien des amitiez de sa part, le reste de ma famille vous fait de même la révérence. Je suis, &c.

LETTRE LXVII.

à Monsieur Smittegelt.

MONSIEUR,

Comme suivant l'Ecriture, un abîme attire un autre abîme au son de ses canaux, selon moi, une civilité en demande un autre : & tout de même qu'on peut dire, avec quelque justice, à un homme, qui nous veut traiter du haut en bas, *Cur te habebo ut Consulem, si me non habeas ut Senatorem ;* la raison veut qu'à un courtois nous paroissions aussi honnêtes, puis que, *Par pari referendum est.* Voilà bien du Latin, Monsieur, mais c'est du Latin, qui vous fait voir à quoi votre multitude prodigieuse de ceremonies & de loüanges m'engageroient, si j'étois obligé de suivre à la rigueur toutes les regles de la bien-séance. Il faudroit que j'allasse chercher dans les enfoncemens obscurs de l'antiquité, la gravité d'un *Caton,* la mémoire d'un *Seneque,* l'éloquence d'un *Démosthene,* le génie d'un *Archimede,* & en un mot, toutes les belles qualitez d'un *Apollon ;*

pour

pour leur comparer les vôtres, si bien qu'au lieu d'une simple Lettre, je serois forcé de vous charger d'un volume tout entier, mais votre modestie m'en dispense. Je suis persuadé que comme vous aimeriez fort que si quelqu'un avoit à se plaindre de vous, il vous apellât à témoin de sa déclamation, vous ne seriez pas bien aise de vous entendre loüer en face, puis que blâmer une personne en son absence, est lui oter les moyens de se justifier, & que c'est lui donner de la confusion que de faire son éloge en sa présence. Je ne vous dirai donc rien, qui sente le compliment, au contraire, je vous ferai d'abord remarquer que je suis extrêmement surpris qu'un homme de votre caractere me demande la solution d'un nombre de questions, qu'il devroit mieux savoir que moi, & que vous desirez d'entendre mes sentimens sur d'autres, qui surpassent la portée de notre nature humaine, ou si vous l'aimez mieux, qui ne sont nulement de mon ressort. Car encore que je sois autant Philosophe, c'est-à-dire amateur de la sagesse, que jamais *Salomon* l'ait été, puis que je lui sacrifierois volontiers toutes les richesses du Pérou, si je les avois en ma puissance,
&

& que je sois actuellement Professeur depuis long-tems, il ne s'ensuit pas pour cela que je doive résoudre toutes les difficultez, qui nous peuvent venir dans l'esprit. Une partie de celles que vous me proposez, dependent de la connoissance des langues saintes, où je ne me suis jamais beaucoup exercé : les autres apartiennent à la Théologie, dont je ne mêle qu'autant qu'il est nécessaire pour entendre sa religion : & les dernieres sont du nombre de celles, qui ont déja émoussé en vain les plus fortes plumes, & des anciens, & des modernes. Ma Profession de Mathématicien me dispense d'entrer dans le détail de toutes ces chicanes, puis qu'il n'y a rien à démontrer, & qu'il ne s'y rencontre que des conjectures, des opinions, & tout au plus des probabilitez.

Cependant, d'autre part, vous usez de trop grandes instances, pour vous renvoyer à vuide : il est sûr que vous auriez sujet de croire, ou que je ne vous estime pas digne de vous répondre, ou que je n'en ai pas la capacité. Ainsi l'amitié, que vous m'avez toûjours portée, & la bonne opinion dont vous êtes infatué, je ne sai pourquoi, en faveur de notre petit savoir, courroient risque de di-

diminuer sensiblement dans cette conjoncture. Pour me conserver l'une, & vous laisser en partie dans l'autre, je vous envoye la copie d'une lettre, que je fis tenir l'année passée à Monsr. *Parvilé* : vous verrez de quelle maniere j'y résous la plûpart des questions que vous m'avez communiquées.

Pour ce qui est de la Trinité, c'est un mistere auquel je n'ose toucher : tout ce que je vous en dirai, sera que si nous étions apellez sous serment pour rendre raison de notre foi, on ne me trouveroit peut-être pas fort éloigné des sentimens de Mr. N.

Il y a tant d'années que je me promene dans les chemins vastes & éclairez de la Géométrie, que je ne souffre qu'avec peine les sentiers étroits & ténébreux de la Religion. Tout ce qui ne se démontre pas m'est suspect ; mais aussi sans vanité, il est peu de chose que je ne me puisse démontrer à moi-même, & surquoi je ne me contente aisément. Je sai bien que l'on me dira qu'il se rencontre même dans mon métier des difficultez insurmontables, comme par exemple la quadrature du cercle, mais c'est un abus grossier : il n'y a point de loix, qui défendent

dent aux foux de s'imaginer qu'ils sont Rois, pourvû qu'ils ne regnent que dans leur cerveau. S'il y a des gens assez imbéciles pour vouloir réduire un cercle en quarré, il ne s'ensuit pas nécessairement qu'il puisse y en avoir un qui soit absolument égal à un cercle. Il est vrai que cela est difficile à concevoir pour ceux qui ne sont point versez dans cette sience, mais il ne le doit point être, à celui qui sait qu'il y a des lignes droites, qui sont incommensurables entre elles, c'est-à-dire, qui n'ont aucune commune mesure, car si je ne puis diviser la diagonale d'un quarré en de si petites parties qu'une quantité déterminée de ces mêmes parties remplisse justement un de ses côtez; pourquoi ne pourrai je pas me representer, qu'un cercle ne peut jamais non plus être divisé en des portions si petites, qu'elles remplissent précisément l'espace, qui se trouve entre quatre lignes égales, qui fassent la figure d'un quarré? Mais que l'on s'attache à l'un ou à l'autre tant que l'on voudra, on n'y rencontrera rien, qui répugne, & cela doit suffire pour la satisfaction de notre nature foible & finie. Dans le fond, il y a bien de la différence entre une idée, en quelque façon confuse

fuse, que l'on peut avoir d'un sujet, & la manifeste contradiction que l'on remarque évidemment dans un autre. Les regles les plus exactes de la Géométrie ne sauroient m'assurer de la grandeur positive de ma table, mes sens sont trop grossiers, & mes instrumens trop imparfaits pour me permettre de la mesurer au juste; néanmoins elle ne laisse pas de contenir une certaine étenduë précisément, qui lui est propre, qui a ses qualitez & ses modes, distinguez de ceux d'un autre sujet, de maniere qu'on n'y peut rien apercevoir d'absurde, & qui soit capable de donner la gêne à l'esprit. De tout cela il vous sera aisé de recueillir que je veux de l'évidence ou de la possibilité par tout : j'en voudrois de même dans le mistere, dont il s'agit, & je pense que cela n'est pas tout à fait impossible. J'ose même dire qu'il ne m'embarasse point : l'explication, que j'en donne, est claire & intelligible, mais je ne la confie point au papier, je vous la communiquerai de vive voix à notre premiere vûë. Je ne vous dirai rien non plus ici touchant les démons, que ce que je vous en ai déja déclaré de bouche : que l'on n'en croye non plus que je croi qu'il y a de sorcier, ou de semblables

blables chimeres, ou que l'on s'en figure autant qu'il y a d'étoiles au firmament, c'est dequoi je me mets fort peu en peine. Messieurs *Daillon* & *Becker* ont beau les anéantir avant que je m'en scandalise; tout ce que je voudrois, comme je l'ai dit au dernier, qui étoit de mes amis, seroit qu'ils se fussent mieux ménagez qu'ils n'ont fait: le premier n'auroit pas été obligé de se rétracter, & le second auroit évité les reproches qu'on lui peut faire d'avoir voulu être plus sage que son maître, en ce qu'il veut corriger des abus, que *Jesus Christ* n'avoit pas voulu toucher, quoi qu'il les vît ouvertement régner de son tems, & parmi les Payens & au milieu des Juifs.

Mon unique dessein, entre nous, est de vous faire remarquer la pensée qui m'est venuë sur le terme de *Rahab*, qui fait le dernier article de votre lettre: car comme je le dirai dans la suite, pour ce qui est de la vie & du comportement de cette femme, je croi qu'il n'y avoit rien à redire, & que la bévuë vient uniquement de ce que les Hebreux n'ont qu'un mot pour exprimer débauchée & hotesse.

Cette pensée est qu'il n'y a point d'action, considerée en elle-même, qui soit mau-

mauvaise, & je puis protester que j'ai été de ce sentiment avant que j'aye sçu que Mr. *Puffendorf* & d'autres ayent soutenu la même these dans leurs écrits : ce qui me persuade que c'est une connoissance naturelle, qui est en nous, & pour l'aquisition de laquelle nous n'avons besoin, ni de préceptes, ni de révélation. Il ne faut, à mon sens, que faire une revûë générale de tout ce qui se passe sur la terre, tant parmi les hommes, qu'entre tous les autres animaux, du moins c'est le biais dont je m'y suis pris, pour m'y confirmer.

Je remarque qu'il n'est point de créature vivante, qui ne vienne au monde destituée de toute chose nécessaire à son entretien, & avec l'inclination de conserver, & sa vie, & son espece. Elle employe, pour se satisfaire, toutes ses forces & toutes les rufes, dont elle est capable: cela lui est naturel, & tellement naturel, qu'il n'y a rien qui puisse lui en faire perdre les sentimens. Je voi dès le commencement les hommes, mâles & femelles, se mêler ensemble sans distinction, & vivre en communauté de toutes choses. Les termes de mon, de ton, de son, leur sont tout à fait inconnus: ils ne ne suivent que les simples mouvemens de la nature, laquelle ne sait ce que c'est que de larcin, de paillardise, de meurtre, pour les distinguer des actions du boire & du manger. Bien loin d'être scandalisez que l'on se blesse ou se tuë, ils trouvent en eux-mêmes, comme dans les bêtes des champs, écrit en gros caracteres, *Vim vi repellere licet.* Leur vie même leur est à charge, lors qu'ils soufrent quelques notables incommoditez, & ils n'aperçoivent rien, ni dans leur intérieur, ni ailleurs, qui leur défende de sortir d'un lieu, où les plus grandes douceurs leur paroissent être changées en amertume.

En poussant cette pensée sur toutes les autres actions de la vie, je remarque que le monde commençant à se peupler, il y a des contrées qui s'épuisent de vivres; la nécessité en contraint plusieurs de sortir de leurs cabanes ou cavernes, pour aller chercher dans d'autres climats, dequoi se soutenir. Ils s'adressent à de mieux avitaillez: les femmes, qui sont d'ordinaire plus tendres & plus pitoyables que les hommes, reçoivent ces étrangers de la maniere la plus honnête; elles leur donnent dequoi se laver les mains & les piez;

elles

elles leur preſentent des rafraichiſſemens & des vivres de toutes ſortes : enfin, elles s'abandonnent elles-mêmes à leur diſcrétion, parce qu'elles s'imaginent que ſi elles n'en viennent juſque là, elles n'obſervent pas à la rigueur tous les devoirs de l'hoſpitalité. Cela étant, une hoteſſe ſera une femme civile & honnête, qui reçoit charitablement les étrangers, & qui leur fait gratis toutes les careſſes imaginables, comme l'on ſait que cela ſe pratique encore en quelques endroits, & ſur tout parmi les agréables *Circaſſiennes*.

Enſuite les loix divines & humaines intervenant, ce qui n'étoit qu'une action naturelle, eſt devenu un pêché mortel. Ceux qui étoient en poſſeſſion de certains effets, pouvoient par là en jouir paiſiblement ſans aucun danger de les perdre, de maniere qu'au lieu de loger les gens par charité, on a commencé à les retirer par interêt, ſans avoir ſoin de diſtinguer, par quelques termes différens, les premieres hoteſſes d'avec les ſecondes ; on les a fait changer de maximes, & l'on ne s'eſt point aviſé de leur impoſer un autre nom. D'où vous voyez, Monſieur, que ce n'eſt pas merveille que l'on ait pris *Rahab* pour une paillarde, auſſi-tôt

tôt que pour une simple hôtesse, sur tout dans un tems où le sexe n'avoit guere de liberté, & qu'on avoit vû *Jésus-Christ* se familiariser avec des gens de mauvaise vie, & les traiter d'une bien autre maniere qu'ils ne l'étoient sous l'ancienne dispensation : comme il n'est pas surprenant de voir que l'on punisse aujourd'hui, entant que mauvais, parce qu'il est défendu par la Loi, ce qui étoit mis au rang des plus hautes vertus, lors que l'on ne respectoit que la nature. Maintenant, que cette pensée soit de mauvaise conséquence, c'est ce que je nie absolument. Dieu, qui est parfait au souverain degré, ne peut rien faire, qui ne soit d'une perfection achevée, puis qu'autrement cela répugneroit à son essence. Il a beau commander aux Israëlites de butiner sur les Egiptiens : & ensuite de punir ceux qui se font tort en la moindre chose ; d'autoriser l'inceste au milieu des Juifs, où les Cadets devoient prendre la femme de leur ainé pour lui procurer lignée, qu'il condamne parmi les chretiens : il a beau établir des cérémonies en qualité de Juge, qu'il anéantit comme Médiateur ; tout ce qu'il dit, tout ce qu'il ordonne, est juste. De même, quoi que les actions des hom-

hommes soient indifférentes en elles-mêmes, d'abord qu'il vient à les défendre, elles deviennent pernicieuses & damnables, par raport à ses commandemens & à ses Loix. Il en est de cela comme d'un homme qui fait le bien naturellement, & d'un autre qui le fait par l'étude de la morale, & pour tâcher de plaire à ses Supérieurs ; car autant que celui-ci est estimé au-dessus de celui-là, autant doit être loüé celui qui s'abstient du mal, parce que Dieu le défend, au-dessus de celui qui ne le fait point, à cause qu'il s'imagine que cela est contre la coutume, la bienseance, ou sa constitution, qui ne sont dans le fond que les effets de l'éducation, qu'il a reçüe sous la direction de ses parens.

Au reste, vous voyez bien que, pour traiter cette pensée dans toute son étendue, il faudroit remuer bien des machines, & noircir beaucoup de papier : mais cela seroit inutile à un homme, qui est capable de la pousser aussi loin qu'il veut, & d'y faire les réflexions nécessaires à un sujet de cette nature. Pour moi, j'y fais celle-ci, que je suis infiniment satisfait de ce que la loi nous engage à reconnoître les honnêtetez que l'on nous fait, mais je suis marri de ce que la fortune ne m'est pas assez favorable, pour mettre ses commandemens en pratique : si la puissance égaloit en moi la volonté, j'en ferois sentir les effets à bien des gens : sur tout, mon cher ami, vous pouvez conter là-dessus, que vous ne seriez pas des moindres, puis que c'est par une pure inclination que je suis, &c.

LETTRE LXVIII.

à Monsieur Sibelius.

MONSIEUR,

JE vous avouë ingénument que je ne suis pas assez bien versé dans aucune langue, pour pouvoir vous marquer, par des expressions fortes & vives, la joïe que j'ai conçuë en parcourant votre agréable Lettre, & la part, que je prens dans tout ce qui regarde votre personne & vos intérêts. Comme j'aprouvai votre dessein de passer en Angleterre, d'abord que vous m'eutes fait l'honneur de me le communiquer, je ne trouve pas aussi étrange que ses habitans vous flatent de l'espérance d'un heureux établissement, ou parmi mi eux, ou en Irlande; car je ne pense pas que ce que vous m'en dites, se fasse par une pure complaisance, & simplement pour aplaudir à ma nation. Les Lettres de Mademoiselle votre Epouse, à laquelle il n'est pas possible que vous puissiez rien déguiser, ont trop de raport à la mienne, & le détail que vous avez la bonté de me faire de vos affaires, est si ingénu, & si bien circonstancié, que je n'y aperçois rien, qui ne quadre merveilleusement bien avec tout ce que j'en avois pensé auparavant. Je suis donc ravi, encore une fois, de ce que la fortune vous rit, & que le Ciel semble vouloir vous faire cueillir à l'avenir les doux fruits du pénible & long travail de vos études & de vos voyages; & je trouve que de ces fruits l'emploi de Médecin de Milord *Sidnei*, n'est pas assurément le moins glorieux & le moins considérable. C'est pourquoi, Monsieur, vous devriez bien prendre garde ne le pas négliger. Cependant je ne saurois m'empêcher de vous le dire; je doute fort, du biais que vous vous y prenez, que vous veniez à bout de l'obtenir. J'ai remarqué, depuis que je me connois, soit dans mes propres affaires, ou dans celles de mes amis, que la presence

sence de la personne, qui sollicite, lors qu'il s'agit de quelque charge lucrative, & où celui, qui en dispose, est intéressé, est d'une grande efficace.

Je sai bien qu'il est fâcheux de rester dans un lieu, où l'on n'a aucun dessein de s'ancrer, puis que l'on y perd son tems, & que l'on y vuide sa bourse; mais vous n'ignorez pas aussi que cela n'a point de lieu dans cette conjoncture. Il peut être que vous avez bien fait de quiter *Londres*, mais du moins, si j'avois été en votre place, je ne me serois absolument point déterminé à cela, que je n'eusse été auparavant assuré d'occuper ce poste, ou d'en être exclus pour jamais. Quand vous serez une fois à *Dublin*, on vous y regardera comme un homme déja établi, d'autres brigueront cette charge en votre absence, & le Viceroi, qui ne vous verra plus, ne sera peut-être pas inflexible: & ainsi votre départ précipité pourra vous priver d'un bonheur & d'un avantage, qui ne se recouvrent pas tous les jours. Pardonnez moi, Monsieur, si je vous dis librement ma pensée: c'est la crainte qui me fait parler ainsi. J'espere de tout mon cœur que mes conjectures n'auront de veritable que les aparences.

Je

Je vous suis au reste fort obligé des offres, que vous me faites, de proposer mes doutes & mes difficultez dans les siences, s'il m'arrive d'en avoir, à l'illustre société des savans, dont vous êtes devenu un Membre, & surquoi je vous félicite avec plaisir: Si vous demeuriez à *Londres*, peut-être vous prierois-je quelque jour de me procurer la connoissance de quelques-uns de ces Messieurs les Philosophes, mais vous vous en éloignez trop pour cela. Tous nos amis, que vous saluez dans ma Lettre, vous baisent les mains: ils vouloient vous témoigner par écrit, le desir qu'ils ont que vous remplissiez vos vûës; nous le leur avons déconseillé, de peur de trop grossir votre paquet. Ma famille vous souhaite toutes sortes de prosperitez, & je reste en mon particulier,

MONSIEUR &c.

LETTRE LXIX.

à Monsieur van Rhemen.

MONSIEUR,

LE porteur de la presente Lettre me paroît si honnête homme, par tous les endroits où je l'ai envisagé: son Livre, ses attestations, & les témoignages, que mon propre frere, qui a le bien de le connoître, me rend de sa personne, sont si forts & si avantageux, que je ne fais aucune difficulté de vous le recommander. Il vous aprendra lui-même, que le principal motif de son voyage en ces quartiers, est le desir qu'il a de faire connoître à l'illustre Collége, dont vous faites l'un des principaux Membres, la pressante nécessité, où la sincere abjuration, qu'il a faite avec toute sa famille de la Religion Romaine, pour embrasser la nôtre, l'a jetté, & le secours qu'il se flate, de recevoir d'une si puissante & si charitable compagnie. N'oubliez rien, Monsieur, je vous en suplie, de tout ce qui peut contribuer à faciliter son dessein : assistez-le, s'il vous plaît, de votre crédit, & des conseils, que vous croirez lui être nécessaires dans sa sollicitation. Disposez vos amis à remplir les devoirs Chrétiens sur lesquels il fonde ses espérances : ce sera moi, qui vous en aurai toute l'obligation, & qui lors qu'il s'agira de vos commandemens, ne négligerai rien de tout ce qui est en ma puissance pour vous persuader que je suis,

MONSIEUR &c.

LETTRE LXX,

à Monsieur Heup.

Enfin, Mon cher Monsieur, je suis de retour chez moi, après avoir couru la mer & la terre, pendant l'espace de vingt-huit jours, onze heures trente-cinq minutes & quarante deux secondes, tellement rassasié de voyage, que celui-là sera bien fin qui m'atrapera, d'un quartier de Lune, à la portée du canon de cette ville. Mais je vous prie, Monsieur, écoutez le sujet de mes plaintes, & jugez alors si je n'ai pas raison. Je ne suis pas plutôt sorti d'ici, qu'un batelier altéré, abusant du courant d'un fleuve rapide, & de l'air qui semble n'avoir de l'agitation que pour porter notre vaisseau avec toute la tranquilité & la vitesse imaginable, aborde à tout bout de champ pour s'humecter, & me fait malheureusement perdre l'ocasion d'être reçû par un de mes meilleurs amis, dont le départ pour Zwol n'avoit precédé mon arrivée à Kampen, que de la moindre partie du tems que ce bourreau nous avoit fait perdre, pour contenter ses maudits apétits. Il est vrai que j'eus le lendemain la satisfaction de trouver un honnête nautonnier, célebre marchand de tuiles, & distingué par Dame *Claudine* son épouse, qui étoit fille légitime, descenduë en ligne directe d'un fameux Bourguemaître de Sloten. Quoi que son bord me parût plus propre à aller à la pêche des écrevices, dans les ruisseaux qui baignent la Westphalie, qu'à franchir un trajet de mer, je ne fis aucune dificulté d'y entrer, dans l'esperance que l'inconstant fils d'*Astreus*, & *Neptune*, continueroient à vivre ensemble dans une parfaite intelligence. Nous fimes voile sur le soir, avec un vent S. S. Ouest, qui nous poussoit si agréablement que nous découvrimes bientôt à plein les îles d'Em; nous doublames le Cap de

Vollenhoven, & arrivâmes le lendemain à Lemmert. J'y croyois trouver dequoi me réchaufer l'estomac, qu'un air marin avoit débilité, & rendu froid comme la glace; mais je fus fort surpris de m'y voir forcé à faire un dîné de viandes, qui avoient été préparées les jour précédens; le prétexte qu'il étoit dimanche, mettoit les pieux Domestiques de Monsr. le *Grietman Andringa* à couvert des reproches qu'on leur auroit pû faire, de ne nous avoir rien servi de chaud : à cela près, nous fûmes traitez parfaitement bien, & sur tout en jus de tonne. Nous employâmes le reste du jour à traverser trois lacs fort étendus, avant que d'arriver à *Workum*. Mon batelier me mena dans une auberge, où après les fatigues du voyage, je n'eus guere la commodité de reposer, à peine fermai-je l'œil de toute la nuit. La crainte d'être parmi des Cannibales, parce que leur langage m'étoit tout à fait inconnu, me jetta dans des inquiétudes mortelles: je n'y entendois parler que de *oker*, de *kaie*, de *sup*, de *suste*, de *wuste* : en un mot, il ne sortoit de leur bouche que des termes propres à écorcher les oreilles d'un cheval; de maniere que je fus ravi de trouver à mon lever, qui fut à la pointe du jour, une commodité favorable pour Leeuwaerden. Aussi-tôt que j'y eûs posé le pié, je fus fort surpris, d'un côté, de ne point trouver de place là où je pensois aller gîter, & d'aprendre de l'autre, que Messieurs les Frisons avoient déja creusé mon sepulcre Monsieur *Unia* fut le premier qui me traita Frisonnalement à sa table: d'autres l'imiterent à l'instant; mais à quoi bon vous faire le détail de ces avantures? Vous en savez les meilleures circonstances, & vous avez été vous-même témoin oculaire du tour que l'on me joua chez Monsieur de *Bourmania*, qui avoit Mr. *Knyf* pour *vis hospes*. Quoi qu'à grands coups de verre, on vous y fît perdre l'usage des sens pour vingt quatre heures, la memoire vous revint pourtant, & vous ne sauriez nier, tout Frison que vous êtes, que l'on avoit tort de nous traiter d'une maniere si impitoyable dans une République; les Tartares mêmes auroient eu plus de compassion pour des gens, qui leur demanderent cent fois quartier. On eût dit que tout le monde avoit juré notre perte, & il n'étoit pas jusqu'aux Belles, qui ne tâchassent de m'expédier. A quelles colations, bons Dieux! ne nous invitentvîtent-elles pas ? Non feulement les fucades, les confitures, les fruits les plus rares & les plus précieux; le chocolate, le café, le thé, les vins les plus excellens, & les liqueurs fortes, n'y manquent non plus que l'eau dans le Nil; mais on emploie toutes les rufes imaginables pour altérer notre fanté, & nous faire perdre l'ufage de la raifon en même tems; on joint tous les charmes du corps aux artifices de l'efprit, & ne fe contentant pas encore de ceux que la Nature nous a donnez, on invite les trois Graces à être de la partie.

Ce ne font point helas ! de ces Nimphes fauvages,
Dont le plaifir confifte à courir les bocages;
Et d'un tas de Silvains fe faire des amans ;
Toute l'antiquité n'a rien vû de femblable :
    On a beau parcourir la fable;
Il ne fe trouve rien de tel dans les romans.
    Dieu ! que de charmes dans l'ainée !
    Que d'efprit fon ame bien née
    Fait paroître à tous les inftans !
Ah ! perfide douleur, qui fans ceffe la mine,
    Que n'ai-je appris la medecine,
Pour lui pouvoir guérir fon cruel mal de
        dents!

La seconde, il est vrai, n'est pas si haute &
 droite,
On prétend même qu'elle boete,
De le dire pourtant j'en demande pardon.
Mais après tout, le mal n'est pas grand en mé-
 nage,
Il s'oublie aisément dans un pélerinage,
Qui fournit calebace, & coquille, & bour-
 don.
 L'autre est la charmante Euphrosine,
Qui dans un même instant, trouble, captive
 & mine,
Ce que le sort découvre à son œil ofenseur ;
Pour moi, qui ne saurois entrer dans cette
 liste,
Tout ce que je voudrois, c'est qu'elle fût pa-
 piste,
Et qu'un Pape m'eût fait son Pere Confesseur.
 Que de gentilles bagatelles,
Que d'aveux chatouillans, d'amoureuses cau-
 telles
 Ne nous confesseroit-on pas !
Il me faudroit au moins imposer à la Belle
 Une penitence mortelle,
L'Eglise le voudroit, malgré tous ses apas,
Mais je voudrois de même expirer avec elle ;
Heureux, si je pouvois mourir d'une mort telle !
La vie est un bonheur mois grand que ce trepas.
 Je

Je n'oublierai jamais le combat, qu'elle me livra dans le plat à la crême. A peine avois-je démembré de ma cuillere, un misérable biscuit mal détrempé, qu'il ne me passât comme un éclair devant le nez : c'étoit beaucoup que d'en atraper un morceau, mais il auroit été bien fin, qui l'auroit porté jusqu'à la bouche ; on me l'enlevoit à la barbe, qu'il n'étoit quelquefois pas à moitié chemin. Il est vrai, à vous parler ingénument, que l'agilité de ses doigts contribuoit moins à favoriser son dessein, que l'embaras, où je me trouvois. Mes yeux avoient tant de rares objets à considerer, & mes oreilles tant de merveilles à entendre, que mes autres organes, engourdis, & comme immobiles, étoient presque incapables d'aucune fonction : ajoutez à cela la jalousie à quoi me portoit cet heureux songe, que vous lui recitates en notre presence, & vous verrez que ce n'étoit pas sans cause qu'il me falut rendre les armes.

Enfin, il n'y eut pas jusqu'à Mademoiselle *Haup*, qui de concert avec les autres, ne faillît à me faire étrangler, en me forçant de manger des leviatans de perches, qui avoient des arêtes grandes comme des côtes de baleines, & que vous
nous

nous obligiez ensuite de faire nager dans des océans de vin, au milieu d'un brouillard épais de tabac, qui dura une fois depuis dîné jusqu'au lendemain à trois heures. Graces au Ciel, qui me tira enfin d'entre vos mains, il est vrai que je n'allai pas loin, mais encore valoit-il mieux séjourner parmi des étrangers honnêtes, qu'au milieu d'une troupe de gens, qui sous le prétexte spécieux du titre d'ami, sembloient n'en vouloir qu'à ma vie. Je laissai partir de Harlingen notre Médecin avec sa marchande, parce que je n'avois point de hâte; & que j'apréhendois trop que le tems, qui me paroissoit de mauvaise humeur, ne fît naître quelque tempête maligne, qu'il sembloit couver depuis plusieurs jours, & que l'humide fils de *Saturne* ne nous donnât de son Trident. Le jour d'après pourtant nous partimes, notre Génevois & moi, & fûmes assez heureux pour être portez entre deux soleils jusques à Utrecht. Comme je n'avois dormi de deux fois vingt-quatre heures, & que l'on se mit d'abord sur le pié de me traiter là comme je l'avois été à *Leeuwaerden*; ce qui m'empêchoit toûjours de prendre du repos, je suis revenu à la maison, maigre & tellement exténué, qu'à peine

peine ma femme me pouvoit reconnoître: & encore voudriez-vous que je vous allasse voir une ou deux fois tous les ans; je m'en garderai, ma foi bien. Si vous vous intéressez si fort en ma personne, vous n'avez qu'à faire le voyage vous-même, & harsarder de venir soufrir ici, comme j'ai soufert chez vous: je vous défie de vous y résoudre encore de cet été.

Je ne saurois agir contre ma conscience,
Après m'avoir daubé suivant votre desir,
J'aurois un extrême plaisir
A vous tenir ici pour en tirer vengeance.

Je suis trompé, de la maniere que je m'y prendrois, si la Diépoise & le Frison s'en iroient vanter à Rome; je vous en défie, vous dis-je, vous n'avez pas le cœur de venir: mais au moins, je vous en avertis, je ne veux point de seconds, dont les noms se terminent en *ma*, en *ders*, ou en *tius*. A vous parler franchement, si vous m'amenez de ces gens-là, je me rends, & vous abandonne la place: leur vûë seule me démonte; aussi-tôt que je les aperçois, je suis incapable de rien. Je vous permets pourtant de leur faire ofre de mes respects, mais je prétens que cela se fasse

aussi.

aussi froidement qu'il est possible : comme je ne me soucie pas que personne sache que je me plains de leur procédé, cela leur pourroit faire tort, & ce n'est pas ce que je demande. Je ne veux pas non plus me mettre sur un pié à leur faire croire que j'oublie si tôt le mal que les filles me font. Pour Mesdemoiselles N. dites-leur que je leur suis entierement dévoué, & que si elles trouvent nos *koekes* bonnes, elles ne les épargnent pas. Je suis, &c.

LETTRE LXXI.

à Monsieur Fiersen.

MONSIEUR,

Il n'est pas besoin de vous dire que je suis un véritable partisan de la vie : vous savez pour me l'avoir oui dire plus d'une fois, que je l'estime au dessus de tout ce que l'on peut imaginer : je n'en voi pas volontiers priver les plus chétifs animaux de la terre, & il est sûr que si j'étois Souverain, je ne ferois mourir personne dans mes Etats. Je ne laisserois pourtant pas d'être exact à punir le vice : les Gale-

Galeres ou les Disciplines seroient fréquentes chez moi : les criminels passeroient mal leur tems entre mes mains ; j'envoierois les uns aux mines, j'imposerois la nécessité aux autres, la chaine aux piez, de curer les puis & les fontaines, de nétoyer les canaux, de tenir les ruës nettes, d'aplanir les grands chemins, de travailler aux fortifications, & de s'ocuper à l'avantage du Public, à proportion des fautes qu'ils auroient commises, de sorte qu'il n'y auroit pas jusqu'au moindre pécadille, qui ne fût sujet à châtiment.

De là il est aisé de juger qu'il n'est point de malfaiteur, dont j'entende l'exécution à mort, qu'à regret. Il y en a pourtant entre lesquels je mets prodigieusement de la difference, & il est constant que pour un même mal, suivant les personnes & les circonstances, il me semble que l'on pourroit aisément se contenter de voir décapiter l'un, au lieu que l'on devroit à peine être satisfait d'entendre que l'on tenaillât l'autre. Rien ne me paroît plus injuste que de prononcer une sentence suivant la rigueur des Loix, avant que d'avoir bien examiné le coupable, & ce qui peut avoir donné lieu à son égarement ; & je frémis d'horreur toutes

tes les fois que je pense que, sous prétexte que la Loi dit, par exemple, que tout déserteur mérite la mort, on ne manque guere d'envoyer au gibet un misérable soldat, sans avoir souvent considéré si au moment de son évasion, il avoit été maltraité de quelque jeune étourdi d'Officier, si on lui avoit bien payé sa solde, s'il n'étoit point sujet par intervale à des dérangemens de cerveau, si l'on étoit en paix ou en guerre, s'il n'avoit point été enrolé par surprise, tiré par force d'entre les bras de sa femme & de ses enfans, qui sans son secours, étoient en danger de mourir de faim, & autres choses semblables. J'ai remarqué, depuis que je suis en cette ville, qu'on y incline extrêmement à la clemence, & qu'on ne peut pas user de plus de circonspection, lors qu'il s'agit de faire justice : cependant avec tout cela, on y a pendu dernierement un malheureux Réfugié, qui meritoit, si je l'ose dire, qu'on eût eu pour lui des égards tout à fait particuliers. Il étoit sorti de France avec la réputation d'être parfaitement honnête homme, mais pauvre, & chargé d'une famille onereuse. S'étant établi à *Utrecht*, où il se mit à loger, & à donner à manger & à boire aux Cadets

des

des Gardes, il faifoit affez bien fes affaires, mais cela ne dura pas long-tems : ces compagnies difparurent. Lui, ne fe trouvant plus d'occupation, rompit ménage, & alla demeurer à Leiden, à deffein d'y travailler à la laine, avec ceux qui lui apartenoient : malheureufement les métiers étoient à bas, il n'y avoit point d'ouvrages : n'ayant plus dequoi vivre, il s'adreffa à l'Eglife *Wallonne*; les Diacres lui refuferent l'affiftance, parce, difoient-ils, qu'ils ne donnoient abfolument rien, que l'on n'eût refté deux ans entiers parmi eux. Là-deffus il parle à différens Capitaines; pas un d'eux ne s'en veut charger, tant parce qu'il eft de petite taille, qu'à caufe que la Régence ne veut point de François dans le fervice. A ce dur refus fuccede le defefpoir : il aprend d'un coquin de tambour Irlandois à faire de la fauffe-monnoie, il fabrique des pieces de trois francs, il vient ici pour les debiter, & à la premiere qu'il donne dans une boutique, il eft pris, condamné, & mené à la potence : affurement il y avoit de la fatalité en tout cela ; j'en ai été pénétré de douleur jufqu'à l'ame, & je me flate que fi notre Magiftrat, qui n'a pourtant rien fait que dans l'ordre, avoit été

bien

bien instruit des circonstances de la vie de ce pauvre infortuné, il n'auroit pas manqué d'adoucir en quelque façon sa sentence. Eux ne le connoissoient pas sans doute, & lui, bien loin de se disculper, étoit si aise de sortir d'un monde, où tout sembloit conspirer à sa ruine, que Mr. *Lavergne*, Professeur & Ministre, m'a protesté qu'il n'avoit jamais vû de Chrétien aller mieux résigné, & plus gayement à la mort que lui.

Faisons ici une sérieuse réflexion : nous sommes amis, Monsieur, vous êtes Jurisconsulte & conseiller d'une Cour souveraine; les peines ne sont-elles donc proprement inventées que pour le menu peuple, & ne tient-il aux gens aisez, qu'à faire impunément tout ce qui leur vient dans l'esprit ? Qui est-ce, je vous prie, qui des larrons est le plus coupable, celui qui me dépouille dans un bois, où je dois me tenir sur mes gardes; ou un autre, que je reçois familierement chez moi, & qui, sans que je me défie de lui, tandis que je le quite pour aller donner ordre que l'on aporte dequoi le régaler, se saisit d'une boete de Bijoux, qui est sur ma table, & me l'emporte ? Si l'on pend les petits faux monnoyeurs, pourquoi absoud-on les grands ?

grands? Voyez le nombre infini d'escalins, qui se sont batus dans nos Provinces, lesquels ont été ensuite réduits à cinq sous & demi, & qui encore ne les valent pas. Cela ne s'est pas exécuté en cachette: c'est un fait que les Essayeurs, & les Intendans, qui sont établis sur ce métier-là, ne peuvent pas avoir ignoré. A quoi tient-il qu'on ne les ait châtiez, les uns & les autres ? Je n'en sai rien, ou, pour mieux dire, il ne m'apartient pas de le savoir; mais vous devez être persuadé que si j'avois de la puissance, je saurois si bien remedier à de semblables abus, que d'autres y prendroient exemple, & si je n'en pouvois pas venir à bout, en punissant les coupables, j'en userois à l'égard des monnoyes, comme l'on fait au sujet des Lombards. Je mettrois des maîtres dans tous les endroits où il se fabrique des espèces, auxquels je donnerois de certains gages annuels, pour avoir inspection sur les ouvriers. N'y ayant alors rien à piller pour ces Messieurs-là, il leur seroit indifferent à quel prix seroit l'or & l'argent en lingots, ils n'y mettroient point l'enchere, comme à présent, & ne seroient point tentez de se récompenser d'ailleurs, du tort qu'ils se font réciproquement

quement, pour avoir dequoi s'occuper, fournir à leurs foles dépenses, & remplir leur bourse. Ce ne seroit pas à ces gens-là seuls que j'en voudrois, je ferois de séveres loix contre les banqueroutiers dans le negoce, & à moins qu'un marchand, qui viendroit à manquer, ne me prouvât clairement qu'il ne s'est jamais élevé au-dessus de sa condition, qu'il a été économe, sage & prudent dans toutes ses entreprises, n'ayant nulle part hasardé à la fois, plus d'une petite partie de ce qui étoit proprement à lui, je serois inexorable, il seroit puni rigoureusement & flétri pour toute sa vie. Et que l'on ne me dise pas que le commerce ne peut être limité, ni bridé, & que l'on ne sauroit assujettir un marchand à des regles si exactes, sans borner en même tems sa fortune, cela n'a non plus de lieu chez moi, que si l'on vouloit que j'aprouvasse qu'un fripon, qui auroit trouvé le moyen d'emprunter cent mille francs de cent particuliers, les couchât au jeu sur une carte, dans l'espérance de s'enrichir tout d'un coup. Qu'est il besoin de hasarder plus que l'on ne possede? Si l'on n'a pas dequoi être marchand, que l'on se contente d'être Mercier, & que la vanité ne ne nous porte pas, à l'imitation d'un gros négociant, qui a un milion de bien, de mettre pour cent mille francs d'effets sur un seul vaiſſeau, lors qu'à peine notre capital vaut mille Guinées. Le mal eſt que chacun tâche à paroître; on veut mener un train de Prince, & l'on n'a pas d'aſſuré les revenus d'un bon Payſan.

Il ſeroit à ſouhaiter, pour mettre fin à cette Lettre, que ces Meſſieurs ſe réglaſſent ſur des perſonnes comme vous êtes. Vous avez un fond inépuiſable de ſcience, des charges diſtinguées, & des biens à profuſion; cependant je puis dire avec vérité, qu'en tout ce qui vous regarde, vous êtes un exemple d'honnêteté, de probité & de modeſtie, qui étant même ſcandaliſée de ce qu'il m'échape de le publier, m'oblige à un ſilence, qui ne me permet qu'à peine de vous aſſurer que je ſuis véritablement,

MONSIEUR, &c.

LETTRE LXXII.
à Monsieur N.

Monsieur mon cher Neveu.

Lors que je donne des conseils ou des corrections à mes inférieurs, ce n'est ni à dessein de m'engager avec eux dans une dispute, ce procédé seroit au dessous de moi, ni de les porter à me faire des soumissions & des excuses de ce qu'ils ne m'ont peut-être pas rendu le respect, qu'ils me devoient : je ne suis pas assez vain pour cela : c'est simplement dans la vûe de les obliger à s'aquiter de leur devoir, & à faire toutes choses dans l'ordre. Cela étant, il est inutile de vous dire, pour repondre aux raisons, que vous alléguez pour disculper votre cadet, qu'encore qu'un pere traite son enfant de fripon ou de coquin, il ne s'ensuit nullement qu'un Cousin germain doive apeller *Duyvels-kint*, sa Cousine. Le premier est un supérieur ; l'autre n'est qu'un égal, & au lieu que celui-là a naturellement puissance de vie & de mort sur la personne à laquelle il a donné la lumiere, celui-ci n'a pas le moindre droit sur celle qui est tout à fait hors de sa dépendance. Mais, dites-vous, cela s'est fait sans malice, chacun a ses foiblesses, & vous prétendez que dernierement je sois tombé dans le même defaut, avec Mr. T. en maltraitant sans aucun sujet Messieurs les Marchands, ce qui l'a extrêmement formalisé, parce qu'il est né dans un Magasin, & que son pere étoit redevable de ses fonds à la marchandise. A vous parler franchement, mon Neveu, je doute fort de l'un, à cause que ces invectives ont été réitérées plusieurs fois, & en différentes occasions, avec aigreur, suivant le témoignage de mon épouse, qui en a été sensiblement touchée. Et pour ce qui est de l'autre, je donne à juger à tous les animaux raisonnables, qui est celui qui a tort, de lui ou de moi. Nous parlons de la décadence des Païs-bas, de la volupté de leurs habitans, & de l'état, que chacun porte à present : je me récrie surtout, contre l'extravagance des Négocians, à l'égard des dépenses exorbitantes, qu'ils font, ou en chevaux, ou en meubles, ou en habits, ou en repas magnifiques, & en toutes sortes de débauches, ce qui les oblige souvent à faire des banqueroutes, res, qui ruinent je ne sai combien de pauvres gens. Je déteste ces abus, je prétens que chacun se doit gouverner selon le rang, que lui donne sa naissance, ses emplois ou ses dignitez: que ces Messieurs-là menent, pour la plûpart, une vie, qui ne convient qu'à la Noblesse, & nullement à des roturiers. Ce terme de roturier le choque, comme s'il n'étoit pas permis de l'apliquer à un marchand, & il prétend que tout ce qui est permis à un Gentilhomme, n'est point défendu à un particulier, qui s'est jetté dans le commerce.

De trois choses l'une: ou il n'y a point de nobles, ou tout le monde est noble, ou il y a dans la société des membres, qui sont nobles, & d'autres, qui ne le sont pas: si chacun est noble, ou s'il n'y en a aucun, Monsr. T. a droit de prétendre être égal au reste des hommes, mais on convient unanimement qu'il y a des gens de différens états; s'ils sont différens, il est juste de les distinguer par différens noms: je n'en sai point d'autres que ceux de noble & de roturier, pour marquer ceux qui ont de la naissance, & les autres qui n'en ont pas: il m'est donc permis de m'en servir, & il faut être déraisonnable

raisonnable pour y trouver à redire. Cependant ce Mr. n'en convient pas: c'est un terme de mépris, dit-il, qui choque l'oreille d'un honnête homme. J'avoüe que si l'on traitoit un Gentilhomme de roturier, il n'auroit pas tort de s'en formaliser, mais quelle raison a un Bougeois de trouver à redire qu'on l'apelle par le nom, qui lui est propre dans toute la *France*? Il n'en a non plus qu'en auroit un chapelier, qui ne voudroit pas qu'on le mît au nombre des artisans, ou qu'un Laboureur, qui trouveroit insuportable qu'on le traitât de Païsan. Mais ce n'est pas seulement à cette expression que s'acroche Mr. T. c'est encore aux honneurs que l'on rend aux uns, & que l'on prétend refuser aux autres: il ne veut pas que les premiers en méritent plus que les derniers; ils sont égaux, & l'on ne peut, selon lui, atribuer qu'à vanité le desir, que les personnes de qualité ont d'être distinguées des autres hommes, puis que par là, ils les méprisent, ce qui leur doit être plus insuportable que la pauvreté. Belle raison! Comment? parce qu'un Général d'armée prétend le rang devant un Capitaine, entre lesquels il y a en éfet bien de la différence, il le méprise?

Cela est ridicule. Je ne méprise point mon Cordonnier, quoi que je ne veuille faire aucune comparaison avec lui, & s'il le prétendoit, il ne pourroit passer que pour une bête.

Mais si d'un côté les marchands veulent aller du pair avec des Marquis, pourquoi de l'autre, se choquent-ils quand on les met au nombre des gens de boutique & des artisans, eux qui sont également Bourgeois, & entre lesquels il n'y a de différence que par raport à leurs différentes professions. En effet, il y a des Négocians qui sont des gueux, des Commissionnaires, qui au fond sont les valets de ceux qui leur consient leurs marchandises, à de certaines conditions, pour en faire le débit; au lieu qu'il se trouve des marchands en détail, comme orfévres, chaussetiers, horlogers & autres, qui ont pour plus de cent mille livres de bien.

Je voudrois bien savoir qui a le plus de vaine gloire, celui dont les Aïeux, depuis un tems immemorial, ont été dans les premieres charges de l'Etat, en honneur, en crédit, en estime, qui se maintient dans le même lustre, qui traite civilement & généreusement tout le monde,

sans

sans pourtant vouloir entendre parler de métier ou de commerce dans sa famille : & un autre, qui souvent de Taillable de Westphalie qu'il étoit, s'est enrichi petit à petit, soit en exerçant le servile métier de Courtier, ou en vendant peut-être premierement des alumettes, & ensuite, par exemple, du tabac, de la laine, du cuir, & est devenu l'un des premiers négocians d'*Amsterdam*, qui achete des seigneuries : dont la femme & les enfans, tant par de superbes voitures, d'habits somptueux, de bijoux d'un prix excessif, que par les autres dépenses extraordinaires qu'ils font, ne le cedent à qui que ce soit, & ne sauroient souffrir qu'on les mette d'un pouce au dessous des premiers nobles de nos Provinces.

On ne dédaigne point la marchandise; au contraire, on l'estime infiniment; on sait que c'est la base de la République, la source du bonheur de ses habitans, & l'on n'ignore pas que sans elle, nous serions des objets autant dignes de la pitié de nos voisins, que nous le sommes presentement de leur envie. On en veut seulement à ceux qui en font profession, lorsqu'ils se donnent des airs qui ne leur conviennent pas, & passent les bornes de la bienséance. Qu'ils aillent modestement habillez; qu'ils tiennent une bonne table, qu'ils se divertissent à proportion de leurs facultez; mais qu'ils n'extravaguent point, & ne s'en sassent pas trop acroire. Ne savent-ils pas que les plumes, dont ils se parent, sont des ornemens empruntez. Il n'est rien de plus sur que les tresors, qu'ils ont amassez en trente ans, ils les peuvent perdre en autant d'heures; & que cela venant à manquer, ils retombent dans le néant, d'où ils sont sortis. Au lieu que la qualité & la science, étant des biens propres & personnels, il n'est point de revers de fortune, qui soit capable d'en priver ceux que la Providence en a honorez; d'où il paroît qu'ils sont sans comparaison, plus estimables qu'un métal, pour précieux qu'il soit, lequel après avoir enflé d'orgueil le cœur de celui qui croit le tenir fermement, disparoît comme un nüage, & ne lui laisse, pour salaire de mille soins, que la prétenduë bonne odeur de sa fumée.

Concluons, pour le dire en vers,
Que presque dans tout l'Univers,
L'argent a bien de l'impudence:

Il se moque de la naissance,
Et morgue Apollon & ses sœurs:
Il a beau cependant étaler ses douceurs
Et le charmant éclat, dont il se g'orifie;
Il n'habite chez nous que comme un étranger
Au lieu que la Noblesse & la Philosophie,
Sont toûjours citoyens où l'on les voit loger.
Un batard, quoi que l'on l'estime,
Souvent abandonne au besoin:
Au contraire, un fils légitime
Reste au foïer du Pere, il en banit le soin.

Avant que de finir, j'en reviens à mon premier sujet, & je vous avoue que je ne saurois concevoir d'où peut provenir la haine, que votre jeune homme de frere a prise contre une pauvre petite innocente de fille de trois ans & demi, qui effectivement n'est pas méchante, mais qui, quand elle le seroit, mériteroit, tant à cause de son âge, que parce que j'en suis le pere, qu'il lui fit toutes les amitiez imaginables, quand ce ne seroit que par politique, sur tout dans sa maison, & lors que cela ne doit durer que peu de jours. Il a beau m'avoir ofencé en cela, je le lui pardonne volontiers, à condition qu'il sera une autre fois plus

pru-

prudent, de peur que tombant dans la même faute, je ne prenne insensiblement feu, & le maltraite de paroles : assurez-le de la continuation de mon amitié & croyez que je serai toûjours, &c.

LETTRE LXXIII.

à Mademoiselle D. de R.

MADEMOISELLE,

Cela n'est-il pas insuportable que plus je fais d'efforts, pour me procurer votre amitié, plus vous dédaignez mes ofres de services : j'en prends à témoin tout l'Univers que je fais juge de vos insuportables maximes. Contez ce qui s'est écoulé de tems depuis mon retour de Holande : y a-t-il bien trois semaines ? N'ai-je pas été vingt fois vous rendre mes hommages, pendant un mois au plus que j'ai passé en vos quartiers ? A quoi a-t-il tenu que vous ne m'ayez fait ouverture de vos besoins, & honoré de vos ordres, après vous en avoir conjuré aussi souvent que nous nous sommes vûs. Je prens congé de vous dans les formes, je m'ofre à exécuter vos commandemens ; Vous me
laiſ-

laissez aller sans rien dire, & je ne suis pas plutôt arrivé chez moi, que vous faites tenir une très obligeante lettre à ma femme, par laquelle vous la priez très humblement de tâcher de recouvrer de Mademoiselle d'*Ozanne* une recette excellente qu'elle a pour ôter les élevures, qui viennent de vous sortir sur le corps, & qui vous couvrent tout le visage. Que vous ai-je fait, pour me traiter de la sorte? Ne pouviez-vous pas vous adresser à moi pour cela, lors que j'étois auprès de vous? Je sai bien que vous m'allez encore acuser de témerité, de ce que je prétens que vous pénétriez dans l'avenir, & aprétiez des remedes pour un mal auquel vous ne pensez pas; mais l'excuse est tout à fait vaine, & je ne donne pas si aisément dans le panneau. Avouez la vérité, Mademoiselle, n'est-il pas vrai que toutes les fois que vous me voyez, votre cœur fait la culbute de dépit, & que votre sang agité coule avec une impétuosité inconcevable dans vos veines? Je m'en aperçais incontinent à la rougeur, qui vous monte alors jusqu'au front. Ignorez-vous, cruelle que vous êtes, qu'il est impossible qu'un tel bouleversement se fasse sans altérer toute la machine, & la forcer à se décharger de ses mauvaises humeurs, qui s'étant

rassemblées sur la peau, forment un nombre infini de pustules? Cela ne se peut pas, vous connoissez ces saillies de la nature aussi bien que moi; vous êtes donc inexcusable, & vous n'avez au fond rien que ce que vous méritez. Cependant admirez ma complaisance : au lieu de me venger de votre rigueur, & d'envoyer à *Leeuwenburg* un lourd Domestique, qui couroit risque de mal faire son message, pour y aller chercher ce que vous demandez, je m'y suis transporté moi-même, afin que, malgré vous, vous m'ayez au moins une petite obligation. En arrivant dans ce Château, j'ai été surpris d'y trouver une Demoiselle Gasconne, de la Société d'*Harderwijk*, d'une fort agréable conversation : elle m'a paru amatrice de vers, je lui en ai recité plusieurs de ma façon, mais je me suis d'abord aperçû qu'elle me prenoit pour un plagiaire, qui semblable au geai de la fable, se paroît des plumes d'autrui. Elle m'a proposé un sujet, sur lequel elle m'a fait comprendre qu'elle auroit bien desiré que je travaillasse : je me suis moqué d'elle; néanmoins aussitôt que j'ai eu mis le pié en ville, je lui ai fait un sonnet, que je lui ai envoyé, mais où je la nommois *Ténaque*. J'ai a-
pris

pris depuis qu'elle s'apelle *De Tenac.* Cela m'a obligé de lui en compoſer un autre en *ac*: le premier l'avoit charmée, celui ci achevera infailliblement de me bien mettre dans ſon eſprit. Plût au Ciel que vous fuſſiez auſſi aiſée à contenter qu'elle! Au lieu d'un ſonnet, je vous en ferois cinq cents. Vous avez été intraitable toute votre vie, vous le ſerez juſqu'à la fin : patience, quoi que vous deſiriez ma mort, j'eſpere que le remede, dont vous allez vous ſervir par mon moyen, & le ſonnet de l'agréable Françoiſe, que j'y ai joint, puis que vous aimez paſſionnément la poëſie, rétabliront votre ſanté empuſtulée. Madame *Tyſſot*, qui ſe porte peut-être plus mal que vous, vous embraſſe, tandis que proſterné à vos piez, je baiſe en idée cette belle main, qui nonobſtant mille coups qu'elle m'a donnez, ſans lui en avoir donné aucun ſujet, excitera toûjours la mienne à vous aſſurer que je mourrai, &c.

LETTRE LXXIV.

à Mr. le Comte de Noïelles.

MONSIEUR,

SI je n'étois pas autant persuadé de votre profond sérieux, que toute la terre l'est de votre probité & de votre valeur, je m'imaginerois avec raison, que vous voulez vous divertir à mes dépens. Il y auroit peu d'expressions dans votre obligeante Lettre, qui ne me fussent en quelque façon suspectes ; mais l'ingénuité, que l'on remarque dans toutes vos actions, m'inspire d'autres sentimens. Cependant ces sentimens, tels qu'ils sont, ne laissent pas de me gêner : un excès de joye nuit quelquefois plus qu'une profonde tristesse, & il est évident que l'on peut autant interdire les gens par de trop grands témoignages d'estime, que par le mépris, ou seulement par une simple indifférence.

En effet, Monsieur, je vous jure que celle que vous daignez faire de moi, va tellement au delà de mes mérites, qu'au lieu du chagrin, que la moindre de vos expressions produiroit dans mon esprit, si,

comme

comme je l'ai dit, je ne savois qu'elles font naïves, elles y aportent tant de confusion que je ne sai presque de quelle manière y répondre. Il faudroit, pour m'en aquiter dans les formes, aller déraciner dans les recoins de ma mémoire, les vieux préceptes de civilité, que j'y ai fourrez autrefois, ou consulter les cérémoniaux, & examiner avec soin les préceptes de ces maîtres déguisez, qui n'introduisent leurs Diciples nullepart que l'encensoir à la main, & le Phœbus à la bouche : mais de bonne foi, je ne saurois biaiser, ni faire le cérémonieux dans mes Lettres : quand cela m'arrive, j'agis contre mon tempérament ; mon naturel est de dire les choses comme je les pense, sans affectation ni détour.

Loin de me piquer d'élegance,
Je parle tout comme je pense,
Et je pense ordinairement
Juste, mais toujours rondement.

Cela étant, Monsieur, vous ne trouverez pas étrange que j'use de cette même franchise avec vous, & qu'mettant à part tous les complimens, je vous déclare qu'il n'est nullement nécessaire l'implorer

plorer des indulgences pour des péchez que l'on est fort éloigné d'avoir commis, & que les pardons sont inutiles, là où il n'y a point d'offences. C'est trop d'honneur que vous m'avez fait, de me venir dire adieu, au sortir de cette ville, en quelque état que vous fussiez, quand même, ce que personne de nous n'a pourtant remarqué, vous n'auriez pas été à jeun, comme vous l'apréhendez, dans la crainte où vous êtes, qu'en badinant avec mes femelles, il ne vous soit échapé quelques paroles libres, capables de choquer leur modestie; il n'est rien de tout cela assurément, nous sommes tous également contens de vous. C'est pourquoi je suplie votre Excellence de moins songer à cela qu'à votre voyage de *Hambourg*, qui ne sauroit être autant précipité que je le souhaite, puis que vous devez passer par ici & que vous y devez même rester quelques jours.

Si j'étois mieux logé que je ne le suis, & que mes meubles & ma table fussent plus magnifiques, je prendrois la liberté de vous prier de venir loger chez moi, mais c'est une grace que je ne puis espérer de votre bonté, qui pourroit vous porter à vous inviter vous-même. Pour mes

mes services, j'ose vous les offrir, tels qu'ils sont, parce que vous pouvez avoir des affaires à expédier, qui leur sont en quelque façon proportionnées, & je me flate même que vous ne les mépriserez pas, puis que ce sont proprement les effets d'une cause, qui ne vous est pas indifferente, c'est-à dire de l'homme du monde, qui est le plus respectueusement,

MONSIEUR,

De votre Excellence,
le très, &c.

LETTRE LXXV.

à Monsieur Perwilé.

NE croyez pas, Monsieur, que j'aye employé tout le tems, qui s'est écoulé depuis que j'ai reçu votre derniere Lettre, à m'informer des affaires de Frise, par raport à Messieurs les Refugiez: j'en ai sçu le fort & le foible avant cela; mais il étoit juste que je me vengeasse, il n'y a rien de plus naturel; *Est vindicta bonum, quo non jucundius ullum*: ou du moins, il faloit que je vous donnasse occasion

casion, par ce retardement, de songer que vous ne m'aviez pas encore satisfait sur l'enquête, que je vous avois tant prié de faire de cette *Jo* métamorphosée, qui s'étoit delivrée d'un enfant, suivant le bruit, qui en couroit en cette ville, aussi bien qu'en Hollande, d'où l'un de mes amis, dans l'esprit duquel je passe, peut-être, pour un peu curieux, m'avoit fait la grace de m'en avertir. Je voi bien, si je ne me trompe, pourquoi vous ne m'en avez fait aucune mention : vous avez crû, sans doute, que j'avois apris les fictions dans *Homere*, & que les sujets des Lettres directes étant à la liberté de l'écrivain, il m'étoit permis d'en choisir de propres à vous faire remarquer que je n'avois pas vécû jusqu'à l'âge où je suis, sans avoir feuilleté une partie des Livres des anciens, aussi bien que de nos modernes : cependant je proteste de mon innocence, & je vous jure que la chose se debitoit telle, que je vous l'ai fait savoir. Mais comme si le Ciel s'intéressoit dans ma juste cause, & qu'il voulût apuyer mes conjectures, aussi bien que la vérité de ma rélation, mon Libraire vient de m'envoyer dans le moment une gazette, où

je

je trouve à l'article de France, qu'il vient d'en arriver autant à Lion.

Au reste il faut pourtant que je m'aquite de ma commission, & que je vous dise, comme je le tiens de la bouche de deux differens *Grietmans* ou Satrapes de Frise, qui étant des premiers de ce païs-là, en doivent être bien instruits, qu'il est vrai qu'on a donné des terres à quelques familles Françoises, qui se disoient de la Religion, & cela dans un certain vilage nommé Balk, situé entre Lemmert & Leeuwaerden; mais cela n'a pas duré long-tems. Les friponneries que ces gens-là faisoient aux païsans Frisons leurs voisins, ont obligé les principaux de la Province à faire une exacte perquisition de leur vie, aussi bien que de leur croyance: après quoi il s'est trouvé qu'une partie étoit composée de Catholiques Romains, que l'autre étoit de coquins & de paresseux, que le desir de vivre en Moine, c'est-à-dire sans rien faire, avoit plutôt chassez de France que la persécution, & que la moindre étoit de personnes raisonnables. Cela a été cause que quelques Gentils-hommes de leur nation se sont aproprié ces terres, avec le consentement de la Seigneurie, qui les en a constituez Directeurs, à

con-

condition qu'ils y recevroient de véritables Réformez, qui voudroient bien faire valoir les fonds, qu'on leur permettoit de posséder à moitié profit.

Cette clause n'accommode pas beaucoup de gens, qui ne demandent qu'à moissonner là, où ils n'ont point semé. J'en ai vû plusieurs, qui en sont revenus, & entre autres, un certain honnête homme, qui n'étant aparemment pas fait au rude travail, & par conséquent au labourage, a été forcé de tout abandonner & d'aller chercher fortune ailleurs; son dessein étoit de tendre vers *Emmerick*. Il m'a fait entendre que sa femme est de vos parens; qu'il y a autour de deux ans qu'il logea près d'un mois chez vous, où vous lui fites le plus grand accueil du monde, & que pendant ce tems-là vous ne manquâtes pas de parler souvent de votre ancienne pensionnaire, & de celui auquel elle prodigue ses faveurs, jusque là qu'il me recitoit des périodes entieres de mes Lettres, que vous voulutes bien lui communiquer, & que vous me faisiez l'honneur d'estimer infiniment plus qu'elles ne valent. La curiosité de me voir le fit venir trois diverses fois chez moi, & différer son voyage de deux jours: enfin étant

tant revenu dans un tems que rien ne m'empêchoit de le recevoir, il témoigna autant de joye d'aprendre de moi-même que j'étois celui qu'il demandoit, que *Télémaque* en fit paroître à la vûë de son pére *Ulisse*, à son retour de la destruction de Troye, à Itaque. On eût dit qu'il devoit parler à *Ciceron*, ce véritable pere de l'éloquence, & que les plus belles figures de sa rétorique ne devoient servir, comme par opposition, qu'à redoubler l'éclat du discours que je lui allois tenir. Enfin, j'avouë que je n'ai jamais vû d'homme plus prévenu de ma doctrine que celui-là me le parut. Comme vous lui aviez parlé de mes vers, il falut, pour le contenter, que je lui fisse voir quelques échantillons des poëmes de ma façon: il trouva ce qu'il en lut, si agréable, d'un stile si coulant, & d'une cadence si juste, qu'il tira plusieurs aveux de sa bouche que tout y étoit admirable au superlatif. Pour redoubler son étonnement, je traitai tout cela de bagatelles, & de simples productions d'un jeune homme, qu'il y avoit long-tems qui s'apliquoit à quelque chose de plus solide, & lui dis qu'outre sept ou huit sortes d'écritures, que je ne mettois pas non plus en ligne de conte,

quoi

quoi que je les écrivisse parfaitement bien: la Philosophie, & sur tout la Phisique, que j'avois cultivée avec plaisir, & dont les meilleurs Auteurs m'avoient passé par les mains, j'avois une inclination particuliere pour les Mathématiques, desquelles je faisois même profession, & tout cela, en bûvant un verre de vin à votre santé. Après tout, je remarquai bien que si le reste des hommes entroit dans ses sentimens, il n'y auroit pas un mortel qui m'égalât. Mais pour moi, je vous assure que je fais peu d'état des loüanges, à moins qu'elles ne viennent de gens capables de les donner. Ceux qui sont accoutumez de marcher dans les ténébres, ne peuvent suporter la lumiere: le moindre de ses rayons, aussi bien que le plus éclatant, les éblouit. Voici l'endroit, ou je pourrois raisonnablement ajouter que c'est de personnes comme vous, qui savez si bien donner le véritable prix à tout, & qui faites précéder avec tant de justesse, la parfaite connoissance d'une chose au jugement, que vous en donnez, dont on doit tenir les encensemens précieux, & d'une conséquence avantageuse, & c'est aussi ce que je tâcherois de prouver par des expressions & par des exemples, qui

en

en seroient dignes, si je n'étois persuadé que cela ne vous agréeroit pas : ainsi j'aime mieux mettre fin à ce discours, en vous assurant que je suis toûjours, &c.

LETTRE LXXVI.

A Mademoiselle M. A. de L.

Avec un présent d'une Busquiere brodée au naturel.

MADEMOISELLE,

Avoüez qu'il n'est pas moins difficile de bien obéir à ceux qui n'entendent, ou qui ne veulent pas mettre en usage les regles, que l'on est obligé d'observer dans les moindres commandemens, qu'il est fâcheux de commander à des gens, qui n'ont pas la puissance ou la volonté de satisfaire à nos demandes. Vous voulez que tout le monde vous adore, & vous ne voulez pas lui en prescrire la maniere; savez-vous bien que cela n'est point agréable pour ceux qui n'ont point apris l'art de deviner, & que si vous ne voulez pas user indifféremment

ment de votre autorité, ou que vous ne daigniez point ouvrir la bouche devant de certains visages mal conditionnez, vous le devez au moins faire pour vos amis ? Comment peut-on savoir votre intention, si vous ne la déclarez ? Demandez, & si l'on ne vous satisfait pas, vous aurez alors un prétexte légitime de ne plus parler. On ne doit jamais mesurer la capacité des autres à la sienne, ni faire comparaison avec nous-même de tout ce qui se presente à nos sens. Le Ciel n'est pas toûjours prodigue de ses graces; s'il vous a voulu favoriser d'une maniere particuliere, vous ne pouvez pas légitimement mépriser les autres ouvrages pour cela. Rien ne doit être dédaigné, tout mérite quelque estime, & vous ne devez pas refuser de mettre à prix la moindre des choses, que l'art ou la Nature expose à nos yeux. Pour moi, qui fais cas de ce que je croi en être digne, je puis dire qu'il ne me passe rien de précieux par les mains, qu'il ne me prenne envie de vous l'envoyer, & que je ne voi rien de curieux que je ne vous le souhaite; mais d'abord que je fais réflexion sur la disproportion qu'il y a entre votre personne & les autres objets les plus rares,
ces

ces souhaits & ces envies s'évanouissent, & le peu d'état, que vous en faites, me sert de légitime excuse pour rester dans l'inaction.

Oui, ma chere Commere, je renonce à vous plus rien offrir : vous regardez mes presens, & celui qui vous les fait, avec trop d'indifférence : vous les voulez d'un autre poids; vous prétendez qu'on vous les fasse dans d'autres formes, & moi j'ignore l'un & l'autre, & les ignorerai tant que vous ne vous expliquerez pas. Languissez donc desormais tant que vous voudrez, je ne vous presente plus rien, la résolution en est prise, & quand vous attendriez dix ans que je la changeasse, vous attendriez inutilement. Après vous avoir dit ce qui me retient, je veux bien encore pourtant vous marquer les moyens d'en rendre toutes les forces inutiles : vous n'avez seulement qu'à devenir plus traitable, & faire semblant de trouver au moins quelque beauté, en ce que j'aurai crû digne de toute mon admiration. Si je savois que vous en pussiez venir jusque là, je vous jure que je révoquerois sur le champ la sentence, qui seroit irrévocable pour un autre, & que je vous ferois tenir des à present le plus charmant, le plus

Tome I.   S   joli

joli & le plus agréable Bou.... Ouf, j'aurois presque dit, sans y penser ce que c'est : non, je n'en ferai rien, ce seroit trop hasarder; il faut premierement que je sache de quel avis vous êtes.

Croyez-moi, sans cela, qu'il soit dit entre nous,
L'univers tout entier n'a point de Bou.... pour vous.

Mais après tout, qu'est-il besoin de vous tenir plus long-tems en suspens: je vous ai déja donné tant d'envie de voir ce beau Bou.... que j'ose me flater par avance, de vous faire consentir à tout ce que je voudrai pour l'obtenir.

Ce que feroit un bon Compere
Pour deux flacons du jus de nos meilleurs mus-
cats;
Une Dame, au printems, pour un Bou... ma
Commere,
N'hésite jamais à le faire.

J'en connois qui d'un Bou... donneroient cent ducats. Ne trompez pas mes espérances; je fais fond sur la bonne opinion, que j'ai de votre personne, & je vous

vous envoye sans façon, le plus beau Bouquet que la terre ait produit cette année dans notre Province. Il ne faut pas mentir, j'ai eu de la peine à l'arracher des mains de *Flore* à son heureuse arrivée; lors qu'elle à sçu qu'il vous étoit destiné, elle apréhendoit que vous n'en fissiez comme de tous les autres objets de nos sens, & que vous ne regardassiez avec indifférence ce que la nature lui fait passer pour des bijoux inestimables: je l'ai assurée du contraire, j'attens que vous ne me démentiez pas. En effet, Mademoiselle, si vous considérez bien avec moi cette précieuse touse d'émaux, je ne doute point que vous n'aprouviez le jugement que j'en fais, & que vous ne disiez vous-même qu'il n'étoit pas possible de vous presenter rien, qui fût moins commun dans cette saison, que des roses, des oeillets & des tulipes: je gage qu'il ne s'en est pas encore vû dans tout ce mois de Mars, & que vous n'avez point de parterres, qui portent rien, qui en aproche de cent pas. La rareté cependant n'est pas la seule qualité que j'y admire: leur solidité, qui les rendra d'une assez longue durée, n'est pas moins recommandable, & n'étoit l'odeur qui leur manque, on pourroit dire sans

hiper-

hiperbole, que ce seroient des fleurs, qui n'auroient rien de pareil. Cela ne diminuë pourtant pas encore leur valeur ; je les en estime même davantage, puis qu'elles ne vous déplairont pas, comme elles sont, & que si elles étoient autrement, elles seroient en danger d'attirer la haine de Madame de *L.* qui aime bien à les voir, mais qui ne sauroit les sentir.

Admirez après cela si je ne suis pas fort libéral, & si je ne jouë pas ici le personnage du plus généreux homme du monde ; j'en agis pourtant toûjours de cette maniere, quand il est question du bien d'autrui. Il est vrai que si c'est ma sœur, qui seule a fait le Bouquet, & qui seule aussi vous le presente, ce que j'aurois bien voulu celer si j'avois pû, c'est moi de même, qui sans le secours de qui que ce soit, ai composé cette Lettre, que je mets à bien plus haut prix, & dont je prétens absolument que vous me sachiez plus de gré que de cette poignée de fleurs, puis que si celles-ci ont la puissance d'imprimer la diversité de leurs couleurs sur le fond de l'œil, celle-là a l'avantage de récréer les esprits, & de répresenter par les expressions, la vivacité des pensées de son auteur, à l'ame de ceux qui en veulent

lent bien faire la lecture. N'est-il pas vrai que j'ai bien du caquet, au prix de ce que j'en avois, lors que j'étois ces jours passez auprès de vous? Je ne le saurois nier, & vous en êtes sans doute surprise, cependant il n'y a rien d'étrange en cela. Il est naturel à un chacun d'éteindre son petit bout de chandelle, au moment que le grand flambeau céleste paroît: néanmoins vous savez la différence qu'il y a de cet Astre à lui-même, par raport à nous, si vous le considerez d'une part, dans notre méridien, & de l'autre, aux environs de l'horison; de même, on ne vous a pas plûtôt aprochée qu'on ne se sente contraint de se taire, & que l'on ne soit forcé de renoncer à l'usage de la parole, pour admirer avec plus d'aplication, l'excellence de vos perfections : elles sont en effet admirables. Mais il est encore plus admirable, que je ne saurois vous écrire une seule fois que je ne commence votre panégirique, moi, qui ai résolu, il y a long-tems, de ne vous loüer jamais. Il faut avoüer que vous êtes une cause, qui produisez de merveilleux effets, & que puis que vous forcez à vous donner de l'encens, ceux-là mêmes, qui font profession de n'encenser absolument personne, ceux-là ne seront pas peu à plaindre, qui s'en mêleront par complaisance, ou pour s'aquiter de leur devoir. Dieu me garde d'en être à la peine, & vous de tous les sentimens, qui tendroient à m'en faire la proposition, puisque ce seroit me précipiter dans un labirinte d'Egipte, dont deux Olimpiades des Grecs ne me tireroient sans doute pas. Mais il est tems d'en éviter les fâcheuses suites, & de peur qu'insensiblement je ne vienne à m'y engager, je finis ce long discours en vous assurant que je suis fort dévotement, &c.

LETTRE LXXVII.

à Monsieur Smitegeldt.

Plus j'examine l'Histoire de la création, Monsieur, plus je donne dans le sens d'*Origene*, qui la croyoit allégorique: car enfin, on ne sauroit nier que *Moïse* ayant été élevé à la Cour de *Pharao*, parmi d'habiles Mathématiciens, & de personnages consommez dans les sciences, n'ait sçu que ces peuples se vantoient d'une ancienneté, jusqu'à l'origine de laquelle il n'étoit pas en leur puissance de re-

remonter, de sorte que ce seroit faire bréche à sa réputation, de croire qu'il eût été capable de se rendre ridicule au reste des hommes, qui se piquent de faire un bon usage de leur raison. Dieu le met à la tête des Juifs, qu'il veut tirer de la servitude Egiptienne, pour l'introduire dans un païs découlant de lait & de miel; en chemin faisant, il se voit dans l'obligation de donner des Loix à ce peuple, suivant lesquelles il se devoit gouverner: il lui impose, entre autres, la nécessité de travailler six jours consécutifs, & de se reposer le septieme. Pour donner de la force à ce commandement, & l'apuyer d'un fameux exemple, il déclare que le Souverain être a employé autant de tems à créer tout l'Univers: il s'accommode à leurs foiblesses, il parle à peu près leur langage. Il sait que ces bonnes gens s'imaginent, comme cela n'est pas rare parmi nous, qu'encore qu'il n'y eût point d'Astres au Firmament, on ne laisseroit pas de voir de la clarté, & qu'outre l'Océan qui baigne le globe terrestre, il y a des abîmes d'eaux sous la voute des cieux, capables d'inonder toute la terre: il les assure que Dieu créa au premier jour la lumiere, & qu'au second il fit une étenduë pour séparer les eaux d'avec les eaux. Le sens de ces paroles est littéral, je l'avouë, par raport aux ignorans, qui ne savent pas que la lumiere, étant proprement un accident, ne sauroit être créée, & précéder sa cause, qui est véritablement l'armée céleste : & qui ignorent de même que ce prétendu Ciel, qui sépare les eaux, ne sauroit être au plus qu'une courtine, faite de pieces raportées, puis qu'il y a des contrées toutes entieres, où il ne pleut jamais; qu'il n'y a point d'humidité dans l'air, que nous respirons, que ce que l'astre du jour y atire par sa chaleur, & qui ne montant pas plus haut qu'autour d'une lieuë d'Allemagne, jusqu'où s'étend notre atmosphere, doit nécessairement retomber en pluye. Mais ce qu'il y a de consolant, & à quoi pourtant peu de personnes prennent garde, c'est que ce même sens littéral en renferme un figuré, où les plus éclairez peuvent trouver des tresors inépuisables de science. Permettez-moi, Monsieur, d'entrer dans la pensée de ce beau génie, & de vous expliquer en plusieurs périodes, ce qu'il a exprimé en fort peu de mots. Pour traiter cette importante matiere avec ordre, & la renfermer dans les bornes étroites d'une Lettre,

il

il est nécessaire de remonter jusqu'au premier être, & poser pour constant qu'il existe de toute éternité : c'est une vérité, qui ne se révoque plus en doute, & qu'il est autrement fort aisé de démontrer par différens argumens incontestables, & sur tout par celui, que l'on attribuë à St. *Thomas*, & qu'il apelle, *Viam a causalitate causæ efficientis*, puisque par-là, on remonte jusqu'à une cause intelligente de toutes choses. On convient que cet être est, de toute éternité, nécessaire dans son existence, parce qu'on ne peut sans contradiction, lui assigner un commencement ; mais je suis d'opinion qu'il est de même, de tout tems, nécessaire dans les opérations : cependant pour ne point avoir ici de dispute avec vous, je veux bien faire précéder l'éternité d'un nombre innombrable de siècles à la matiere, & prenant la liberté de joüer pour un moment le personnage du grand Législateur des Juifs, tenir le langage, dont je supose qu'il se seroit servi, s'il avoit eu à faire à des Philosophes.

Dieu étant infini à tous égards, il est indubitable qu'à proportion de la briéveté de notre vie, non seulement mille, mais cent mille millions d'années lui sont moins qu'à

nous

nous le terme d'une seule révolution du Soleil : suivant ce principe, leur veut-il dire, vous voulez bien que dans l'histoire que j'ai entrepris de la création de toutes choses, je la divise en six Epoques, pour éviter la confusion, & que je leur donne à chacune le nom de jour. Cela étant j'entre en matiere, & je dis que Dieu créa au commencement le Ciel & la Terre ; c'est-à-dire qu'ayant résolu de faire des créatures, capables de lui rendre un Culte raisonnable, d'admirer sa puissance dans ses ouvrages, & de profiter avec plaisir de ses bontez, il tira du néant un volume de matiere d'une étenduë inconcevable, à laquelle il donna des bornes, qui, quoi qu'elles soyent limitées, vont infiniment au delà de notre plus forte imagination ; ces bornes sont proprement le Ciel des Cieux, & la matiere est la Terre.

On pourroit demander ici ce que signifie commencement, mais il est indifférent de le savoir ou de l'ignorer, car que l'on entende par-là le moment, qui a précédé la premiere Epoque, qu'on l'y renferme, ou qu'on l'en recule tant que l'on voudra, cela revient à la même chose, & n'aporte aucune difficulté. La matiere étant

tant créée, il est impossible que d'ellemême elle change de lieu, ni de figure, de sorte que si celui qui l'a tirée du néant, n'y met la main, elle restera éternellement dans le même état : ce n'étoit pas là le dessein de l'Ouvrier, il avoit tout d'autres vûës ; pour les remplir sans miracle, il divise ce corps de matiere, qui occupoit entierement l'Univers, en un nombre innombrable de petites parties, qui seront si l'on veut cubiques, & les ayant mises en mouvement, il les assujettit à de certaines loix, qu'elles ne doivent jamais outrepasser, que par un ordre positif & exprès.

Suivant ces Loix du mouvement, auxquelles nous donnerons le nom de nature ou de causes secondes, plusieurs commencent à tourner autour de leur centre, d'autres par une forte impulsion, semblent être portées à passer ailleurs ; mais comme l'une ne sauroit bouger de sa place que celle qui la touche immédiatement, ne prenne la sienne, parce qu'il n'y a point de vuide ; il est constant qu'il faut qu'un cercle de matiere, petit ou grand, se remuë nécessairement à la fois. Ce cercle supérieur doit naturellement parlant, entrainer en un même sens, les cercles inférieurs,

rieurs, jusqu'à son point du milieu, aussi-bien que ceux, qui sont à ses côtez, lesquels suivant l'expérience, que nous en avons, doivent aller continuellement en diminuant, & former ainsi l'un avec l'autre, une sphere ou Tourbillon, qui pour pouvoir subsister en son entier, & ne se point confondre avec d'autres, aura son équateur tourné vers les pôles des tourbillons qui l'avoisinent de plus près. Il est impossible que ces parcelles de matiere, en se frotant & se heurtant de tous côtez, ne s'usent, ne s'écornent & ne se brisent de plus en plus, de maniere qu'au lieu que nous les avons imaginées au commencement cubiques, il doit à la longue, y en avoir dans chaque tourbillon une grande quantité, qui seront devenuës, ou rondes, ou plates, ou branchuës: les unes sont longues & roides, les autres longues & pliantes: il y en a de figures irrégulieres, & d'autres enfin, d'une petitesse inconcevable, & capables de remplir tous les recoins que les autres laisseroient vuides entre elles. Or l'expérience nous aprend, par le moyen de la flamme, que c'est cette raclure, poussiere ou amas de petites parties subtiles, lesquelles rendent de la clarté, & ont la puissance, par leur ten-
sion

fion & agitation continuelle, d'exciter en nous le fentiment de la vûë: & d'autant qu'il eft affez ordinaire de donner à la caufe le nom qui n'apartient dans le fond qu'aux effets, il n'eft pas furprenant que l'on faffe dire à la Providence, au commencement de la premiere Epoque, que la Lumiere foit, & la Lumiere fut.

Remarquons en paffant que des corps, qui fe meuvent en rond, ceux qui font les plus folides, tendent avec le plus de violence à s'écarter de leur centre commun, & alors nous verrons que les parties fubtiles, qui fe trouvent dans un tourbillon doivent néceffairement fe raffembler dans fon fond. Pour pure que foit cette matiere, elle fe trouve fouvent entremêlée d'autres, dont les parties font plus groffes, & de figure embaraffante, ce qui fait que s'accrochant les unes aux autres, elles font jettées fur la fuperficie de ce grand corps, où elles font des taches femblables à l'écume, qui paroît fur les liqueurs que l'on fait bouillir, & il peut arriver, comme il feroit aifé de le prouver, que ces taches fe joignent de fi près, & forment une croute fi épaiffe, qu'elle ne pourra plus être détruite. C'eft ce qui eft arrivé à notre globe, que par anticipation nous apellerons Terre à l'avenir. Il y a de même diverses causes, qui peuvent contribuer à couvrir cette croute des parties longues & pliantes, dont nous avons parlé ci-dessus, & qui composent ce que nous apellons eau. Et non seulement cela peut arriver une fois, mais plusieurs, de manière qu'il se trouvera quantité de lits de terre, d'eau, d'air & de parcelles propres à produire la lumiere, les uns sur les autres.

La même chose est arrivée aux Tourbillons de *Mars*, *Venus*, *Mercure* &c. qui ayant perdu par là une partie de leur mouvement, ont été avec la Terre engloutis par celui du soleil, qui en occupe le centre, où il tourne lui-même, & les planetes autour de lui, dans des tems proportionnez à leur distance. Cependant comme nos sens nous trompent, & qu'à en juger par les aparences, la Terre est au milieu de l'Univers, ce n'est pas merveille si le texte porte que Dieu sépara les eaux d'avec les eaux, c'est-à-dire les eaux de la Terre d'avec les eaux des Planetes, par le moyen du premier Ciel, qui se trouve positivement entre deux; ce qui arriva dans la deusieme Epoque ou le second jour.

Au reste les deux dernieres croutes massives, qui s'étoient formées sur notre Globe, étant rondes & unies, l'eau, qui se trouvoit entre deux, n'avoit pas plus de profondeur en un endroit qu'en un autre ; mais la superieure étant exposée aux rayons du soleil, a dû se retirer, se fendre, & devenir pleine de si grandes crevasses, que ses parties se détachant les unes des autres, elle est tombée en grandes pieces sur la croute inferieure, laquelle n'étant pas assez étenduë pour les recevoir toutes dans la même situation, qu'elles avoient auparavant, plusieurs sont tombées de côté, & s'apuyant les unes contre les autres, ont fait les coteaux, les campagnes, les valées, capables de produire une infinité de sortes de plantes ; aussi bien que les creux, où l'eau s'est incontinent retirée, & a formé les étangs, les lacs & les mers, durant l'espace de la troisiéme Epoque.

Pendant que la Nature opere dans notre Tourbillon, elle agit de même dans les autres, & ramasse tant de matiere subtile dans chacun d'eux, & tant de parties sphériques autour de la Terre, par le moyen desquelles la Lumiere se peut faire sentir à des créatures vivantes, telles que la Providence avoit dessein de former, qu'il

est

est tems de les faire connoître à la quatrieme Epoque, sous le nom d'Astres ou de flambeaux des Cieux, entre lesquels Moïse fait particulierement considérer le Soleil & la Lune, comme nous étant les plus nécessaires, & nous paroissant les plus grands, puis qu'il ne sauroit avoir ignoré que le dernier n'est rien moins que lumineux, & qu'il n'y a peut-être guere d'Astres au Ciel, qui ne le surpassent en grandeur. Après que Dieu eut créé la matiere, & l'eut mise en mouvement, elle devoit naturellement produire tout ce qui vient de paroître dans les quatre Epoques précédentes, mais lors qu'il s'agit dans les deux dernieres, des animaux, de quelque maniere qu'on les considere, soit entierement matériels, comme le vouloit *Tertulien*; soit mixtes, ainsi que l'a pretendu *St. Augustin*, qui soutenoit que les hommes & les bêtes avoient une ame spirituelle, ou que comme nous le croyons aujourd'hui, les brutes ne soyent que des automates, au lieu que nous sommes composez d'un corps & d'un esprit, réellement distinguez l'un de l'autre, il se trouve dans leur origine des difficultez, qui donnent la gêne à la plûpart de ceux qui les examinent à fond. Ce que l'on pourroit

roit dire à cet égard de plus vrai-semblable, est qu'après la fraction de la croute supérieure de notre Globe, les parties de la terre, élevées au-dessus de la surface des eaux, étant au commencement fort moles, s'endurcirent petit à petit, par la chaleur du Soleil, aux endroits, où elles étoient les plus exposées à ses rayons, & se mirent à fermenter, & à former des élevures, qui tenoient lieu de membranes, au milieu desquelles la matiere, extrêmement agitée, devint un fétus, qui tiroit sa nourriture des exhalaisons & des vapeurs, que l'Astre du jour tiroit de la grande masse terrestre : que ces fétus, comme dans la matrice, ayant aquis des parties d'une forme convenable, & étant parvenus à une juste consistance, rompirent leurs prisons : & qu'enfin, à proportion des degrez de chaleur, qu'ils avoient reçûs, les uns s'éleverent dans les airs, les autres resterent sur le sec, & les plus froids s'allerent cacher dans les eaux. A quoi l'on pourroit ajouter que cela ne dura pas long-tems, parce que la terre devint trop aride, de sorte que n'étant plus capable d'engendrer des animaux par cette voye, la nature y fit succéder celle qui est en usage parmi nous. Il seroit aisé d'a-

puyer

puyer ces conjectures par le récit de ce qui se passe encore maintenant dans la Thébaide, immédiatement après les innondations du Nil, & par les insectes que bien des gens assurent que la corruption engendre d'elle-même : mais attendu qu'il n'y a rien à dire de positif sur ce chapitre-là, & qu'il est indifférent quel parti nous devons prendre, puis que soit que cette production se soit faite directement par la cause premiere, ou indirectement par les causes secondes, nous avouons ingénument qu'elle doit être raportée entierement à Dieu seul, nous nous bornerons à ce que nous en avons dit; & conclurons que ce sont là les six jours dont parle Moïse, pendant lesquels tout ce qui a été fait, a été fait : mais il est impossible d'en déterminer la longueur, & de marquer par conséquent dans quel siecle a paru le premier homme. J'avoüe que l'auteur sacré semble être positif sur cet article-là, puis qu'il en vient jusqu'à faire le dénombrement des enfans d'Adam jusqu'au déluge, & à circonstancier des faits, qui paroissent clairs comme le jour aux Juifs & aux Chrétiens; mais il en est de cet endroit comme du précédent, qu'on ne doit pas entendre à la lettre : il demande
une

une toute autre explication qu'on ne lui a donnée jusqu'à present, afin de pouvoir accommoder notre chronologie à celle du reste des humains, qui nous trouvent admirables de renfermer la nôtre dans un espace de six mille ans. Je n'ai pas le loisir presentement de vous developer ce mistere; je le ferai dans une autre occasion, je vous le promets, ou lors que j'aurai le bien de vous confirmer de bouche que je suis, &c.

NB. Le reste sera expliqué dans la premiere lettre du second Tome.

LETTRE LXXVIII.

à Monsieur du Pré.

MONSIEUR,

Vous êtes, sans mentir, un véritable fâcheux de la comédie de *Moliere*: il y a plus de trois semaines que contre ma coutume, je n'ai été à Randen: le beau tems & mes affaires me permettent de m'y transporter; tout conspire à l'exécution du dessein, que j'avois formé, de faire cette agréable promenade, & justement comme je suis prêt à me mettre en chemin avec

vec un de mes amis, on m'aporte une Lettre, qui sous prétexte de nouveaux ofres de services, & pour s'aquiter d'un prétendu devoir, renferme des difficultez, qui embarassent bien des Philosophes & des Mathématiciens : comme si j'avois bien à faire de vos disputes, & qu'il m'importât beaucoup de vous dire ce qu'il faut entendre par un point & par une ligne mathématique. Il vous semble, parce que vous ne faites que de venir d'un lieu, où vous êtes accoutumé au carnage, à percer à droite & à gauche, tous ceux qui se presentent à vous, & à ne donner quartier qu'à des gens, qui ont le cœur assez lâche pour vous le demander ; il vous semble, dis-je, que vous devez aussi attaquer ici sans distinction, tous ceux que vous rencontrez, comme s'il étoit aussi aisé d'aterrer un Philosophe qu'un homme de guerre, & que les armes des savans ressemblassent à celles d'un soldat. Que l'on vous frote tant que l'on voudra, je m'en mets fort peu en peine ; cela vous aprendra une autre fois à n'être pas téméraire, & à vous mêler des choses, qui sont de la portée d'un Officier.

J'hésite, cependant, non pas pour l'amour de vous, mais à cause de votre honneur

neur & du mien, que je voi là également intereſſez, & je ſens bien que malgré toute la réſiſtance que je puiſſe faire, je ne pourrai pas m'empêcher de vous aider à ſortir de l'embaras où vous êtes.

Pour le faire avec ordre, je vous prie de remarquer d'abord qu'il y a bien de la différence entre la réalité objective d'un corps, & l'extenſion propre ou la réalité du corps même : par exemple, entre la longueur que j'imagine dans un champ, & celle qui ſe trouve dans ce même champ, lors qu'un Arpenteur vient à le meſurer actuellement : de même, il y a beaucoup de différence entre un point, que je conçois ſimplement, & un atome : car au lieu que le premier n'exiſte proprement que dans ma penſée, l'autre, au contraire, a ſes dimenſions, & ſubſiſte réellement & de fait. Or comme en Philoſophie, le plus petit objet de la vûë eſt celui que l'on apelle point Phiſique ; de même en Géométrie, on apelle point mathématique, le plus petit objet de l'entendement : mais avec tout cela on doit ſavoir que les définitions que l'on donne ordinairement de ſes points, n'en bornent pas la grandeur à une certaine étenduë préciſe & déterminée : car comme il m'eſt permis, en qualité de Philosophe, d'imaginer un point phisique de la grosseur d'un grain de sable, plus ou moins, je puis aussi en qualité de Mathématicien, en concevoir un mathématique d'une ligne, d'un pouce, d'un pié &c. en quarré: & il est impossible de changer l'idée, que j'en ai, tant que je me le représente indivisible; mais s'il me vient dans l'esprit que ce point arbitraire ait quelques parties, & qu'il me soit nécessaire de le diviser pour quelque explication que ce soit, au lieu d'un point, comme je me l'étois représenté auparavant, il devient un corps ou une figure, où je puis & dois même assigner plusieurs, ou peut-être une quantité indéfinie de points. C'est encore ainsi que, suposant que la livre soit le plus petit poids, dont on se sert dans la Statique, une livre doit être considérée comme le point mathématique, dans cette sience: mais si l'on s'avise de diviser cette pesanteur en onces, alors une once sera ce point en question, & ainsi des autres à l'infini, jusques à ce que l'on parvienne à un poids, que l'on ne veut pas réduire en de plus petites parties.

Cela étant ainsi expliqué, représentez-vous un point mathématique, c'est-à-dire re une certaine quantité objective; par exemple, d'un pouce en quarré; représentez-vous-en encore neuf autres, tellement joints à ce premier, & les uns aux autres, en ligne droite, qu'il soit impossible de rien concevoir entre deux: il est clair que ce composé sera une ligne mathématique, de dix pouces de longueur, non pas à la vérité réellement, mais objectivement: & comme il m'étoit aisé d'imaginer tantôt la moitié de ce champ, dont j'ai parlé, je puis aussi imaginer ici la moitié de cette ligne entiere; ce qui est la solution de ce que vous me demandez. Mais à vous parler franchement, je ne pense pas que cette question de la ligne vous ait été proposée, en parlant du point ou de la ligne mathématique; parce que cette objection ne se peut bien faire qu'en Phisique, contre ceux qui croient la divisibilité de la matiere à l'indéfini, ce que sans doute cet habile homme, dont vous me parlez sans le nommer, n'ignore pas. Au reste vous pouvez lui nier que la ligne mathématique produite soit un corps, puisqu'il n'est rien de plus aisé que de concevoir ou imaginer diverses longueurs, sans savoir même s'il y a de la matiere ou des corps au monde,

com-

comme cela est facile à démontrer, par l'idée que chacun a naturellement du nombre ou de la quantité, & par conséquent de l'étendue: mais comme cela est métaphisique, & dépendant de plusieurs autres questions difficiles & abstraites, il me faudroit plus de tems que l'Exprès, que vous m'avez envoyé d'Almelo, ne m'en accorde, pour vous en donner une claire & ample explication, qui ne laisseroit pas de vous être inutile, puis que, pour ne vous point flater, cela est au dessus de votre portée. Au contraire, vous pouvez soutenir à ce Monsr. que le point, la ligne, & même la superficie, n'est rien, & ne subsiste en effet que dans notre imagination, ce que je ne pense pas qu'il ignore, non plus que tous les autres Mathématiciens en général, qui savent fort bien que la matiere intelligible seule fait tout l'objet de la Mathématique pure, & que si nous avons quelquefois recours à la sensible, ce n'est que pour communiquer nos pensées à d'autres, comme par des paroles, & pour rendre évidentes toutes nos démonstrations. Je dis plus, vous pouvez même à toute rigueur, lui nier l'existence de la superficie des corps réellement existans, considérez mathématiquement

ment : puis qu'il est impossible que la superficie d'un corps, prise dans ce sens, en fasse aucune partie, pour mince qu'on la puisse imaginer : comme il est absolument impossible que le son, la couleur, la saveur &c. fasse aucune partie des corps par lesquels ces différens sentimens sont excitez en nous.

Voilà, Monsieur, ce que j'ai crû que vous deviez répondre en peu de mots, à ce Mr. le Ministre, sur les questions qu'il vous a faites. Quand nous nous verrons, vous ne manquerez pas assurément de me faire un récit plus particulier de vos disputes, puis que vous savez que je prens beaucoup de part dans vos victoires, & qu'il me semble même participer en quelque sorte, à vos triomphes, tant parce que j'ai eu autrefois le plaisir de vous voir du nombre de mes disciples, qu'à cause principalement que je suis, &c.

LETTRES CHOISIES
LETTRE LXXIX.
à Monsieur du Mainon.

MONSIEUR,

Je ne sais pour qui vous me prenez; il y a quinze jours que vous aviez promis à Mr. notre Commandant de me venir voir le lendemain, je l'invitai là-dessus pour être de la partie, cependant vous ne parutes point, & vous n'en avez fait aucune excuse. Savez-vous bien qu'outre que ce procédé est outrageux, & directement oposé aux regles de la civilité, j'aime fort que l'on me tienne parole, ou qu'autrement je suis capable de m'en venger à la premiere occasion? Cela est tellement vrai, que tout brave que vous êtes, & quelques amis que nous ayons été jusqu'à présent, je suis prêt à rompre avec vous, si vous ne me donnez au plutôt une ample satisfaction. Vous m'avez vu batre autrefois, vous savez de quel biais je m'y prens, & de quelles armes je me sers lors qu'il s'agit d'aterrer un homme. Rendez-vous demain sans faute chez moi aux environs de midi. Mr. de *Sandra*, qui se trouve aussi choqué que moi, sera
mon

mon second: vous pouvez prendre M. de *Boxbergen* pour être le vôtre; nous avons résolu de vous faire dancer l'un & l'autre, d'une maniere à vous en faire ressouvenir plus d'un jour. Je ne veux point vous surprendre, précautionnez-vous hardiment: plus vous ferez d'efforts, & témoignerez de bravoure, plus le combat me sera agréable, & plus la victoire, que je me flate de remporter, me sera d'honneur; encore une fois, je vous attends, n'excitez pas ma colere davantage, il est dangereux de me pousser à bout, malheur à qui voudroit l'aprendre par experience! Je vous attends.

Ne vous alarmez pas, mon cher, à ce billet,
Il est houleux, je vous l'avoue;
Mais c'est la Muse, qui y joue.
Cependant j'aperçois le bas de mon feuillet,
Par ma foi, je n'ai plus d'espace;
Et je voi qu'il faudra commander au porteur
Qu'il vous prie instamment de me faire la grace
De croire que Tyssot est votre serviteur.

T 2 LET-

LETTRE LXXX.

à Mad. la Baronne de Keppel

MADEMOISELLE,

IL est vrai que toute la terre veut que j'aye fait, à l'égard de nos deux Amans, l'œuvre du monde la plus grande & la moins attenduë: il y a plusieurs personnes qui ont même prétendu que j'avois été téméraire d'entreprendre une chose, où les plus puissans & les plus qualifiez de notre province, aussi bien que du pays de Gueldre, étoient interessez: que j'étois trop petit, pour me mêler de si grandes affaires; qu'on se préparoit à m'en railler, & qu'une facheuse issuë m'alloit infailliblement attirer les huées, de tout ce qu'il y avoit d'honnêtes gens, au lieu qu'à present, que je suis parvenu à mon but, ils consentent que je sois mis dans les Croniques de Deventer, aussi bien que ce fameux Concierge que Mr. *Monen* y a fourré sans necessité.

Par bonheur pour moi, je suis instruit de la cause de toutes ces loüanges, que l'on m'atribuë. On a sçu, Mademoiselle, que vous aviez aprouvé le choix que l'on avoit fait de ma personne pour travailler à l'assoupissement de ce facheux different, où je ne pouvois être suspect à aucune des deux parties, à cause des liaisons que j'avois, & avec l'un, & avec l'autre. On a sçu de même que vous aviez aplaudi aux moyens, dont je me suis servi pour en prévenir les suites funestes, & que vous avez été pleinement satisfaite du succès de ma négociation. Chacun a formé son jugement sur le vôtre, comme sur un Modele incontestable, & personne n'a osé s'émanciper de contredire à l'oracle de nos jours. Ils ont raison d'un côté, je l'avoüe, mais de l'autre, ils ne savent pas que, comme les Dieux, vous vous contentez des foibles efforts des Mortels; que la moindre action, accompagnée d'une bonne volonté, passe dans votre esprit, pour l'effet d'une cause sans imperfections; que vous n'êtes pas moins indulgente que civile, agréable & bienfaisante; & que vous récompenseriez volontiers d'une couronne ce qui vaut à peine la houlette d'un berger. Après tout, cela ne laisse pas de m'être bien glorieux, & je vous jure que quand tout le monde desaprouveroit mon procédé, je m'estimerois recompensé doublement d'aprendre que vous avez eu la bonté, non

seule-

seulement de me l'entrer en conte, mais de m'offrir encore la protection de votre Maison. Vvous voyez par ce que j'en ai dit à Monsieur votre frere, comment je me prévaus de votre générosité : il n'est pas en votre puissance de vous dédire ; les paroles, que vous prononcez, sont des arrêts irrévocables, qui vous engagent vous-même, aussi bien que ceux ausquels vous imposez des loix. Cela étant je fais fond sur vos promesses, & je me réjouis déja par avance des avantages que vous m'allez procurer. Madame votre mere & vous, Mademoiselle, avez trop d'ascendant sur l'esprit de Monsieur de *Nieuwenhuys*, votre Oncle, qui est tout puissant à la Cour, pour n'en pas obtenir tout ce que vous lui demanderez en ma faveur. Ne croyez pas pourtant que la facilité avec laquelle vous viendrez à bout d'un si grand dessein, m'en fasse avoir une moindre idée : ce sera toûjours une grace, que je mettrai au nombre des plus précieuses & des moins ordinaires, que vous me puissiez accorder; je vous en aurai sans doute, moi & ma famille, une obligation infinie, & j'en conserverai le souvenir aussi long-tems que l'air que je respire me permettra de publier que je suis. &c.

LET-

LETTRE LXXXI.

à Monsieur Sorin.

MONSIEUR,

IL y a bien des années que le desir de me faire connoître hors des portes de notre ville, m'a tenté de donner quelques-uns de mes ouvrages au public, mais l'apréhention que cette connoissance ne me fût plus préjudiciable qu'avantageuse, m'en a fait différer l'exécution jusqu'à cette heure. Je savois que nous vivons dans un siecle si éclairé, qu'on auroit peut-être de la peine à y trouver autant de foux ou d'ignorans, que l'on contoit autrefois de sages dans la Grece; que tout le monde veut être docte aujourd'hui, & qu'il n'y a pas moins de critiques que de Lecteurs. Ces raisons, sans faire mention de plusieurs autres, me paroissoient sufisantes pour me tenir dans le silence, & je m'étois déja proposé de ne rien faire que pour moi & mes enfans, lors qu'ayant un jour avancé, comme en passant, & pour apliquer à un téoréme de Geométrie, dans une de mes leçons publiques, qu'il seroit aisé de démontrer pourquoi c'est que nous ne pouvons user parfaitement que de l'un de nos cinq sens à la fois, je fus prié par deux de mes Auditeurs d'en venir à l'exécution. Ma démonstration fut aprouvée, & on la trouva si juste & si curieuse que l'on me conseilla fortement d'en faire part à tout le monde. Comme cette démonstration est courte, je ne crûs pas la devoir proposer sans l'accompagner, au moins, d'un petit discours, qui en facilitât l'intelligence à ceux qui ne se sont pas fort exercez dans la Philosophie, & les Mathématiques. Pour vous, Monsieur, qui êtes consommé dans l'un & dans l'autre, cela n'auroit pas été nécessaire : il auroit sans doute sufi de la simple proposition, accompagnée, peut-être, d'une figure, pour vous en faire comprendre plus que je n'en ai dit sur cette matiere. Et c'est aussi principalement dans cette vûë, que je prens la liberté de vous en envoyer un exemplaire. Lors que vous l'aurez vû, je vous prie d'en permettre la lecture à Monsieur votre frere, & d'avoir ensuite la bonté, lors que votre commodité le permettra, de m'en dire votre sentiment & le sien, puis que je ne défere pas moins à vos jugemens.

qu'ils.

qu'ils me pourront être utiles dans l'occasion. A ce present, j'ajoute mille vœux pour votre conservation, & je prie Dieu que l'année en laquelle nous venons d'entrer, vous soit aussi favorable à tous égards, que je suis sincerement, &c.

LETTRE LXXXII.

à Monsieur de Wintsum.

MONSIEUR,

Je suis ravi de ce que mon petit traité a eu l'avantage de ne pas déplaire à une personne de votre mérite; gardez-vous cependant d'avoir des sentimens trop favorables de son auteur, & n'employez pas de trop vives couleurs à représenter un objet, que votre modestie envisage de loin trop éclatant, & qu'elle ne consideroit peut-être de près que comme une ombre : cela nous pourroit causer de la confusion à notre premiere vûë, à vous, de vous voir trompé dans vos conjectures; à moi, de ne me pas sentir capable de répondre à tant de sentimens avantageux: Par bonheur pour moi, c'est qu'à toutes ces loüanges, vous avez ajouté quel-

quelques remarques, qui les temperent. Un autre le trouveroit étrange, mais je suis si éloigné d'un semblable sentiment, que c'est le principal endroit qui me persuade de la sincerité de votre discours. Je ne prétens pas m'étendre ici fort loin pour vous y répondre dans les formes, cela se pourra faire dans une plus favorable conjoncture. Il me suffira pour le present de vous dire en peu de mots, qu'encore que chacun fût capable de faire la supposition, que vous faites, & d'en tirer ensuite toutes les conséquences nécessaires pour l'intelligence de la sensation, ce que je ne pense pas que vous croyez, puisque cela dépend de trop de connoissances, il ne s'ensuivroit aucunement que cela n'auroit pas besoin de démonstration. Il y a cent choses, qui paroissent fort claires, & de la vérité desquelles on est même entierement convaincu, qui ne laissent pas de vouloir être démontrées, afin d'en rendre par là la certitude plus évidente, & ôter tous les sujets de doute, que l'on en pourroit avoir, toutes les fois qu'on se souviendroit d'y avoir pensé. En voulez-vous un exemple, tiré de notre métier? Supposez avec *Euclide*, deux lignes droites, qui étant prolongées indéfiniment,

ne

ne se rencontrent jamais : il n'y aura point d'animal raisonnable qui n'en concluë, sans le secours d'aucun art, que ces deux lignes sont paralleles, c'est à dire partout à une égale distance l'une de l'autre, & qui ne trouvât ridicule que des gens s'alambiquent l'esprit, pour prouver par d'autres lignes, & par des termes obscurs & barbares à leur égard, ce qui, selon eux, ne se peut mettre dans un plus beau jour. Cependant, Monsieur, vous n'ignorez pas sans doute, qu'il n'est pas difficile à ceux qui ont quelque connoissance des sections coniques, de démontrer qu'il se tire des lignes dans l'hiperbole, où il ne se trouve pas deux points, qui soient également distans de deux autres; d'où il paroît qu'en un sens elles s'approchent, & en l'autre elles s'éloignent continuellement, qui néanmoins ne se rencontrent jamais, de quelque maniere qu'on les prolonge. D'où je conclus que, que quelques manifestes que les choses nous paroissent, il est toûjours bon de s'assurer de leur certitude par une démonstration, & qu'ainsi je pense avoir beaucoup fait d'avoir rendu mathématique, ce qui jusqu'à present n'avoit passé que pour un probléme de Philosophie, & c'est tout ce que je m'étois proposé. Pour ce qui est des idées, que nous avons des choses spirituelles & abstraites, je n'ai pas crû qu'il fut fort nécessaire d'en traiter, à cause des conséquences que de certaines gens en pourroient tirer. Je vous dirai pourtant que je ne pense pas qu'à cet égard, on les doive beaucoup distinguer des autres, puis que, selon moi, elles ne sont jamais entierement dévelopées de la matiere, quoi qu'en dise Mr. *des Cartes*, auquel il ne seroit peut-être pas malaisé de prouver que la plûpart des raisons qu'il allegue, au sujet de la pensée, de l'ame, de sa réelle distinction d'avec le corps, & même de l'existence d'un être souverainement parfait, ne sont que de purs cercles & paralogismes, en bonne Logique: d'où il suivroit que sa Métaphisique ne seroit qu'une chimere, au lieu que sa Phisique est excellente en bien des endroits. Lui même, après avoir rejetté cet axiome des Anciens, *Nihil est in intellectu quod non prius fuerit in sensu*, est contraint d'avoüer dans plusieurs de ses lettres & entre autres, dans la quatrieme de son second volume, que nous n'avons point de mémoire intellectuelle, tant que nous sommes dans la matrice: donc l'idée d'un

être

être souverainement parfait n'est pas née avec nous, comme il l'assure dans sa troisieme meditation; donc l'ame aprend tout ce qu'elle est capable de savoir, par le secours immediat des sens. Et s'il faut que les nerfs frapent la glande, ou lui envoyent des esprits pour la faire penser aux objets extérieurs presens, qui font quelque impression sur le corps, ce qui s'appelle les sentir, il ne sera besoin sinon d'autres esprits, qui viennent continuellement du cœur par les arteres, pour tenir la glande dans une continuelle agitation, & par conséquent l'ame dans de continuelles pensées, mais confuses, comme pendant le sommeil, à cause que ces esprits la poussent de plusieurs endroits à la fois: de maniere que si nous ne voulons penser qu'à une seule chose absente, soit corporelle, soit mixte, ou si voulez spirituelle, il ne faudra qu'avoir à l'égard de la glande la puissance qu'a une brute sur sa queüe, c'est à dire de la pouvoir pencher ou tenir d'un certain côté, où nous avons remarqué qu'elle doit être, pour recevoir les esprits propres à la faire penser aux choses que nous voulons nous représenter, ce qui est confirmé par l'expérience. Cela étant, vous voyez que ma démonstration est générale, & qu'elle sert pour toutes nos sensations, quelque nom qu'on leur puisse donner. Enfin, j'en viens à l'Algebre, où vous témoignez avoir envie de vous perfectionner; si vous voulez absolument que j'y contribuë, & que je vous assiste de tout le secours dont je suis capable, je le ferai avec plaisir ; mais à vous parler ingénument, je trouve le dessein bien difficile à exécuter par lettres : c'est pourquoi j'aimerois mieux, Monsieur, que vous voulussiez attendre l'impression d'un Traité de cette sience, que j'ai ébauché autrefois, & auquel je veux bien, nonobstant mon indisposition, me remettre pour l'amour de vous, & lui donner toutes mes heures de loisir. J'en étois aux équations cubiques, où je me trouvois même fort avancé, lors que le Ciel me visita tout à coup d'une rude maladie, qui m'a empêché jusqu'à cette heure d'y travailler davantage : & comme j'ai envie de le remplir de quantité d'exemples ou questions résolues d'un bout à l'autre, je ne doute pas qu'il ne soit trouvé fort intelligible, & qu'il ne vous aide à faire beaucoup de chemin en peu de tems. En attendant j'espere que l'occasion de vous entretenir de bouche se presentera favorablement.

ble; ce sera alors que je tâcherai de vous faire connoître plus particulierement que je suis, &c.

LETTRE LXXXIII.

à Monsieur de Keppel.

MONSIEUR,

S'Il est vrai que la rareté des choses en fait ordinairement le prix, vous pouvez aisément vous représenter l'accueil que j'ai fait à votre agréable lettre, avec quel empressement je l'ai parcourue d'un bout à l'autre, & jusqu'où j'en estime la conservation : mais imaginez-vous de même que je suis un peu scandalisé du tour que vous donnez à vos expressions. J'aime fort la raillerie, mais je souffre horriblement quand on se moque de moi, ou que j'en ai seulement la pensée. Tant de protestations d'amitié qu'il vous plaira, c'est de l'honneur que vous me faites : des courtoisies, des civilitez, des caresses, tout cela est agréable, sur tout à un homme, qui ne sauroit les mériter ; mais aussi tôt que les termes d'obligations infinies sont de la partie, que des reproches secrets,

crets, des remords de conscience, des aveux d'une noire ingratitude, ausquels donne naissance le malheureux oubli de mille prétendus bienfaits &c. s'y introduisent, vous me desolez, vous me confondez assurément. A quoi bon insulter à mon impuissance, puis qu'elle est toûjours accompagnée d'une bonne volonté? Si je suis incapable de grands effets, cela vient de la petitesse de la cause: l'ironie ne vient point ici à propos. Contentez-vous de mes foibles efforts, si vous êtes juste; ne vous divertissez plus à mes dépens, & je consens du reste à tout ce qu'il vous plaira. Oui, Monsieur, quoi que je sois homme de métier, & d'un métier qui n'a pour outils que de simples lettres, je consens volontiers à la perte des livres, que vous m'avez empruntez, c'est à faire à en acheter d'autres: je souffrirai sans me plaindre, que le Mercure, tout rempli des loüanges excessives, que son auteur prodigue donne, & à moi, & à mes écrits, soit porté chez vous aux lieux: j'aprendrai avec toute la tranquilité possible que Madame de *Dinx-hof* se sert au besoin, & pour l'usage le moins propre, de la moitié des lettres que je vous envoye, pourvû qu'elle continuë de vous re-

remettre l'autre entre les mains, puis que c'est toûjours une grace qu'elle me fait : je vous verrai encore passer par notre ville sans daigner chercher l'ombre de mon toît, dans la plus grande chaleur du jour : ne m'écrire que tous les carêmes ; & en un mot me traiter de la maniere du monde la plus indifferente, sans en témoigner aucun déplaisir, ni prétendre la centieme des excuses, que vous en faites, joint à mille sermens réitérez que tout cela est arrivé par abus, puis que je ne saurois vous obliger à penser seulement le contraire, que je serois ridicule de le vouloir, & qu'il n'y a aucun passage dans le droit canon & Civil, qui autorisât la meilleure de mes prétentions : je consens, dis-je, à tout cela, mais je vous le dis franchement, je ne permettrai jamais que l'on me traite tacitement de chimérique & d'hipocondriaque.

Alte, n'allons pas plus loin, j'aperçois, si je ne me trompe, que vous commencez à vous fâcher à votre tour. J'ai tort, en effet, de douter de la sincerité de votre discours, pour masqué qu'il me paroisse. Vous m'avez donné des preuves de votre franchise, que l'on ne sauroit révoquer en doute sans témérité : cependant

dant vous réiterez si souvent la même chose, vous me parlez avec tant de force des services que vous voulez que je vous aye rendus, des obligations que vous m'en avez, & du desir, où vous persévérez, de pouvoir un jour le reconnoître, qu'oubliant tout d'un coup qui vous êtes, je prens toutes ces protestations pour de vains complimens, & m'imagine que ce ne sont que de pures moqueries. Là-dessus je m'emporte, je bas du pié, je médite des vengeances, & je les ai quelquefois mises sur le papier avant que je sois bien revenu à moi. Voyez, Monsieur, à quoi toutes ces céremonies aboutissent : une autrefois entretenez moi d'autres matieres, & au nom de Dieu, ne me parlez plus de bagatelles, qui ne méritent pas dans le fond, que l'on y fasse de réflexion. Je suis ravi, au reste, de ce qu'il se rencontre tant de conformité dans nos inclinations, & de ce que nos projets se trouvent à peu près les mêmes. Il n'est pas moins vrai que je vous le dis, qu'il y a plus de six semaines que j'ai envie d'aller manger des œufs de Pâque à *Dirx-hof*: il n'auroit pourtant pas falu de grands obstacles pour me faire differer jusqu'à la pentecote l'exécution de mon dessein, mais

mais presentement que vous devez faire le même voyage, je vous jure que moyennant deux grains de santé, & quatre minutes de beau tems, rien ne sera capable de m'en empêcher, non pas même la venuë de ma sœur de Frise; car dussé-je la charger sur mes épaules, & prendre encore Madame *Tyssot* avec elle, au cas qu'elles ne me voulussent pas laisser aller seul, il ne me sera jamais reproché que j'aye négligé une occasion favorable d'aller passer un moment en votre agréable compagnie: J'espere, si cela arrive, que je trouverai Madame votre mere, & Mademoiselle votre sœur, aussi bien que la famille de Mr. de *Spyker-bos*, en état de nous recevoir; car à vous parler ingénument, je fais bien mon conte de les voir chacun en particulier chez eux, quand ce ne seroit que l'espace d'une heure.

SONNET.

Une heure, non ma foi, cela ne suffit pas,
Notre ancienne amitié semble être surannée,
Pour la renouveller il faut une journée,
Il n'est pas toujours tems de courir à grands
  pas.

Le soleil a sa course extrémement bornée,
Le matin n'est pas trop pour faire un bon repas,
Et selon vous & moi, la pipe a trop d'apas
Pour ne lui pas donner toute l'après dinée.

Que de plaisirs, bons dieux! nous allons ressentir!
Je l'avoüerai, Monsieur, que sert-il de mentir?
Il me semble déja que je suis à la fête:

Que trinquant & fumant alternativement,
De mille faits nouveaux, recitez galamment,
Nous nous entretenons dans un doux tête à tête.

Peu de jours en feront l'affaire, il ne faut pas grande patience pour cela : il est vrai que plus un bien est près, plus le desir de le posséder augmente, & que chaque instant, qui nous en sépare, est comme un siecle entier durant lequel nous nous sentons privez du plaisir de sa joüissance. Il y a pourtant encore du remede à cela, il n'est point d'homme, qui par la force de son imagination, ne se puisse rendre presens les événemens les plus éloignez. C'est toûjours une consolation pour les affligez de pouvoir se représenter l'agréable moment de leur delivrance. L'espérance d'une félicité future nous fait oublier le mal passé, & endurer tranquilement

ment le present; & pour me servir d'un exemple, qui vous doit sans doute être plus familier qu'à moi, puis que vous êtes Catholique, il est sûr, suivant les personnes, qui sont de cette Communion, que les saintes ames du Purgatoire ne sentent pas, pour ainsi dire, des peines, qui paroîtroient d'ailleurs insuportables aux damnez, à cause que par un effet admirable de la foi, elles sont deja comme en possession de la félicité éternelle, qu'elles ont meritées par leurs bonnes œuvres. A plus forte raison nous, qui sommes dans une parfaite santé, à l'abri des disgraces de la fortune, & par conséquent libres & dépouillez de toutes les distractions qu'elle cause, sommes-nous en état de jouir par anticipation, des plaisirs que nous avons résolu de nous procurer. Mais à propos de Purgatoire, il me semble, *God beter*, que vous n'en prenez guere le chemin: un homme, qui fait trophée de ravir à son prochain ce que Dieu & la nature lui ont donné en partage, m'a bien la mine de donner à gauche: je suis fort trompé si *Pater de Jong* n'est de mon sentiment. Tout ce que je vous puis dire, c'est que si j'étois votre Confesseur, vous n'auriez, par sainte

Anne; point d'absolution que vous ne m'eussiez rendu mes livres, & Dieu sait si je n'y ajouterois pas encore une penitence par dessus, dont vous vous souviendriez plus de quatre jours. Après tout, le ciel ne manque point de voye pour nous ramener à lui: moyennant son secours, il n'est si grand pecheur, qui ne puisse venir à repentance: il y a eu d'autres larrons célebres, qui se sont enfin convertis, n'y eût-il que celui, qui fut témoin de la crucifixion de *Christ*. Vous pouvez espérer la même grace &c.... mais il est impossible de tout dire dans une lettre; l'importance du sujet ne se permet pas, il faudroit un gros volume pour cela. Contentez-vous de ceci pour cette fois: il y en a bien assez, si je ne me trompe, mais soyez-en en même tems persuadé: il faut pour votre consolation, que je vous dise encore ces quatre mots, avant que je vous quitte, que ni négligence, ni oubli, ni rétention de livres, ni tout ce que vous & moi sommes capables d'imaginer, ne m'empêchera jamais de vivre & de mourir, Monsieur &c.

LETTRE LXXXIV

à Monsieur le Comte de N.

MONSIEUR,

IL est si naturel aux grandes ames d'être sensibles aux moindres honnêtetez qu'on leur témoigne, que je ne suis nullement surpris de voir couler de votre plume tant d'expressions de reconnoissance, pour un fait qui le mérite si peu. J'aurois voulu trouver les occasions de vous assurer avec plus de marques de respect & d'estime du desir que j'ai de contribuer à vos divertissemens, ou de vous être utile à quelque chose, mais je n'ai pas encore été assez heureux pour cela, & me voyant dans l'impuissance de me procurer cet avantage, j'ai crû qu'il m'étoit plus honorable de rester dans le silence, que de vous importuner par mes lettres. Ce sont ces sentimens de soumission, Monsieur, qui m'ont empêché de répondre à celle, dont vous me fites la grace de m'honorer à votre retour de Flandre, & Dieu sait si je ne fusse pas resté éternellement dans le silence, si un bruit de joye & de bon-

bonheur, dont toutes nos villes retentiſſent, ne m'eût pas reveillé de l'aſſoupiſſement ou j'étois. Il n'y a guere de perſonnes de votre connoiſſance dans leſquelles ce bruit inopiné n'ait cauſé d'agréables tremouſſemens, mais ſur tout je puis dire qu'il a fait en moi une opération inconcevable, lors que j'ai conſidéré qu'il trainoit après ſoi les nouvelles infaillibles de votre heureux rétabliſſement dans vos dignitez. Oui, Monſieur, je participe tellement à ce bien, que, quand il devroit nous être commun, je ne le pourois pas davantage. Une année plus heureuſe que les précédentes, & en laquelle je prie le Ciel de vous combler de ſes faveurs, ſemble ne s'offrir à nous, que pour me donner lieu de vous en féliciter, & vous étrenner de tous les vœux, dont je ſuis capable, pour votre bonheur & votre repos.

Mais au moins, Milort, que l'éclat de cette grandeur, dont vous allez briller de nouveau, ne vous empêche pas de jetter quelquefois les yeux ſur des objets ſombres & obſcurs, que vous laiſſez dans ces Provinces; vous êtes trop généreux pour refuſer votre bienveillance à ceux que vous avez honnorez de votre amitié; &
puis

puis que vous êtes tout puissant dans le païs, où vous allez ; que les siences, généralement parlant, sont ici fort peu estimées, & que le mérite n'y est nullement considéré dans un étranger, j'ai tant de confiance en votre bonté que je ne doute aucunement que vous ne fassiez la grace à mon Ami, Mr. *S.* de lui procurer de l'emploi auprès du Vice-Roi d'*Irlande*, ou quelque autre avantage, dont il puisse subsister honnêtement avec sa famille. Ce sera un bienfait que, ni lui, ni moi, n'oublierons jamais, & pour lequel nous vous aurons une éternelle obligation. Je finirois ici ma lettre, qui ne me paroît déja que trop longue, mais je me crois obligé d'y ajouter que je prie Dieu de vous conduire heureusement en Angleterre, où j'aprens dans le moment que vous allez repasser. J'espere que vous me ferez l'honneur de me marquer votre arrivée, & l'état auquel vous vous trouverez à l'issuë de votre voyage, puis que je suis l'homme du monde, qui prend le plus d'interêt dans votre conservation, & qui est avec tout le zele imaginable.

Milord, &c.

LETTRE LXXXV.

à Monsieur Junius.

MONSIEUR,

J'Ai, Dieu merci, souvent l'occasion de m'informer de votre santé, mon frere entre autres, m'a fait le plaisir, à son arrivée de la Haie, de m'assurer que M. le Chevalier de *Saudra* avoit toûjours la vigueur d'un homme de votre âge : que Madame son Epouse représentoit encore à la fois, & les Graces & l'abondance, & que Monsieur leur fils étoit également dispos & gaillard. Mr. *Sibelius*, comme juge compétent & occulaire, m'a confirmé toutes ces bonnes nouvelles : il me témoigna à son retour de Delft, que les Nimphes de votre Parnasse faisoient paroître plus de feu, plus d'enjouement & d'enbonpoint que jamais, & que si un certain je ne sai quoi étoit capable de donner la moindre altération à une jeune personne, ce ne pouvoit être qu'à Madame *Junius*, que la délicatesse rend sensible aux mouvemens que causent les caresses réitérées d'un nouveau & agréable Mariage. Ce beau sujet four-

fournissoit tant de matiere à son éloquence, qu'il ne s'exprimoit que par les plus fortes figures de la Rhétorique. Mais enfin, m'apercevant bien que ce flux de bouche ne devoit pas encore tarir, & ma mémoire étant déja fort occupée par les circonstances d'une rélation si diversifiée, je le priai d'accorder un peu de relâche à mon attention, & de m'aprendre quelques nouvelles de votre François, dont je n'avois absolument point ouï parler depuis que vous nous avez quitez. Ah! je vous prie, me répondit-il, laissez-moi achever ce que j'avois à vous dire, aussi bien n'ai-je pas dequoi vous satisfaire sur ce chapitre-là. Non, repris-je : c'est pourtant une affaire, où je m'intéresse : il s'est engagé à moi d'en avoir soin, & je desire que vous m'en apreniez tout ce que vous en savez. Cela sera bien aisé, repartit-il, puisque je n'en sai pas la moindre chose : mais de bonne foi, poursuivit-il, je vous trouve admirable de vous imaginer que Monsieur *Junius* fasse état d'un misérable étranger, tandis qu'il est au milieu de sa patrie. Lors qu'il se trouve parmi des Over-Ysselliens, qui ne lui sont pas moins barbares que des Toupinamboux dans la Chine, à la bonne heure, étranger pour étranger, il vaut autant se familiariser avec un Espagnol qu'avec un Tartare : mais quand on est avec ses amis, il n'y a plus de François qui tienne : quelque familier que l'on ait été auparavant, on retourne à la langue de son pays, & à peine daigne-t-on remuer les levres pour prononcer un autre langage que celui de sa nourrice.

Je ne sai pas, Monsieur, ce que vous direz de la relation de Mr. *Sibélius*, mais pour moi, je vous avoüe qu'elle fit quelque impression sur mon esprit. Faites réflexion, me dit-il encore, sur la charmante province, où il demeure, sur l'agréable société de ses habitans ; pensez aux moyens & aux commoditez qu'il a d'en profiter, & vous verrez qu'il n'est pas fort surprenant qu'il néglige pour un tems, cette langue, quoi qu'elle soit d'ailleurs si recommandable par elle-même. En effet, jugez un peu, Monsieur, de ce que je pouvois répondre à des argumens si forts : n'y avoit-il pas là de quoi me fermer entierement la bouche ? Cependant je ne me tus, ma foi, pas : je lui fis fort bien comprendre qu'il se trompoit lourdement dans son calcul, qu'il n'y avoit point de regles, pour générales qu'elles fussent, qui ne souffrissent des exceptions,

tions, & que si tout ce qu'il m'avoit marqué retardoit ordinairement le progrès des jeunes gens dans leurs études, il en étoit incapable à l'égard de Monsieur *Junius*, qui n'avoit rien négligé pour se perfectionner dans les siences, & pour aquerir le titre de Docte, & qu'ainsi il ne devoit nullement douter qu'entre ses divertissemens, il ne donnât au moins tous les jours une heure à la Langue françoise, si nécessaire aux honnêtes gens; ce qui sufit pour un homme qui a la mémoire bonne, & le jugement encore meilleur.

Vous savez ce que je vous ai dit, je vous le répéterai, si vous voulez; vous n'avez, pour parvenir à votre dessein, qu'à observer simplement trois choses. La premiere est de vous servir de mots, qui expriment nettement vos pensées; la seconde est de les arranger suivant l'ordre établi par les regles & par l'usage: & la troisieme consiste à ortografier comme il faut: d'abord que vous saurez bien cela, vous n'avez qu'à vous reposer; les plus habiles n'en savent pas davantage: vous serez ravi de m'avoir eu pour Conseiller, & moi, je ferai gloire de publier que je suis, &c.

LETTRE LXXXVI.

A Mademoiselle D. de R.

MADEMOISELLE,

Il y a long-tems que j'aurois pris la liberté de vous écrire, si je n'avois craint d'encourir votre disgrace, & de passer dans votre esprit pour un desobéissant : car enfin, vous ne sauriez avoir oublié le commandement, que vous me fites à votre départ, de ne vous point aller voir pendant le voyage que j'étois sur le point d'entreprendre, & la promesse, que vous y ajoutates, de me marquer par un mot de lettre, lors qu'il seroit tems de vous écrire, & de vous pouvoir visiter. Cependant six mois se sont écoulez, sans que vous vous soyez aquitée de votre promesse: d'où vient cela, Mademoiselle, je vous en suplie, quelle est la cause d'un silence si ennuyeux? On ne sauroit s'empêcher de publier que le Professeur est honnête homme, pendant que l'on traite l'Oficier de lanternier, & néanmoins je suis sur que le dernier est dans les bonnes graces, ou du moins on lui écrit familierement,

&

& l'on badine même avec lui, dans le tems que l'on ne se trouve pas assez de langue pour dire seulement un mot à son frere.

La guerre, dites-vous, a d'agréables charmes
Les Lettres portent leur venin;
Mais ne vous trompez pas; le sexe féminin
A toûjours plus aimé la plume que les armes.

Je suis même assuré que vous êtes de ce sentiment: vous gouvernez ce petit instrument d'une maniere si agréable, qu'il est impossible que ce ne soit avec beaucoup d'inclination.

Ses traits sont autant de témoins
Que votre belle main de le régir se flate;
Et si l'esprit y brille & la science éclate,
Vos petits soins aussi n'y paroissent pas moins.

D'où vient donc, encore un coup, que l'on m'oublie, que l'on ne dit plus rien, & que l'on ne me fait plus servir que de témoin dans le commerce régulier, que l'on entretient avec les autres? Voulez-vous que je vous le dise? C'est que comme la diversité des humeurs engendre le mépris, la conformité des sentimens

timens produit ordinairement l'harmonie: les Gascons aiment les Gasconnades. Parce que vous êtes grande fille, & que notre homme tâche à devenir grand garçon, vous le préferez à ceux qui se contentent d'être d'une taille médiocre. Hé bien, j'y consens de tout mon cœur, mais permettez-moi aussi de vous dire que nonobstant les caresses, que vous lui faites, vous ne le secondez pas comme il le desireroit, & que je pense que vous le pourriez. Je veux que le Comte de S. vous tienne dans le respect, que vous ayez de proches parens, de la fortune desquels dépend la conservation de votre famille, que vous doutiez de l'équité de celui pour lequel vous vous employeriez, à l'égard de la personne interessée, & que vous soyez persuadée de la difficulté à obtenir ce que l'on exige de vous, que voulez-vous que j'y fasse? Faut-il me refuser un mot de lettre, parce que j'envisage les choses tout d'une autre maniere que vous?

Ne nous déguisons rien; je croi, de bonne foi, que nous les voyons l'un comme l'autre; mais la défiance jouë ici son rôle, & je ne sai pas même si la jalousie n'est pas un peu de la partie.

Le respect, où l'on vous tient, n'a jamais

mais été si grand que vous n'ayez trouvé l'occasion de demander & d'obtenir tout ce que vous avez voulu, jusqu'à cette heure : cela est incontestable ; après les preuves, que j'en ai vûës, vous n'en sauriez disconvenir. J'ajoute qu'il seroit sans comparaison plus avantageux pour votre Maison, que l'homme, dont il est question, eût l'avancement qu'il demande, que si Mr. N. étoit à la tête d'un Régiment. La raison en est que par son âge, son expérience, ses intrigues, ses revenus, & par son emploi, il pourroit sans contredit, aider aux plus jeunes, & remettroit les affaires sur pié en très peu de tems ; cela est encore clair comme le jour. Et pour ce qui est du doute, dont vous parlez, il est assurément fort hiperbolique. Vous n'ignorez pas qu'après avoir employé des personnes du premier ordre, pour venir à bout de quelques desseins préméditez, il est impossible de se dédire, sans encourir leur disgrace, & se perdre infailliblement, outre que quand on est un peu distingué du commun, on se fait fort bien faire justice dans de telles occasions, & moi-même je serois le premier à y travailler, mais je suis assuré que c'est la dernière de ses pensées. Enfin je dis qu'en qu'en tems de guerre ces places ne sont pas de si difficile accès qu'on pourroit se l'imaginer. On sait que des Maçons & des laquais n'en ont pas été exclus; l'entrée n'en est pas plus interdite aux personnes de naissance qu'à des gens de ce calibre-là.

Aussi vous puis-je dire que tous ceux de mes amis à qui j'en ai parlé, ne seroient aucunement surpris de l'y voir entrer, surtout si Mr. de *Marquette* montoit seulement d'un dégré, comme il y a beaucoup d'aparence, puis que par là, la porte lui seroit naturellement ouverte, & que de droit, il se pourroit presenter le premier. Il n'y a que peu de jours que notre Commandant, M. de *Sandra*, qui m'en parla chez moi, après m'avoir fait entendre qu'il en avoit eu une visite à *Delft*, me dit qu'il s'étoit expressément informé de lui à la Haye, & qu'il ne s'étoit adressé à personne, qui ne lui eût rendu de très bons témoignages de sa conduite, & qu'ainsi il ne doutoit pas que moyennant la continuation de la bienveillance du Comte de S. son Patron, nous ne le vissions bientôt occuper un poste digne de lui. Toutes ces raisons vous doivent engager indispensablement à lui prêter la main. Tout ce que j'apréhende, c'est que

que voulant peut-être en parler, vous n'ayez trop intéressé l'honneur de Mademoiselle L. Cela pourroit quelquefois gâter tout, au lieu d'avancer en quelque façon les affaires, parce que Madame la Comtesse prendroit aisément du dégoût pour une fille, qu'elle croiroit capable d'avoir commis une legéreté pour attraper un homme. Il ne faloit simplement que lui faire connoître leur engagement, le consentement des parens, la médiocrité de leurs biens, & la confiance qu'on a en son Excellence, pour les mettre en état de se marier, & de tenir un train proportionné à leur qualité.

Nous lui avons envoyé chacun une lettre pour le consoler, & relever un peu ses espérances, que la vôtre va sans doute prodigieusement abatre. Ne laissez pas, si vous m'en croyez, lors que l'occasion s'en presentera, de ramener les affaires sur le tapis, & de les exposer avec cet air & ce tour, que vous savez donner aux choses, quand vous vous proposez de n'être point exposée à essuyer un refus. J'étois obligé de vous dire cette galanterie pour vous radoucir un peu, après vous avoir fort aigrie. J'espere, avant qu'il soit un mois, de vous expliquer de bouche tout ce que je viens de vous coucher par écrit, &

de vous assurer que je suis plus que jamais, &c.

LETTRE LXXXVII.

A Monsieur de Lynden.

MONSIEUR,

Puis que l'amitié ou l'intérêt autorise les gens à se féliciter réciproquement lors que le Ciel les favorise de quelque grace particuliere, vous ne devez pas trouver étrange, si je prens aujourd'hui la plume pour m'aquiter de ce devoir, vû que l'un & l'autre de ces motifs m'y engagent d'une maniere indispensable. Oui, Monsieur, je vous aime, je vous chéris, je vous estime avec toute la sincerité imaginable : & c'est pour cette raison principalement que je me réjouis aussi avec vous, de ce que l'on a enfin commencé à vouloir vous rendre justice.

Vous étiez Capitaine, ce n'étoit pas assez pour une personne comme vous : vous êtes devenu Major, ce n'est encore que la moindre des récompenses, que la Patrie vous doive. Cependant je suis ravi des

des marques qu'elle vous donne en cela, de sa juste reconnoissance. Quoi que vous soyez né pour commander des armées, & que vous en ayez même déja la capacité, il semble que l'on veuille vous imposer la nécessité de ne parvenir jusque là que par dégrez : si ce n'est pas une injustice, c'est du moins un abus considérable, qui n'a sans doute pour fondement qu'une simple & misérable coutume, établie à la vérité de tems immémorial, mais laquelle ne devroit absolument avoir lieu que parmi le commun & dont les grands hommes pourroient sans contredit être légitimement exemts. Mais enfin, on le veut, & vous y donnez les mains avec plaisir. Vous avez raison, Monsieur; il n'est rien tel que d'apuyer par nos actions, la bonne opinion que l'on a de notre mérite. Je consens donc que vous soyez Major, mais à condition que ce ne sera que pour la formalité toute seule, & qu'à peine ma plume sera seche lors que je serai obligé de la reprendre, pour vous complimenter à la tête d'un Régiment. C'est du moins ce que je vous souhaite du plus profond de mon ame, tant pour votre propre satisfaction, qu'afin que vous soyez encore mieux en état de me confirmer, en la personne de mon fils ainé, la vérité du second motif de ma félicitation, qui est, suivant ce que j'en ai dit, l'intérêt.

Comme il a l'honneur d'être entierement sous vos ordres, j'espere qu'il s'efforcera à profiter de vos héroïques leçons: assistez-le de vos Conseils & de votre protection, je vous en suplie; soyez en un mot, & son Directeur, & son Patron; mais soyez-le avec autant de zele & d'afection que je suis véritablement, Monsieur &c.

LETTRE LXXXVIII.

A Madame la Douairiere d'Iturfum.

MADAME,

IL est juste qu'à l'heureuse issue d'un combat opiniatré, où vous venez de remporter une victoire, à mon avantage, je vous en donne la premiere nouvelle. Oui, Madame, notre Magistrat a eu la bonté, à la recommandation de Mr. de *Nieuwenhuys*, & à vôtre considération, de m'accorder le Caractere de Professeur Ordinaire; mais ce n'a pas été sans quelque

que difficulté, à cause des conséquences, dont la principale est, à ce que l'on prétend, que n'y ayant jamais eu ici de Mathématicien avant moi, il pourroit fort bien arriver que venant à manquer, il se trouveroit des gens qui auroient assez de crédit pour en faire appeller un autre en ma place, ce qui seroit une charge à la ville de laquelle elle se pourroit aisément passer. Car pour ce qui est de l'animosité des Ministres qui remuërent Ciel & Terre pour m'empêcher de devenir Professeur extraordinaire, de peur, comme le disoit publiquement Mr. *Snabelius*, de voir augmenter par là le nombre de ceux ausquels ils sont forcez de donner le pas, ce qu'ils ne font, comme chacun sait, qu'à leur corps défendant, c'est un obstacle que l'on pourroit peut-être surmonter, & qui ne seroit pas d'un grand préjudice à la République. Je n'oserois confier au papier tout ce que j'ai à vous dire sur cette matiere; je prendrai la liberté au premier jour de vous en aller entretenir verbalement: il m'est impossible de m'acquiter aujourd'hui de ce devoir, à moins que je ne voulusse absolument renoncer à la loüable coutume de ce quartier, qui engage les gens à se couvrir d'un régiment de bouteilles pour soutenir les assauts de leurs amis au moindre dégré d'honneur, où la fortune les conduit. Ce sera alors, Madame, que je tâcherai de vous faire comprendre les obligations, que je vous ai, & les sentimens de reconnoissance que j'en porte gravez jusqu'au fond de l'ame. A Dieu ne plaise que vous tombiez jamais dans aucune extrémité, où vous ayez besoin de mon secours! Cela n'est pas aussi nécessaire pour mettre mon zéle à l'épreuve. Il ne tient qu'à vous de faire naître tous les jours de nouvelles occasions, pour vous assurer de la sincerité de mes intentions: elles pourroient surpasser mes forces, je l'avouë, mais jamais ma volonté; & si j'avois le malheur de succomber, j'aurois du moins la consolation de vous entendre aplaudir à la liberté, que j'ai prise, de me qualifier, Madame &c.

LET-

LETTRE LXXXIX.

A Monsieur du Mainon.

MONSIEUR,

JE suis aussi sensible à votre départ que vous sauriez l'être à notre séparation précipitée, & je veux beaucoup de mal à ceux qui vous ont envoyé votre patente sans nécessité. Quel mal avez-vous fait à Zutphen, je vous en prie, pour vous en bannir si tôt? Il y a mille habitans dans l'enceinte de ses murailles, qui l'ont mieux mérité que vous, & qui sont bien éloignez d'aporter à leurs combourgeois les avantages, qu'ils tiroient de votre Régiment. Mais qu'ai-je à faire de ces gens-là? Leur perte diminuë-t-elle la mienne? Point du tout. Ce n'est pas une consolation pour moi de les voir participer à mon malheur, je le ressens tout entier moi-même, & d'une maniere que j'aurois de la peine à vous exprimer: Car enfin, on a beau dire que la distance des lieux ne sauroit diminuer l'inclination, que deux personnes, qui s'aiment véritablement, ont réciproquement l'une pour l'aul'autre, il est toûjours constant qu'elle les prive du plaisir de se parler aussi souvent qu'elles le desirent. Ne permettez pas, Monsieur, que celle qui nous va séparer aparemment pour long-tems, aporte aucun changement à l'amitié, que vous m'avez si solemnellement jurée, & dont j'ai reçu des témoignages si essentiels que je serois un ingrat, si je n'y répondois avec toute l'ardeur, dont je suis capable: aussi pouvez-vous vous assurer que je ne négligerai jamais les occasions de vous donner des marques de l'estime, que j'ai conçuë pour votre personne, & de m'employer avec empressement à tout ce qu'il vous plaira de me commander. Ecrivez-moi cependant aussi souvent que vous le pourrez & ne manquez pas de me faire part de vos ouvrages poëtiques, comme je m'engage de mon côté à vous communiquer ce que je croirai digne d'être exposé à la critique d'un aussi habile connoisseur que vous. Voici un Rondeau, que j'ai composé pour Mademoiselle D. de R. que vous savez que j'appelle le plus souvent L. qui ne vous déplaira pas, du moins je puis vous dire qu'il est du goût de tous ceux qui en ont oüi faire la lecture. N'oubliez pas de me faire tenir l'Epigramme que l'on

m'a

m'a dit que vous avez faite sur la chute du St. Pree dans le Conclave, & vous obligerez, Monsieur, &c.

LETTRE XC.

A Monsieur de Keppel.

MONSIEUR,

VOus avez raison de me reprocher tacitement que je vous ai accusé de trop de vanité, dans la relation de la première attaque du *Kykuit*, dont vous m'avez régalé dans votre précédente lettre. J'ai tort, il est vrai, je m'en repens, je vous en demande pardon. Nous n'étions point accoutumez à tant de bravoure parmi nos Guerriers; présentement je suis persuadé de leurs grands mérites. Oui, Messieurs, vous êtes braves, vous êtes intrépides, vous êtes vainqueurs. De quelque côté que je tourne les yeux, je ne voi que combats gagnez & villes prises. Les François, qui s'étoient fait une habitude de vaincre le Hollandois, redoutent aujourd'hui le nom de Bataves; & dans la certitude où ils sont d'en être vaincus, toutes les fois qu'ils en viennent aux

mains

mains avec eux, ils croyent qu'il ne leur est plus honteux de les éviter. Si les morts savent ce qui se passe en ce monde, comme Rome le prétend, nonobstant la distance prodigieuse du Paradis, & l'interposition des cieux & des épicicles de Ptolomée, quels transports de joie le Roi *Guillaume* ne ressent-il pas à l'heure qu'il est, de voir que l'on exécute si heureusement son dessein : ou plutôt quelle mortification n'est-ce peut-être pas pour ce Monarque, de ne pas assister à tant de victoires, & de s'en entendre atribuer l'honneur, sans participer au triomphe. Voilà comme la fortune se joue des grands, aussi-bien que des petits : elle favorise l'un pendant qu'elle maltraite l'autre : elle cherche, elle se fait chercher, & au lieu qu'elle refuse aux uns la continuation de ses graces depuis leur naissance jusqu'à la sortie du berceau, elle accorde aux autres ses faveurs, des siecles après leur sepulture. C'est ainsi que *Guillaume* précede à son bonheur, & que Louïs succede à sa gloire. Peut-être auroit-il été bon au premier de vivre jusqu'à cent ans, & je ne sai s'il n'auroit pas été meilleur à l'autre de ne pas parvenir jusqu'à cinquante. Après tout je doute que vous

en

en soyez plus malheureux pour cela, puis que vous avez maintenant part à la loüange. En effet que l'on ne me parle poat de têtes couronnées, il n'y a de l'honneur que pour ces gros Seigneurs-là, ce sont eux qui gagnent toutes les batailles, fussent-ils renfermez dans leur Louvre, ou occupez à filer avec les dames de leur serail, & il n'y a jamais que leurs Sujets, qui les perdent. Aujourd'hui les lauriers sont communs : le dernier des Capitaine à la guirlande, comme le premier Géneral de l'Armée. Ce sont Messieurs les Officiers, qui triomphent : eux seuls sont le sujet de nos entretiens. Ce n'est pas peu, Monsieur, pour le remarquer en passant, que de fameux Bourgeois, & la premiere République du monde, mettent en ligne de compte la moindre des actions belliqueuses des Soldats, qui sont à leur solde : vous le meritez, & je vous en félicite de tout mon cœur. Je voudrois que la campagne fût déja terminée, pour avoir la satisfaction de le faire verbalement: car enfin, je ne pense pas que l'on vous refuse de venir passer l'hiver tout entier dans nos quartiers. Ce sera alors que je prendrai un plaisir indicible à vous entendre faire en dérail, le récit de vos rencontres, & que vous n'aurez sans doute pas

moins

moins de contentement à m'y voir applaudir, & à vous réitérer avec justice, & avec toute la sincerité dont un veritable ami soit capable, que je suis, Monsieur &c.

LETTRE XCI.

A Monsieur Dierkson.

MONSIEUR,

Vous avez raison d'être surpris de ne point recevoir de mes nouvelles, mais je n'ai pas tort de ne m'être point encore aquité de ma commission. Le héraut d'armes, que je vous avois promis de consulter au sujet de la généalogie de Mr. F. n'est pas toûjours visible; les fréquentes dietes & assemblées de notre Province, dont il est membre, & où il faut qu'il assiste, joint à ses affaires particulieres, l'obligent souvent à s'absenter de son logis, de maniere qu'on ne peut pas lui parler toutes les fois qu'on en a l'envie. Il a eu beau courir pourtant, je l'ai enfin attrappé; & comme il est extrêmement civil, & qu'il se fait un plaisir d'obliger les honnêtes gens, il me promit d'abord

qu'il

qu'il travailleroit à votre affaire. Pour exécuter ce deſſein en peu de tems, il me propoſa de vous demander quelques inſtructions ſur leſquelles doit être fondée toute ſa perquiſition. Je m'étois engagé de vous en écrire, lors que Mr. *van Rhemen*, me vint annoncer lui-même que ſa charge de Député à la chambre des Comptes l'appelloit néceſſairement à la Haye. Cela me fit changer de réſolution ; je lui fis promettre de ſe charger d'un mot de lettre pour votre perſonne, de vous rendre mon paquet lui-même, & de faire verbalement ce qu'il vouloit confier à ma plume. Je ne doute point, Monſieur, qu'il ne vous donne toute la ſatiſfaction que vous en devez eſpérer, ou du moins c'eſt ce que je ſouhaite, afin que cela vous excite à m'employer dans quelque autre rencontre, où je vous puiſſe faire voir avec plus d'évidence, que je ſuis véritablement, &c.

LETTRE CXII.

A Monsieur le Jeune.

MONSIEUR,

J'Ai lû avec beaucoup de plaisir, les remarques, que vous avez pris la peine de faire sur le discours, que je vous avois prié d'examiner. Pour vous en parler en général, je vous avouë que je les trouve judicieuses, fort bien fondées, & portant partout des caracteres d'un esprit subtil, pénétrant & parfaitement bien éclairé. De sorte qu'elles m'ont fait voir plusieurs défauts dans mes écrits, ausquels je ne crois pas qu'il me fût venu dans l'esprit de penser, bien que peut-être, je serois capable d'en trouver de semblables dans les ouvrages des autres : tant il est vrai que chacun est amoureux de ses propres sentimens, que la préocupation aveugle, & que l'on a infiniment plus d'indulgences pour soi-même que pour tous les autres hommes ensemble.

Ce qui me console dans cette rencontre, c'est premierement qu'il est encore tems de profiter de vos corrections, & je vous

vous assure que je le ferai : secondement que ma Profession de Mathématicien, excuse, comme vous l'avez fort bien remarqué, mon ignorance dans les subtilitez, & de l'Eloquence, & de la Grammaire Latine ; & qu'enfin vous voulez bien me permettre de vous dire en gros mes sentimens sur les principaux chefs, que vous attaquez, puis qu'il seroit ennuyeux de vous en entretenir en détail, & que je remets jusqu'au moment que nous nous voyions.

La premiere de vos remarques capitales, que j'envisage, est celle, où vous desaprouvez l'ordre de ma dissertation, par raport à cette grande digression, qui en fait une considérable partie. Comme je m'assure que vous l'avez lûë avec beaucoup d'aplication, il seroit superflux de vous dire que l'épitete, que je lui donne, fait assez voir que j'en avois remarqué la longueur en la composant, mais je ne me suis pas encore aperçû de son inutilité; au contraire, elle y est tout à fait nécessaire, si je ne me trompe. Pour vous le faire sentir en deux mots, vous devez savoir que mon but est plus de vouloir persuader les gens que je leur suis utile, par le peu de connoissance que j'ai de la Mathématique, que de leur faire admirer l'importance des découvertes, que j'ai faites dans les siences. Pour rendre la chose plus sensible, je ne me contente pas de démontrer géométriquement ma question proposée, je veux faire voir que cette sience est non seulement d'un très grand secours, pour parvenir à d'autres semblables découvertes, mais aussi pour l'intelligence de toutes les autres connoissances humaines; & c'est ce que je pense avoir fait fort clairement & fort démonstrativement, dans le lieu le plus convenable de ma piece. En second lieu cependant, après m'être flaté d'avoir parfaitement bien réussi, à cet égard, il se trouve que vous êtes d'un sentiment diamétralement oposé au mien, & que nonobstant les preuves convaincantes, que j'en donne, vous ne voulez pas que la Théologie, la Jurisprudence & la Médecine ayent besoin des Mathématiques; je vous en veux du mal assurément, & vous mériteriez que je me vengeasse de ce tort, en apellant de votre sentence au Tribunal de la Géometrie, où vous seriez infailliblement condamné. J'espere que vous vous en repentirez, puisque je suis persuadé que vous n'aurez pas le petit mot à répondre à ce que je prétens rens vous étaler de bouche fur ce fujet, avant deux quarêmes. Mais quand même ce que je foutiens être vrai à cet égard, ne le feroit point, je ne laifferois pas d'avoir autant de raifon de faire valoir mon métier, que ce Profeffeur de Puiflaurens en avoit, pour faire valoir le fien, d'affurer publiquement dans fon oraifon inaugurale, qu'il étoit abfolument impoffible d'entendre le nouveau Teftament, que l'on n'eût bien apris *Homère* auparavant. Enfin, vous me reprochez indirectement, & d'une maniere fort honnête, que je ne fuis guère pareffeux, lors qu'il s'agit de m'aproprier le bien d'autrui. Si vous aviez vû la préface de ma differtation, je m'affure que vous vous feriez bien gardé de me tenir ce langage, puis que j'y préviens mon Lecteur fur tout ce qu'il pourroit m'alléguer à cette occafion. J'y avouë ingénument que je n'ai le plus fouvent fait que copier, pour ainfi dire, ce que les autres ont écrit des cinq fens, & que ce qui s'y rencontre purement du mien, n'eft pas fort confidérable. Je ne m'en ferois pas auffi fervi, mais j'ai crû que cela étoit néceffaire pour l'intelligence de la queftion, que je demontre, & qui doit occuper le principal endroit

X 2 du

du champ de mon tableau ; le reste ne devant servir que comme d'ornement ou d'intermede à ma piece. Je fais en cela ce que feroit un homme, qui voudroit indiquer à son ami une mine de quelque précieux Métal, qu'il auroit découverte à cent lieuës de sa demeure : il tâcheroit sans doute de lui rendre le chemin aisé, par les villes, villages, & les autres marques sensibles, & qui lui seroient déja les mieux connuës : il lui marqueroit une route facile, & s'éforceroit de rapeller dans sa mémoire les idées de tous les indices, qui pourroient le plus contribuer à faciliter un voyage de cette longueur : non pas parce qu'il le croit ignorer les lieux & les noms des places, qu'il lui marque, mais afin qu'il s'en serve lui-même comme d'autant de moyens connus, pour parvenir plus aisément à ce qui lui étoit inconnu : outre qu'il n'est souvent pas mauvais, comme cela a déja été dit, de faire un peu valoir les choses. Ma démonstration est courte & seche : il étoit nécessaire, ce me semble, de lui donner un peu d'éclat par des rayons, qui seront, si vous voulez, pour la plûpart empruntez, ou du moins, j'ai crû que je le devois faire. Quoi qu'il en soit ; je vous l'ai dit, je vous le dis en-

encore, & je vous le dirai toutes les fois que l'occasion s'en presentera, je vous suis néanmoins infiniment obligé de vos remarques. Permettez-moi de vous dire avec la même franchise, que vos lettres ne m'ont pas à beaucoup près tant agréé: je connois bien que l'encens, que vous y mélez avec profusion, n'est que comme un apareil, dont vous voulez d'un côté radoucir le mal, que vous avez crû me faire de l'autre; mais en vérité c'en est aussi trop. Si vous me connoissiez, vous garderiez ces loüanges excessives pour ceux qui les ont sans contredit mieux méritées, & vous ne hasarderiez pas de me mettre en état de douter de la sincerité de votre affection. Car enfin j'ai été sur le point de m'abandonner à ce doute; & j'ai eu besoin de toutes mes forces, pour me persuader que vous aviez plûtot agi par un principe d'amitié, qui rend quelquefois doux & agréables aux amis, des objets que l'indifference dans d'autres feroit voir rudes & difformes, que par un motif de présomption, qui ne fait aplaudir à ce que les autres font, que pour badiner, & se divertir à leurs dépens; & encore je puis dire que je n'en suis pas entierement venu à bout, & c'est en quoi je ne m'eſtime pas malheureux. Ce n'eſt pas peu, Monſieur, de s'entendre loüer par une bouche comme la vôtre, & de croire que ces loüanges partent du fond de votre cœur: il n'en faudroit pas tant pour me faire mépriſer toute autre vocation que celle que je verrois venir en droiture de l'Univerſité de Leyden; non, j'aime mieux ne m'atribuer qu'une partie de ces beaux éloges, & pouvoir ne pas refuſer de vous aller joindre un jour à Utrecht. Je vous avoüe entre nous, Monſieur, que c'eſt, raillerie à part, le plus grand bonheur après lequel j'aſpire de toute mon ame. C'eſt une ville que j'enviſage comme une véritable Canaan, mais j'apréhende que ce ne ſoit à la Moſaïque, je veux dire à la façon de *Moïſe*, & que nonobſtant tous vos ſoins, je ne faſſe naufrage dans le port. Je ne laiſſerai pas de vous en reſter redevable toute ma vie: je conte toûjours la bonne volonté pour l'effet, & s'il arrive jamais que je vous en puiſſe donner des preuves, j'eſpére de les rendre aſſez convaincantes pour achever de vous perſuader que je ſuis ſans aucune réſerve, &c.

LETTRE XCIII.

à Monsieur Witsen.

MONSIEUR,

PErsonne ne nie qu'il ne soit extrêmement glorieux à un homme de se pouvoir faire connoître, ou par ses œuvres, ou par ses emplois. Le premier de ces moyens nous distingue des ignorans & des paresseux, le second nous donne de l'autorité & du crédit, & l'un & l'autre inspire dans le reste des vivans des sentimens d'un sérieux respect, & d'une estime toute particuliere.

C'est un grand avantage de se voir en possession d'un de ces deux biens, mais il est sans contredit infiniment plus grand quand on jouit des deux ensemble : & c'est en cela, Monsieur, que vous surpassez les plus célebres personnages de notre tems. L'excellent traité d'Architecture navale, qu'entre autres ouvrages, vous avez donné au Public, prouve d'une part, l'étenduë de votre savoir ; de l'autre, l'illustre charge de Consul d'Amsterdam que vous exercez avec l'aplaudissement de tant de mille habitans, nous assure de vos mérites.

Cet éclat, qui donneroit de la crainte ou de la timidité aux autres, est pourtant ce qui me rend plus libre & plus hardi. Je sai bien qu'il est ordinaire aux grands hommes d'être afables & judicieux, & que la sapience donne bien plus librement accès que la folie. Cela étant, Monsieur, j'ose prendre la liberté de vous remontrer très humblement, qu'il y a plusieurs années que j'avois comme résolu de m'aller établir dans votre fameuse Ville, à dessein d'en suplier les Souverains de me permettre d'y former une Academie des siences & des exercices, principalement pour les etrangers, en faveur desquels j'aurois tenu des maitres nécessaires pour leur instruction; mais la dépense, qu'un si vaste projet exigeoit indispensablement, m'en avoit toûjours fait differer l'execution. J'avouë même que depuis que Messieurs du Magistrat de cette ville m'ont fait l'honneur de me créer Professeur en Mathématique, je ne pensois assurément plus à cet établissement. Cependant ayant apris que la chaire en cette même faculté étoit venuë à vaquer chez vous, par le décès de Mr. *de Bye*, cette pensée n'étoit pas tellement éfa-

éfacée, qu'elle ne me soit incontinent revenuë dans l'esprit, de maniere que je la sens même plus forte que jamais. En effet, Monsieur, il est clair que c'est là le véritable moyen de porter mon dessein à ses fins, puis que les gages annuels de mille écus, qui sont anexez à cet emploi, leveroient entierement l'obstacle, qui seul m'avoit toûjours fait de la difficulté. Mais comme il est considérable cet Emploi, il semble qu'il faille nécessairement de la faveur ou du mérite pour l'emporter, si bien qu'étant destitué de l'un, & me voyant dans la nécessité de travailler jour & nuit pour aquérir, l'autre, j'apréhende que cette occasion favorable de rendre service à votre Bourgeoise ne m'échape. Ce qui me console, c'est que je suis persuadé que si ceux qui en doivent disposer prennent la peine de s'informer de ma personne, ils aprendront ce que la modestie m'empêche de publier. Car enfin, quoi que je sois Anglois de naissance, que j'aye demeuré en France plusieurs années, que l'on m'ait vû faire quelque séjour en Allemagne, & que je n'aye pas encore ateint l'âge de trente-cinq ans, le tems qu'il y a que je suis ici a sufi pour me faire tellement connoître, que personne ne doute de ma probité & de mon bon comportement. Et pour ce qui est de mon savoir, j'ose, sans mentir, me vanter d'entendre un peu la Philosophe, les Elemens d'Euclide, l'Astronomie, la navigation, la Gnomonique, la Perspective, l'Architecture, la Geographie &c. Je puis même dire que j'ay composé un gros traité de la Géométrie, un autre de la fortification, & un troisieme de l'Arithmétique & de l'Algebre, d'une maniere fort méthodique, & avec de très bonnes démonstrations; j'en pourrois dire davantage au sujet de cette matiere; mais, comme je l'ai déja remarqué, la bienséance d'un côté, ne me le permet pas, & de l'autre, ce seroit entierement abuser de votre patience, que je serois marri de pousser à bout; outre que je marque encore quelques circonstances dans la lettre de M. *Heudden*, lesquelles je ne pense pas devoir répéter dans celle-ci, puis que je ne doute pas qu'il ne vous la communique.

Tout ce que j'ay à ajouter ici, c'est que je vous suplie très humblement, Monsieur, d'avoir la bonté de ne me pas refuser votre secours, qui m'est de la derniere importance dans cette conjoncture. Je puis vous assurer que je ne vous donnerai nerois jamais sujet d'en être repentant, & que ma reconnoissance égalera toûjours le zele avec lequel je suis fort respectueusement, &c.

LETTRE XCIV.

à Monsieur Hibelet.

ENfin, Monsieur, nous voilà parvenus à l'année 1694. sans que vous vous soyez encore aquité de la promesse solemnelle, que vous me fîtes, il y a plus de deux ans, en presence d'une foule de témoins, de venir passer peu après quelque tems dans notre bonne ville de Deventer. Gardez-vous bien d'en faire autant celle-ci, de peur que le Ciel vengeur des offences, ne vous envoye les François pour vous obliger à vous ranger à votre devoir. J'aimerois mieux, pour long & pénible que vous paroisse ce voyage, que vous le fissiez quatre fois de volonté déliberée, qu'une seule de cette façon. Vous croyez peut-être, qu'il n'y a point de danger, à cause des bruits de paix, qui se sont répandus dans nos Provinces; mais ne vous y trompez pas, elle pourroit bien n'être pas si près que vous vous l'imaginez.

Cependant que je ne laisse pas de vous la souhaiter prompte & heureuse. Ce sont sans contredit, les meilleures étrennes que je sois capable de vous donner, & afin de les rendre encore plus considérables, je m'en vais y ajouter un exemplaire d'une dissertation que je viens de faire imprimer.

Il est juste de prendre pour juges des ouvrages de Mathématiques & de Phisique, qui se donnent au Public, ceux qui se mêlent d'en proposer des questions aux maîtres. Si vous avez d'autres amateurs de ces siences dans le nombre de vos amis, vous m'obligerez de leur en permettre la lecture, ensuite dequoi je prétens que vous m'en disiez votre sentiment & le leur, afin que je puisse m'y régler à l'avenir. Ce stile seroit un peu fort pour un autre, mais à un Auteur, cela est permis. Un homme qui s'expose à la critique de tout le monde, & qui s'ingere de parler à tout l'univers, se moque de prendre des mesures à l'égard d'un particulier. Après cela, jugez de l'effet d'un gros traité par ce que produit ce petit livre: n'est-il pas vrai que j'en parois extrêmement glorieux, cependant vous pouvez être persuadé que je suis encore infiniment plus, Monsieur, &c.

LETTRE XCV.

Pour Monsieur Unia,

à son Altesse le Prince de Nassau

MONSEIGNEUR,

IL est si naturel, parmi les animaux d'une même espece, que les plus foibles se retirent sous la protection des plus forts, & que ceux-ci aillent jusqu'à s'exposer pour la conservation de ceux-là, qu'il ne faut pas s'étonner qu'entre les hommes, ceux que la Nature a fait naître sujets, ne recherchent pas avec moins d'empressement l'affection de leurs Souverains, que les Princes font consister de gloire à les proteger & que comme il se rencontre des petits, qui ne cessent point de demander quelques graces qu'on leur accorde, il se trouve aussi des grands, qui ne se lassent jamais que de ne pas pouvoir donner assez.

Voilà justement en quoi votre Altesse éclate d'une maniere extraordinaire au dessus des plus célebres héros de son tems. C'est une vérité, dont tout le monde convient par le bruit commun, &

de laquelle je suis convaincu en particulier, pour en avoir été une infinité de fois le témoin occulaire.

Les beaux emplois, dont votre Alteſſe m'a honoré de tems à autre, & que mon imprudence m'a fait abandonner, m'avoient, Monſeigneur, aproché ſi près de votre perſonne, que j'ai eu ſouvent l'occaſion d'admirer avec quelle douceur & quelle prudence vous prodiguiez chaque jour vos bienfaits. Je puis dire, ſans hiperbole, que le plaiſir que j'y prenois, faiſoit la meilleure partie des delices de ma vie. Ma malheureuſe deſtinée m'a privé de ce bonheur; de certaines vûës d'œconomie ont même fait tant d'impreſſion ſur mon eſprit, qu'elles ont été aſſez puiſſantes pour m'engager à me reléguer dans une méchante maiſon de campagne de cette province, où je me trouve éloigné de tout commerce: j'y épargne quelque choſe, je l'avouë, mais auſſi je n'y fais proprement que languir. Votre Alteſſe & ma patrie, qui ont fait autrefois tout mon repos, me troublent preſentement l'eſprit; leur preſence me charmoit, & leur éloignement me déſole; de ſorte qu'il n'eſt plus d'apréhention d'impôts, de charges ni de dépenſe, qui puiſsé me retenir ici davantage. Oui, Monseigneur, il faut, quoi qu'il en soit, que je retourne respirer l'air de mon païs natal. Mais comme, quelque agréable qu'il me paroisse, je n'y saurois être que mal, si j'y suis privé de la bienveillance de votre Altesse, je prens la liberté, pour m'apliquer ce que j'ai dit au commencement de ma lettre, de vous prier avec toute la soumission, dont je suis capable, de vouloir aprouver mon dessein, c'est à dire, de considérer l'impuissance, où je me trouve de rien exécuter sans votre aide, & le penchant, que vous avez naturellement à vous servir des moyens, que le Ciel vous a donnez pour supléer à toutes les foiblesses des autres, & enfin par un effet de cette grandeur d'ame avec laquelle vous n'avez jamais hésité à m'accorder les faveurs, que j'ai reçûës de vous, de faire choix vous-même de la ville, quelle qu'elle soit, où votre Altesse trouve à propos que j'aille finir mes jours, afin que je m'y puisse dire sous sa protection, & à l'ombre de ses ailes. C'est la derniere des graces que je prie instamment votre Altesse de m'octroyer. Il est vrai qu'elle est de conséquence, cette grace, & que tout autre que vous auroit raison

son de me la refuser, mais de quelque poids qu'elle soit, quand je fais réflexion sur l'enchainure des obligations, que je vous ai, je ne voi pas comment votre bonté pourroit consentir à ce refus. Non, Monseigneur, vous vous êtes trop engagé pour m'éconduire, & je me flate tellement du succès de mon entreprise, que j'ose prendre la hardiesse de vous en remercier par anticipation du plus profond de mon cœur, & de vous assurer que tel que soit le lieu, où vous me commanderez de m'établir, je ne cesserai jamais d'y publier ma reconnoissance, & de faire connoître à toute la terre que je suis fort respectueusement, & avec un zele à toute épreuve,

MONSEIGNEUR,

De votre Altesse sérénissime
le très humble, très &c.

LETTRE XCVI.

Pour le même,

à Monsieur d'Haarsolt.

MONSIEUR,

Comme c'est un axiome reçû parmi Messieurs de la Communion de Rome, que lors qu'il s'agit du salut, il est bon d'avoir un saint en Paradis, je croi que c'est une vérité incontestable, qu'il faut nécessairement avoir un ami à la Cour, quand il est question de rechercher la bienveillance d'un Prince. La distance qu'il y a d'un Souverain à ses sujets, est trop vaste, pour lui permettre d'envisager avec quelque clarté, leurs pressantes nécessitez. Il a beau être clément & liberal, il est impossible qu'il le soit à tous égards, & que son élévation au dessus du peuple, lui donne la liberté de bien sentir toutes les incommoditez à quoi leur condition les engage : il faut nécessairement un tiers, qui prenne la peine d'instruire celui-là, de l'état où se rencontrent ceux-ci, & qu'il l'en instruise d'une maniere, qui excite sa bonté à leur

faire

faire tout le bien que l'équité en exige.

Cela étant, il est évident que ce tiers doit être non seulement bien intentionné, mais il faut encore qu'il soit parfaitement bien informé lui-même des motifs, qui engagent les autres à implorer son intercession & son secours. Et c'est, si je ne me trompe, ce que vous êtes à mon égard au souverain dégré. Oui, Monsieur, vous êtes informé de tout ce qui me touche, d'une maniere à ne vous en pouvoir rien aprendre. Vous savez les emplois que j'ai eus, & comment le desir d'avancer mes enfans, me les a fait abandonner. Vous savez de même le chagrin que peut avoir un honnête homme de se voir sans aucun commandement, & comme bani de toutes les sociétez dans le monde. Et vous n'ignorez pas encore que, quelque desir que l'on ait de rentrer dans sa patrie, il est extrêmement dur de s'y voir comme un fardeau inutile parmi des gens, au milieu desquels on a été autrefois en quelque consideration.

Pour bien attentionné, toute la terre m'est témoin que j'ay toûjours tâché de faire éclater les preuves que vous avez eu la générosité de m'en donner, toutes les fois que j'ai eu besoin de votre assistance: en un mot, je suis tellement persuadé dé de votre amitié, qu'il n'est absolument rien que je révoque moins en doute. Enfin, si j'ajoute à ces deux motifs l'accès familier que vous donnent, & vos hautes charges, & vos grands mérites, auprès de Monsieur le Prince *de Nassau*, vous verrez que je suis forcé de m'adresser préférablement à vous, pour vous suplier très humblement d'avoir la bonté de rendre vous-même l'incluse à son Altesse, & de l'apuyer de toute votre autorité.

Comme vous êtes parfaitement bien dans l'esprit de ce Prince, vous m'obligerez infiniment de le sonder sur la proposition que je lui fais, de trouver bon que je retourne dans le pays, qu'il gouverne, & de me faire la grace de m'assigner le lieu, où je dois former mon établissement. Vous pénétrez assez, Monsieur, & il seroit inutile de vous le dire, dans quelles vûës je lui adresse cette priere; & comme elles ne sont pas extrêmement étenduës, & qu'elles se bornent simplement à pouvoir rendre mes services à un petit peuple, je pense que Dockum, ou Sneek, seroit assez propre pour cela. Cependant vous verrez de quel côté son Altesse panche le plus, & vous ajouterez, s'il vous plaît, à tous ces bienfaits, celui de m'en donner un mot d'avis : afin que je puisse pren-

prendre mes mesures suivant sa réponse, & vous témoigner par mille remercimens, jusqu'à quel point je suis, &c.

LETTRE XCVII.

à Monsieur Tyssot.

Monsieur, mon très cher frere,

Il y a peu de tems que Mr. *de Bye*, Professeur en Mathématiques à Amsterdam, étant venu à mourir, le bruit courut que les Curateurs de cette Académie là, voulant en appeller un autre, avoient fait une nomination de trois Docteurs, où j'étois le premier en rang : mes amis en ayant eu le vent, me conseillerent unanimement de ne pas differer à me recommander moi-même à ceux qui pouvoient le plus faciliter cette vocation. J'écrivis là-dessus à Messieurs *Heuden & Witsen*, qui de l'aveu public, ont le plus de part à la Régence. Trois jours après, Monsieur *Smeenk*, qui est fort prévenu en ma faveur, prétendoit qu'ayant une phisionomie heureuse, un abord agreable, des manieres insinuantes & le don de me savoir assez bien exprimer, il étoit de la der-

derniere conséquence que je paruſſe ſur les Bancs. Je me laiſſai aller à ce diſcours flateur, & me tranſportai incontinent ſur le lieu. J'allai à mon arrivée, me preſenter à la porte de Mr. *Witſen*, où il y avoit au moins trente perſonnes, qui attendoient à lui parler, & l'on obſervoit de donner audience aux premiers venus, chacun à ſon tour. M'étant adreſſé à un Domeſtique, il y a aparence que mon caractere, & ma qualité d'étranger, firent tant d'impreſſion ſur ſon eſprit, qu'il me conduiſit ſeul dans une ſale magnifique; & en ayant donné connoiſſance à ſon maître, je fus tout étonné de voir entrer ce Bourguemaître, pour me demander ce que je deſirois de lui. Je lui dis en ſa propre langue, qui j'étois, d'où je venois, la cauſe de ma viſite, & comment je lui avois écrit. Il eſt vrai, repartit-il, que j'ai reçû depuis peu une lettre de Deventer, à laquelle je n'ai pas encore eu le loiſir de répondre; mais quoi que celui, qui l'a compoſée puiſſe dire, je n'ai pas pû m'empêcher de le croire François, là où au contraire, continua-t-il, on ne ſauroit douter, de la maniere que vous vous énoncez en Holandois, que vous ne ſoyez Flamand: ainſi il n'y a pas d'aparence ce que ce soit de vous. Je répondis à ces civilitez le plus honnêtement qu'il me fut possible, & l'assurai, comme je le lui avois marqué, que je n'étois ni l'un, ni l'autre, mais Anglois de nation. Il témoigna d'en être surpris, & de ce petit rayon de lumiere, qui n'a pourtant aucun raport aux siences, il tira un si bon augure à mon avantage, qu'il me presenta un fauteuil, se mit auprès de moi, & me retint au moins une demi-heure. Enfin, après m'avoir bien questionné, je vous jure, Mr. me dit-il, que je suis ravi de ce que vous avez pris la peine de me venir voir: j'espere que cela vous vaudra quelque chose, du moins il ne tiendra pas à moi: mais venons au fait, poursuivit-il, je n'ai aucune connoissance de la vocation, dont vous m'avez fait mention, parce que ma députation aux Etats m'oblige d'être souvent à la Haye: je n'en suis de retour que depuis hier, mais pour m'en instruire à fond, je convoquerai l'assemblée après diné à votre considération, & je ne doute pas que demain au matin je ne sois en état de vous aprendre ce qui en est. Je profitai de cet intervale pour aller voir Mr. le Pasteur *Reland*, & lui rendre une lettre de la part de Mr. *Monen*. Je ne sai ce que cet

cet habile Théologien lui difoit de moi, mais il eft conftant qu'il me fit les plus grandes honnêtetez du monde, jufqu'à m'inviter à manger chez lui, où il me régala magnifiquement: & afin que la converfation ne languît pas, il avoit pris Mr. *van Breskes* pour troifieme.

Nous nous entretinmes de bien des fujets differens dans cette féance, & étant cafuellement tombez fur le chapitre de nos enfans, j'appris avec plaifir que mon hôte avoit un fils, qui étoit Etudiant depuis l'âge de dix ans, qu'il avoit achevé fon cours de Philofophie à douze, & cela avec tant de fuccès que fes maîtres en étoient charmez, & qu'il faifoit de même des progrès inconcevables dans l'hiftoire & dans les Langues: de forte que ce n'étoit pas fans raifon que cet honnête pere en avoit conçu de grandes efperances. J'aurois bien voulu voir le jeune homme; mais quelques inftances que je fiffe, je fus toûjours payé de la réponfe qu'il ne méritoit pas de paroître devant une perfonne comme moi. Avant que de nous quiter il me fit connoître qu'il n'étoit point là avec agrément, à caufe d'un grand nombre de Tartufes qui fous le manteau de la dévotion,

tion, n'ayant point d'autres moyens pour paroître dans la société, courent toutes les Eglises, pour examiner à la rigueur ce que la Ministre dit, de manière que s'il lui arrive de lâcher une parole, qui ne leur agrée pas, ou de s'écarter de leur opinion dans l'explication de son texte, ce qui ne manque presque jamais à chaque sermon, ils ne font aucune difficulté de le venir attaquer effrontément dans la ruë, & de le forcer l'épée aux reins, à les satisfaire sur le champ, ou à les mener chez lui, où ils l'engagent dans une dispute, dont il a peine de voir la fin, & qui souvent lui attire la haine de cette canaille, qui le déchire par tout, & lui cause mille chagrins. Je voulois lui faire entendre que ce petit mal étoit bien récompensé par les gages de deux mille francs, sans les autres douceurs, que ces Messieurs tiroient, & l'honneur qu'il y avoit d'être dans la métropolitaine de nos Provinces. Mais il me fit voir clairement qu'un curé de village avoit plus à proportion qu'eux, à cause du loüage de maison, qui est exorbitant, & des autres dépenses qu'il faut qu'ils fassent : à quoi l'on peut ajouter qu'au lieu qu'ils sont, ou peu s'en faut, des premiers ailleurs,

ils

ils se voient là à peine distinguez du vulgaire ; d'où il conclut fort sérieusement, en aparence, que si j'avois assez de crédit pour le faire appeller à Déventer, il y courroit avec joye, & m'en auroit bien de l'obligation.

Enfin ce jour se passa, & nous parvimmes à un autre. Vous pouvez croire, mon cher frere, que le desir de savoir ma destinée, ne manqua pas de me porter à l'heure dite, chez Mr. *le Consul.* Il me reçût cette seconde fois comme la premiere, avec beaucoup de cérémonies & de marques d'amitié, après quoi il m'assura que bien loin d'avoir fait une nomination, on n'avoit pas encore seulement pensé à remplir cette place, & que l'on en étoit même si éloigné, que pour profiter d'une somme à peu près égale à celle que le défunt tiroit, on avoit cassé un Tambour de chaque compagnie des Bourgeois, dont les gages annuels sont de vingt écus, parce que les finances étoient épuisées, que le négoce étoit à bas, & que l'on pouvoit aisement se passer des Maîtres de Mathématiques que l'on avoit en ville, jusques à ce que les affaires fussent sur un autre pié. Cependant, ajouta-t-il, je vous promets, Mr. que je penserai à vous, &

Tome I. Y que

que s'il arrive jamais que l'on dispose de cette charge, & que j'aye le moindre pouvoir, point d'autre que vous ne l'emportera.

Je lui fis une profonde révérence, & après l'avoir remercié de sa bonté, & m'être recommandé à l'honneur de son souvenir, je pris congé de lui, & m'en allai. Voilà l'issuë de ma sollicitation. Si mes amis d'Utrecht ne réussissent pas mieux que moi, je n'ai qu'à me pourvoir ici d'un sepulcre, puis que je ne me soucierois pas d'aller autre part, & que même je préférerois votre ville à celle que je viens de vous nommer, quand ce ne seroit que pour avoir la satisfaction de vous voir quand je voudrois, & de vous pouvoir dire tous les jours que je suis, &c.

LETTRE XVIII.

A Monsieur Aeitsma.

MONSIEUR,

Etant membre de l'Eglise Flamande de cette Ville, j'ai tant d'intérêt à la conservation de nos meilleurs Pasteurs, que vôtre Consistoire me fait le plus grand tort du monde de se servir de vôtre plume, pour m'imposer la nécessité de vous instruire à fond de ce qui concerne la personne de Mr. *Albertema.* Cependant comme je suis honnête homme, je ne saurois refuser de rendre témoignage à la vérité, & de travailler moi même par conséquent, à me priver des pieux enseignemens de celui de tous nos Ministres, qui me contente le mieux, & qui en effet est le plus couru. Oui, Monsieur, je suis forcé, malgré moi, de vous avouer que Monsieur *Albertema* est sans contredit, & à tous égards, un des jolis hommes que je connoisse. Il a la voix forte, claire, & pour ainsi dire, beaucoup plus grosse que le corps. Son Langage est beau, son stile coupé, ses périodes sont arondies, ses gestes agréables, & ses prédications savantes & parfaitement bien étudiées. Ajoutez à cela qu'il est d'une très douce & très engageante conversation, d'une vie exemplaire, civil, obligeant, honnête, & je vous assure que vous n'aurez que l'ébauche de son véritable portrait, que je connois comme le mién propre. De sorte, Monsieur, que j'ai lieu de le regréter, si nous le perdons, & de vous estimer heureux, si vous l'attirez à Leeuwaerden.

Lors qu'il vous plaira une autre fois, de m'honorer de vos commandemens, donnez moi, je vous prie, des commissions, qui me soient moins préjudiciables, & je tacherai de vous témoigner avec plus zéle & d'agrément, que je suis, &c.

LETTRE XCIX.

A Monsieur Tibaut.

VOtre satire, mon cher Monsieur, m'a été renduë précisément en son tems. Elle est assez mal conçûë, je l'avouë, mais elle ne laisse pas pour cela, de me confirmer dans la pensée, que j'ai euë de son Auteur dès la premiere fois que je le vis. Pour y répondre en gros, car des occupations sérieuses ne me permettent pas d'employer une heure de mon tems pour en réfuter les circonstances, je veux bien que vous sachiez, que comme je ne respecte, ni l'antiquité, ni l'autorité, qu'à proportion du raport qu'elles ont avec l'équité & le bon sens, je n'ai que de la pitié pour les gens, qui n'ont vieilli que pour donner plus long-tems des marques de leur ignorance & de leur folie. J'honore le mérite, dans quelque sujet qu'il se rencontre, sans distinction d'âge ni de sexe. Mais vous me connoissez, dites-vous. J'en doute, vous me prenez assurément pour un autre, ceux qui me connoissent, & qui n'ont pas perdu du l'usage de la raison, ne se sont jamais avisez de me traiter, ni directement, ni indirectement, comme il semble que vous le faites, de ridicule ou d'extravagant. Je le dis encore une fois, les caractéres de l'adresse de vôtre lettre, pour ma mere, avoient tant de raport à ceux du contenu de celles, que vous avez écrites à mon Cadet, & dont il m'avoit communiqué la meilleure partie, que je ne doutai point qu'elle ne vint en effet de vous. Je donne à juger aux plus misérables & aux plus ignorans de tous les vivans, de quel côté l'extravagance se trouve, ou de moi, qui sachant positivement le détail du sujet pour lequel cette lettre a été composée par un homme avec lequel je n'ai rien à démêler, & qui étois déja averti qu'on devoit écrire, l'ai envoyée sans l'ouvrir, à la personne à laquelle je la devois rendre, comme la civilité le vouloit, & vous ai ensuite mandé ce que j'en avois fait, & ce que je conjecturois qu'elle devoit contenir, ou de celui qui s'imagine que je fais l'ignorant à dessein, sous prétexte que ma mere est absente, mais au fond parce que je ne veux pas connoître mes parens, ou que les tittres de la suscription ne convenoient

noient point à ma qualité. Assurément, il n'y a qu'une tête couverte de poil rouge, capable d'enfanter de telles chimères. Mais à quoi bon des prétextes, je vous prie? Suis-je dans votre dépendance? Ai-je aucun sujet de vous redouter, ou de prendre même des mesures avec vous? Ma mere étoit en Frise, je lui ai envoyé votre paquet, tout cela est à la lettre: on faisoit l'amour à ma sœur, elle vouloit que la mere fut témoin de son engagement, & une preuve convaincante de ce que je dis, c'est que je suis prié d'assister à la solennité de son mariage, qui se doit consommer dans quinze jours. Le mépris de mes parens n'est pas avancé avec moins de témérité, outre que s'il y a de l'affinité entre nous du côté maternel, c'est par quelque alliance extrêmement éloignée, ou parce que votre bisayeule a été nourrisse du premier enfant de la tante de mon grand Oncle du Bois. De plus il est seur que je n'ai aucun commerce de lettres avec vous, & qu'ainsi il ne faudroit pas s'étonner si je ne connoissois point votre écriture. Aussi en effet je ne l'eusse point connuë, si comme je l'ai dit, mon frere ne m'en avoit fait voir quelques jours auparavant.

Et pour ce qui est de la qualité, tout le monde sait, horsmis vous, que si l'on traite les Professeurs d'Excellence en Allemagne, ils ne sont considérez ici que sur le pié de Monsieur, & que quand même on leur donneroit quelque titre de plus que celui de simple *Heer* en Flaman, comme cela se pratique assez souvent, on ne cherche point de façons en la suscription d'une lettre dans la langue Françoise, où le terme de Mr. s'employe également pour tous les hommes, à moins qu'ils ne soient Princes souverains, ou quelque chose d'aprochant.

Le seule chose, où je trouve que vous avez raison, c'est que vous seriez fort marri, quelque grand seigneur que je sois, de changer votre état pour le mien, puis qu'en effet il n'y a point de comparaison des lettres à des trésors d'argent & des cayers de billets de change, entre un jeune Professeur, & un vieux Courtier. Que voulez vous que j'y fasse? la fortune n'élève pas les mortels également haut : tout le monde ne peut pas avoir l'honneur d'être l'Ecrivain du Commis de Messieurs les Conseillers de sa Majesté Impériale : vous ne devez pas m'en mépriser pour cela. Il sied mal à
un

un Chretien, qui crache tant de passages de l'Evangile, & cite jusqu'aux verlets des petits Prophétes du vieux Testament, de tirer vanité de ses emplois. Pour moi, comme je ne suis rien, je ne méprise personne, ceux qui m'acusent de ce vice, en sont infiniment plus coupables que moi : mais je ne veux point connoître de parens, qui ont du penchant à la gueuserie, lors qu'on s'ofre de les assister, à condition de les abandonner s'ils ont recours à l'Eglise; c'est pourtant ce qu'on n'a pas voulu observer. On s'est adressé à des Diacres, que l'on a maltraitez de paroles, parce qu'ils ne vouloient pas assez donner, sur quoi ces Messieurs ont refusé l'assistance, & prétendent s'en décharger sur moi : mais les uns & les autres s'abusent lourdement, je ne reconnois point de devoir dans cette conjoncture, toute Réfugiée ou Confesseuse que l'on soit. Je veux de la soumission, & non pas de l'arrogance; & au lieu de fiéres menaces, de très humbles suplications; & vinssiez vous tous ensemble augmenter le nombre de nos mandians, comme vous m'en menacez, je proteste que cela me seroit indifférent, comme il l'est déja tellement à ma sœur

& à mon frére l'Officier, qu'ils n'en veulent pas seulement entendre parler, & qu'ils vous verroient tous à leur porte, comme autant d'insolens Piétistes, sans en souffrir la moindre peine.

J'ai fait ce que je devois faire, pour une personne que je reconnois effectivement pour ma parente: j'avois même résolu de faire plus que je ne devois, par rapport à ma famille, c'est une vérité, dont je prens Dieu à témoin; mais je prétendois, comme je l'ai dit, qu'on ne fut à charge à aucune bourse publique: je voulois que l'on s'occupât à quelque chose, que l'on travaillât de ses mains, quoi qu'on n'y soit point accoutumé, & qu'on vécut petitement & sobrement, afin que les cent francs, que je donnois tous les ans régulierement, sans compter les habits & le linge, que ma femme avoit soin de fournir fort liberalement, pussent suffire. On n'a pas voulu m'entendre: je n'entens présentement personne à mon tour; sur tout, je suis inexorable, tant que l'on se servira de Procureurs impertinens, & capables de reprocher à un homme dont on prétend une aumône, qu'il s'éleve au dessus de sa condition. Mes moiens ne me permettent

tent pas de faire de grandes dépenses, mais d'ailleurs, quand j'aurois le double de Domestiques, que ma table seroit magnifique, ma maison infiniment mieux meublée qu'elle n'est, & que mes enfans ne seroient vétus que de moire & de velours, ma naissance & mon caractére me mettent à couvert du qu'en dira-t'on, personne ne pourroit avec raison, y trouver à redire. Cela étant ainsi, je croi être en droit de vous dire qu'il est fort peu nécessaire que vous noircissiez du papier, pour m'entretenir desormais de vos sotises: quand vous tiendrez un langage proportionné à vos facultez, & que vous ne vous émanciperez plus de faire des leçons à ceux qui font profession actuelle d'en donner aux plus honnêtes gens, peut-être vous écoutera-t-on; autrement il n'y a absolument rien à faire.

Voilà de la maniére que je répondrois à la lettre, que vous m'avez écrite, si je savois qu'elle m'eut été envoiée dans le dessein de me choquer; mais comme je n'atens de vous que des honnêtetez, j'aime mieux poser pour constant, que vôtre cœur y a eu moins de part que votre plume, ce qui étant, je reste.

Mon cher Monsieur, &c.

TABLE

Des Lettres contenuës dans ce premier Tome.

I. Lettre au fils de Mr. le Capitaine *Tresagnel*, camarade d'École de l'Auteur, âgé alors de sept ans, pour lui rendre compte de ce qui lui est arrivé à son second voiage de Roüen à Paris. 1

II. Lettre de l'Auteur, âgé de huit ans, à Mr. son pere, qui à cause de la persécution, étoit allé en Hollande, pour voir s'il y auroit moien de s'y établir avec sa famille. 4

III. Lettre à Mr. *Tyssot* le Pére, pour répondre à celle qu'il avoit écrite de Hollande à sa famille. 6

IV. Lettre à Mr. François *Tresagnel*, où l'auteur l'entretient de son voiage de Roüen en Hollande. 8.

V. Lettre où l'Auteur âgé de quatorze ans, fait une déclaration d'amour à sa Maîtresse, Mad. Anne Philippe, de la maison de Billi, qui en avoit deux plus que lui, & demeuroit en Zélande. 12.

VI. Lettre à Mr. de *Fraiquin*, Capitaine réformé, au service d'Espagne, à Valencienne, & pére du beau frère de l'Auteur, pour lui donner connoissance de son mariage, contracté avant l'âge de vingt ans. 14.

VII. Lettre, où l'Auteur aprend à Mr. *Pervill*, chez qui Mad. son Epouse avoit été plusieurs années en pension, la naissance de son premier enfant. 18.

VIII. Lettre à Mr. Jean Dominique de *Frai-*

TABLE

Fraiquin, Capitaine & beaufrère de l'Auteur, par laquelle il lui donne avis de son établissement à Heusden, de la naissance de son second enfant, &c. 20

IX. Lettre à Mr. de la Porte, membre de la Régence à Middelburg, & Tuteur de Mad. *Tyssot*, par laquelle l'Auteur lui apprend le décès de son beaufrère, le départ de ses deux frères pour l'Angleterre, son établissement à Boisleduc &c. 22

X. Lettre à Mr. Pervilé, où l'Auteur l'entretient de l'état de sa famille, du desastre que le tonnerre avoit causé à la Ville de Heusden &c. 27.

XI. Lettre à Mr. *Gaillard*, Professeur en Théologie à Leiden, par laquelle l'Auteur lui donne connoissance de son départ de Boisleduc, de son arrivée à Deventer, où il est allé demeurer &c. 32.

XII. Lettre à Mr. Laar de *Houloo*, accompagnée d'un saumon, que l'Auteur avoit pris casuellement à la ligne. 38.

XIII. Lettre à Mr. de *St. Ange*, Capitaine & compére de l'Auteur, qui l'entretient ici d'une avanture assez extraordinaire, qu'il avoit euë à Anvers avec son hôte & une jeune demoiselle &c. 42.

XIV. Lettre à Mad. *J*. de *L*. qui demeuroit dans un lieu, où le stile étoit différent de celui où se trouvoit alors l'Auteur. 53.

XV Lettre à Mr. *Sigefer*, Gentilhomme Aleman, qui après s'être perfectionné dans les Mathématiques, sous la direction de l'Auteur, s'étoit mis avec son frère, volontaire

TABLE

lontaire, dans le Régiment de Salichs, dans la vûë de passer peu après en Hongrie, pour voir s'il y pourroit plus aisément faire la fortune dans une guerre contre les Turcs. 56.

XVI. Lettre à Mad. *D:* de *R.* grande amie de l'Auteur, où il l'entretient d'un voyage qu'il a fait aux vacances, & lui fait part d'un sonnet, qu'il a composé sur un bourru de Predicateur, mais qui ne se voit que dans ses ouvrages poëtiques. 60.

XVII. Lettre à Mr. *Tyssot* le Pére, où l'Auteur lui souhaite une bonne & heureuse année. 67.

XVIII. Lettre à Mr. *Sigeser*, pour lui apprendre la naissance d'un des enfans de l'Auteur, dont il s'étoit offert d'être Parrein. 70.

XIX. Lettre à Mad. *J:* de *D.* avec une douzaine de perdrix vivantes. 72.

XX. Lettre à Monsr. *Pervild*, au sujet de la mort que l'Auteur a en horreur, mais qu'il ne craint pas. 81.

XXI. Lettre à Mad. du *Frêne*, fille de Mr. *Pervild*, où l'Auteur badine avec elle, sur ce qu'étant petite & jumelle, elle venoit néanmoins d'accoucher de deux enfans mâles à la fois. 85.

XXII. Lettre à Mr. le Capitaine du *Maison*, pour l'avertir que le Magistrat de Zutphen, où il étoit en garnison, ayant desiré d'entendre Mr. des *Touches*, Ministre François à *Deventer*, l'Auteur devoit l'y accompagner avec deux de ses amis. 90.

XXIII. Lettre à Mad. de *B.* avec laquelle

TABLE

quelle l'Auteur badine sur plusieurs sujets. 94.

XXIV. Lettre à Mr. du *Mainon*, sur l'agréable traitement, qu'il avoit fait à l'Auteur & à ses amis, à Zutphen, quelques jours auparavant. 97.

XXV. Lettre de complimens à Madame de *S.* qui étoit nouvellement relevée d'une dangereuse maladie. 101.

XXVI. Lettre à Mad. *D.* de *R.* accompagnée d'une Enigme équivoque sur une Calote. 104.

XXVII. Lettre enjouée à Madame la Comtesse de *H.* qui avoit des liaisons assez étroites avec la femme de l'Auteur. 106.

XXVIII. Lettre à Mr. *Pervilé*, à l'occasion d'un tremblement de terre. 110.

XXIX. Lettre enjouée à Mad. *M.* de *H.* sur le décès précipité d'un jeune Officier, qui malgré elle lui avoit donné sa foi, & vouloit l'épouser. 115.

XXX. Lettre enjouée à Mad. *D.* de *R.* pour la prier de venir exécuter la promesse qu'elle avoit faite le jour précedent à l'Auteur de tenir un de ses enfans en bâteme. 118.

XXXI. Lettre à Mr. *Pervilé*, sur plusieurs passages douteux de l'Ecriture sainte, mais dont la solution est donnée à la 56 lettre. 125.

XXXII. Lettre à Mr. du *Mainon*, où l'Auteur lui raconte les particularitez d'un voyage qu'il avoit fait à Dieren, avec Messieurs *Keppel* de *Westerholt*, & *Smeenk*, & y joint un impromptu, qu'il composa là à leur occasion. 150.

XXXIII.

TABLE

XXXIII. Lettre à Mad. *D: R.* en stile enjoué. 155.

XXXIV Lettre de félicitation à Mr. *Hibelet* Ministre de l'Eglise Walonne de Boisleduc, sur son second mariage avec Mad. *Groen*. 164.

XXXV. Lettre à Mr. *Pervilé*, sur la nature de l'ame, qu'il prétend être mortelle &c. 167.

XXXVI. Lettre burlesque à Mr. *Bertin*, Marchand François à la Haye, avec lequel l'Auteur avoit de longues habitudes, & se plaisoit fort à badiner. 179.

XXXVII. Lettre familiére à Mr. *Pervilé*, sur le décès de l'un de ses petits fils, les bonnes qualitez d'un autre, & par occasion sur les foiblesses du premier homme que l'Auteur a cru ignorant. 187.

XXXVIII. Lettre enjouée de l'Auteur, écrite au nom de Mr. de *Wynbergen*, qui étoit alors alité, à Madame *T*. Abbesse des Chanoinesses de la Religion à *Deventer*, qui tenant une de ses maisons à loüage, s'étoit adressée à son Précepteur, à sa Demoiselle Françoise, & à son maitre Maçon, pour le porter à changer la cheminée de sa chambre, où il fumoit horriblement. 195.

XXXIX. Lettre de civilité à Mr. *Pervilé*. 198.

XL. Lettre enjouée à Mad. *d'Ozanne*, commére de l'Auteur, & que Madame la Générale *d'Itersum* avoit retirée chez elle comme une personne de considération, dont le pére avoit été Président du Parlement de Mets

TABLE

Mets avant le refuge. 203.

XLI. Lettre de condoléance à Madame du Fréne, sur le décès de Mr. son *Mari*. 206.

XLII. Lettre enjouée à Mr. du *Maison*. 210.

XLIII. Lettre à Mr. *Heup*, docteur en Médecine à Leeuwaerden, au sujet du Paradis terrestre & du Calvaire. 212.

XLIV. Lettre galante à Mademoiselle *D: de R.* à l'occasion d'un sonnet que l'Auteur avoit fait sur sa main. 218.

XLV. Lettre écrite de la droite à la gauche, sur un seul côté de chaque feuillet de papier, afin qu'on en pût faire la lecture, en tenant le côté écrit contre le jour, qu'on peut autrement presenter au miroir à Mad. *D.* 220.

XLVI. Lettre à Mr. *Pervilé*, au sujet des monstres, ou differentes espéces d'hommes. 224.

XLVII. Lettre galante à Mad. *D: de R.* au sujet d'un sonnet que l'Auteur avoit composé sur ses Tetons. 230.

XLVIII. Lettre à Mr. *Pervilé*, pour le desabuser de l'opinion qu'il avoit, qu'il sied mal à un Philosophe d'examiner de trop près l'Ecriture, puis que cela conduit au Libertinage. 233.

XLIX. Lettre de remercimens à Madame *Lochorst* de Schoonouwen, chez qui l'Auteur avoit été invité avec Mad. son Epouse, & où ils avoient passé fort agréablement une quinzaine de jours. 241.

L. Lettre à Mr. *Bertin*, sur les débauches & les foibles des Ecclesiastiques. 243.

LI. Lettre enjouée à Mad. *Juliane* de

TABLE

L: chez qui l'Auteur & son Epouse avoient passé quelque tems dans le plaisir & la bonne chére. 252.

LII. Lettre enjouée à Mademoiselle de L. commére de l'Auteur, sur l'amour & l'amitié. 257.

LIII. Lettre galante à Mad. D: de R. avec un sonnet sur ses beaux yeux. 262.

LIV. Lettre écrite à rebours ou de la main gauche tirant vers la droite, ce que l'Auteur faisoit facilement, à Mad. D: de R. 264.

LV. Lettre curieuse, à Mr. *Pervilé*, où l'Auteur donne l'explication des difficultez proposées à la 31 Lettre. 267.

LVI. Lettre familiére à Mad. M: A: de L. pour lui reprocher ses trop fréquens voyages, & son trop peu d'empressement à recommander l'Auteur à ceux de ses amis, capables de lui procurer une vocation à U: 289.

LVII. Lettre à Mr. *Keppel* de Dinx-hof, sur l'imperfection des langues, & sur tout de l'hébraïque, au sujet de la noce d'argent de l'Auteur. 293.

LVIII. Lettre à Mr. *Smittegelt* Théologien, qui restoit garçon, parce qu'il craignoit les suites facheuses du mariage, l'Auteur tache de le ramener de cette foiblesse, sur tout par l'exemple de Mr. *Culan*, dont on trouve l'épitaphe dans ses œuvres poétiques. 298.

LIX. Lettre enjouée à Madame la Baronne de G. chez qui l'Auteur avoit été parfaitement bien régalé pendant plusieurs jours.

TABLE

jours. 306.

LX. Lettre galante à Mad. *D:* de *R.* 310.

LXI. Lettre enjouée à Mademoiselle *J:* de *L.* 318.

LXII. Lettre d'un stile enjoué à Mad. *D:* de *R.* 327.

LXIII. Lettre composée à l'occasion d'une Acrostiche que Mad. *J: D.* avoit demandée à l'Auteur pour Madame la Comtesse de *Solms.* 333.

LXIV. Lettre de remercimens à *Mr. Lemker*, Député aux Etats Généraux, de ce qu'à la recommandation du Roi Guillaume, & de Mr. de *Nieuwenhuys*, il avoit travaillé à faire expédier à l'Auteur un Acte de Professeur ordinaire en Mathématiques. 336.

LXV. Lettre cavaliére à Mr. le Pasteur *Hibelet*, sur le bon traitement qu'il avoit fait chez lui à l'Auteur & à son fils ainé pendant 8. ou 10. jours. 338.

LXVI. Lettre à Mr. *Pervilé*, où l'Auteur, à sa priére, lui montre la cause pourquoi la somme des caractéres provenus de la multiplication d'un neuf, par quelque nombre que ce soit, est toujours une ou plusieurs fois neuf. 347.

LXVII. Lettre curieuse à Mr. *Smittegelt*, au sujet de quelques difficultez qu'il avoit proposées à l'Auteur. 352.

LXVIII. Lettre à Mr. *Sibélius*, docteur en Médecine, sur les apparences, dont il se flatoit de devenir Médecin de Milord *Sidney*, Vice Roi d'Irlande, ce qui par sa faute ne réussit point, comme l'Auteur le lui avoit bien prédit, de sorte qu'il revin

gueux

gueux, & mourut peu après à Déventer. 364

LXIX. Lettre de recommandation à Mr. *van Rhemen* pour un prosélyte, qu'enfin tout le monde abandonna, on ne sait pourquoi. 368

LXX. Lettre cavaliere ou enjouée à Mr. le docteur *Heup*, au sujet d'un voyage que l'Auteur avoit fait en Frise, où on l'avoit parfaitement bien traité. 369

LXXI. Lettre sérieuse à Mr. le Conseiller *Fjersen*, où il est traité du précieux tresor de la vie, des chatimens, que l'on devroit imposer aux malfaiteurs, sans jamais les faire mourir, & des abus ausquels sont sujets ceux, qui administrent la Justice. 378

LXXII. Lettre à Mr. le docteur N. pour lui montrer le respect que l'inferieur doit à son supérieur, & combien sont mal fondez de certaines gens, qui parce qu'ils ont du bien ou des effets considérables entre les mains, qui souvent ne leur apartiennent pas, se veulent comparer aux personnes de qualité, & aux maîtres des siences. 386

LXXIII. Lettre à Mad. *D. de R.* avec laquelle l'Auteur badine toûjours, il lui reproche son indifference & lui parle d'un sonnet qu'il avoit fait pour Mademoiselle de *Ténac*. 394

LXXIV. Lettre au Comte de *Noielles*, servant de réponse à une que ce Général avoit écrite à l'Auteur, pour lui faire des excuses de ce qu'il étoit gaillard, quand il étoit venu prendre congé de lui en quitant la ville. 398

LXXV. Lettre à Mr. *Pervilé* pour lui

TABLE

rendre compte de l'état des Réfugiez, qui s'étoient établis à Balk. 401

LXXVI. Lettre enjouée à Mad. M: A: de L: avec un present d'une buquière brodée au naturel, que l'auteur lui envoye au nom de sa sœur, qui étoit alors indisposée. 407

LXXVII. Lettre curieuse à Mr. *Smittegelt*, où l'on démontre par l'histoire de la création, que le monde est beaucoup plus ancien qu'on ne le fait, & qu'ainsi ce n'est pas merveille que notre chronologie est moins vieille que celle des autres nations. 414

LXXVIII. Lettre à Mr. le Lieutenant du Pré, qui ayant été disciple de l'Auteur, & se voyant embarassé dans une dispute de Géométrie avec un Ministre d'Almelo, lui avoit envoyé un exprès avec une lettre pour le prier de le tirer d'affaire, en lui disant clairement ce qu'il faloit entendre par une ligne & un point mathématique. 427

LXXIX. Lettre à Mr. du *Mainon*, où l'auteur lui reproche obligeamment qu'il difére trop à le venir voir. 434

LXXX. Lettre à Mad. la Baronne de *Keppel*, où l'auteur, après l'aveu qu'elle lui a fait de lui avoir de grandes obligations en la personne de Mr. son frere, la prie d'employer ses amis pour travailler à la Cour du Roi d'Angleterre en sa faveur. 436

LXXXI. Lettre de civilitez à Mr. *Sorin*, Ministre à Utrecht, avec une oraison que l'Auteur avoit fait imprimer, & par laquelle il démontroit mathématiquement que nous ne pouvons à la rigueur nous servir que de l'un de nos sens à la fois. 439

TABLE

LXXXII. Lettre à Mr. de *Wintfum*, Bourguemaître à *Zutphen* & Député aux Etats, au sujet d'une semblable dissertation qu'il lui avoit envoyée. 441

LXXXIII. Lettre d'un stile enjoué à Mr. *Keppel* de *Dinxhof*. 447

LXXXIV. Lettre de civilitez au Comte de N. qui pendant sa disgrace s'étoit retiré à Utrecht, où à sa priére, l'Auteur, qui étoit logé, aux vacances, dans une même maison avec lui, lui avoit donné une idée générale de la sphére, dont il paroissoit fort reconnoissant, & s'offroit de récompenser cette honnêteté, lors qu'il seroit rapellé en Angleterre, si jamais il en trouvoit l'occasion. 455

LXXXV. Lettre à Mr. *Junius*, beaufils du Chevalier de Sandra, commandeur de Déventer, & grand ami de l'auteur, qui vouloit, lors qu'ils étoient ensemble, qu'il parlât toûjours françois. 458

LXXXVI. Lettre enjouée à Mad. D: de R. au sujet du frere de l'Auteur, qui auroit fort desiré, avant que de se marier avec sa sœur, qu'elle lui procurât une Compagnie aux Gardes, où il étoit Lieutenant. 462

LXXXVII. Lettre de civilitez & de félicitation à Mr. de *Lynden*, qui de Capitaine étoit devenu Major des Carabiniers du Comte d'Albemarle, où le fils ainé de l'Auteur étoit Lieutenant. 468

LXXXVII. Lettre d'actions de graces à Madame la *Douairière* d'Itersum, de ce qu'elle avoit contribué, par ses fortes recommandations, à faire devenir l'Auteur Professeur Ordinaire. 470

LXXXVIIII.

TABLE

LXXXVIIII. Lettre à Mr. le Capitaine *du Mainon*, sur son changement de garnison. 473

LXXXX. Lettre à Mr. le Capitaine *Keppel* de Dinx-hof, au sujet des avantages, que nous remportions en ce tems là sur les François. 475

XCI. Lettre à Mr. *Dierksen*, Conseiller du Conseil de Brabant à la Haye, qui avoit prié l'Auteur de lui procurer auprès de Mr. van *Rhêmen*, Héraut d'armes d'Over-Yssel, un Arbre généalogique, & quelques éclaircissemens sur l'origine de la famille de Messieurs F. 478

XCII. Lettre à Monsieur le Jeune, habile dans les humanitez, au sujet d'une dissertation, que l'Auteur l'avoit prié d'examiner, & de lui en dire son sentiment par raport à la Latinité, avant que de la faire imprimer. 480

XCIII. Lettre de sollicitation à Mr. *Witsen*, Bourguemaître d'Amsterdam, pour le porter à faciliter à l'Auteur la vocation de Professeur en Mathématiques, en la place de Mr. de Bye. 487

XCIV. Lettre à Mr. *Hibelet*, avec une Dissertation sur les sens. 491

XCV. Lettre de suplication, pour Mr. *Unia*, qui après avoir quité une Grietenye, & une Compagnie de Cavalerie, s'étoit établi dans l'Over-Yssel, à Mr. le Prince de Frise, pour lui permettre de retourner dans son païs natal, dans la vûë d'y être d'abord Bourguemaître, & y avoir des Députations; mais cela ne réussit point. Le Prince ne vou-

TABLE

vouloit plus avoir à faire à ce Gentilhomme, qui étoit d'ailleurs fort honnête, & grand ami de l'Auteur, mais qui n'avoit pas la meilleure conduite. 493

XCVI. Lettre pour le même, à Mr. *d'Haarsolt*, maître d'Hotel du Prince de Nassau, pour le prier d'agir vigoureusement en sa faveur, auprès de ce Stadt-houder. 497

XCVII. Lettre à Mr. *Tyssot*, Medecin à Utrecht, où l'Auteur lui rend compte d'un voyage qu'il a fait exprès à Amsterdam, pour soliciter la chaire en mathématique, qui ne se remplit point, & pourquoi. 500

XCVIII. Lettre à Mr. *Aeitsma*, Avocat à la Cour de Frise, qui avoit prié l'Auteur, au nom du Consistoire, de l'instruire à fond, de tout ce qui concernoit la personne de Mr. le Pasteur *Albertema*, afin que suivant le témoignage, qu'il en rendroit, on l'apellât ou non, dans l'Eglise de Leeuwaerden. Il reçût effectivement cette vocation, mais il la refusa, parce qu'il avoit d'autres vûes; cependant le Magistrat de Deventer, qui les ignoroit, lui augmenta ses gages de cent frans, en reconnoissance de l'afection qu'il témoignoit par là pour leur ville. 197

XCIX. Lettre satirique à Mr. *Thans*, Courtier en change, à Amsterdam, sur ce qu'il s'étoit ingeré, sous prétexte qu'il étoit en quelque façon allié à la mere de l'Auteur, de lui dire des sotises, & de lui faire des reproches de ce qu'il n'assistoit pas une Demoiselle Réfugiée de ses parentes, suivant sa qualité & la nécessité où elle se trouvoit. 509

F I N

www.ingramcontent.com/pod-product-compliance
Lightning Source LLC
Chambersburg PA
CBHW051401230426
43669CB00011B/1723